David Kent

# Doppelmord in Fall River

## Leben und Legende der Lizzie Borden

Aus dem Englischen von Christa Schuenke



rororo
Rowohlt

Die amerikanische Originalausgabe erschien 1992 unter dem Titel
*Forty Whacks. New Evidence in the Life and Legend of Lizzie Borden*
im Verlag Yankee Books, Emmaus, Pennsylvania

Deutsche Erstausgabe
Veröffentlicht im Rowohlt Taschenbuch Verlag GmbH,
Reinbek bei Hamburg, Oktober 1993

Published by arrangement with Rodale Press Inc., Emmaus, Pa., USA
Lektorat: Barbara Wenner
Umschlaggestaltung: Walter Hellmann
Satz Aldus (Linotronic 500)
Gesamtherstellung Clausen & Bosse, Leck
Printed in Germany
1490-ISBN 3 499 19544 5

*Für Robert A. Flynn, weniger zur Tilgung*
*denn als Eingeständnis einer sehr großen Dankesschuld.*
*Und ... selbstverständlich für LIZZIE.*

**Inhalt**

**Das Familiengrab der Bordens auf dem Oak-Grove-Friedhof**

## Vorwort

William F. Buckley Jr. hat einmal gesagt, selbst wenn irgend jemand absolut unanfechtbar beweisen könne, daß Kolumbus Amerika nicht 1492, sondern 1482 entdeckt habe, wäre das eine vollkommen wertlose Information, da sich die «Geschichte» nicht ändern ließe.

Das gilt wohl leider auch für Lizzie Bordens Geschichte.

Jeder, der auch nur entfernt von den berühmt-berüchtigten Borden-Morden von 1892 gehört hat, weiß:

«Lizzie Borden nahm ne Axt, gab Mama vierzig Hiebe stracks.
Dann besah sie das Malheur und gab Papa noch einen mehr.»

Seit 100 Jahren plappern die Kinder diesen Reim in aller Unschuld beim Seilspringen vor sich hin, und es sieht ganz so aus, als ob das auch in den nächsten 100 Jahren so bleiben wird.

Dieser Spruch ist in Amerika mindestens so bekannt wie der von Kolumbus, der vierzehnhundertneunzigzwo übers Meer fuhr sowieso. In Japan erschien vor kurzem ein Kinderbuch, in dem eine schlitzäugige, axtschwingende Lizzie abgebildet ist; das Buch erzählt von «Mutter Gans», die wir aus englischen Kinderreimen kennen.

Nur am Rande sei hier vermerkt, daß eine ordentlich gewählte Geschworenenjury einmütig befand, Lizzie habe ihre Eltern *nicht* umgebracht. Außerdem habe der Täter ein *Beil* und keine *Axt* benutzt. Die unglückliche Frau sei nicht Lizzies Mutter, sondern ihre *Stief*mutter gewesen und auch nicht durch 40, sondern durch nur 18 Schläge zu Tode gekommen. Ihr Vater schließlich sei mit nur zehn, also weit weniger als 41 Schlägen umgebracht worden.

Der, wie es heißt, von einer oder mehreren unbekannten Personen begangene bestialische Mord an Abby und Andrew Borden hält seit 100 Jahren Psychologen, Psychiater und alle, die mit Fällen von schwerer Körperverletzung zu tun haben, in Atem. Von einem undurchdringlichen Geheimnis ist die Rede, das irgendwie mit einer verschwundenen Waffe, einem blutbefleckten Kleid, das womöglich nie existiert hat, voreingenommenen Zeugen und dem untadeligen Charakter einer Frau zu tun haben soll. Daß das Rätsel der Borden-Morde die Welt noch nach einem vollen Jahrhundert fasziniert, hat ganz einfach damit zu tun, daß dieser Fall als das perfekte Verbrechen schlechthin in die Annalen der amerikanischen Kriminalgeschichte eingegangen ist. Ein Fall, der in all seinen Einzelheiten vollkommen transparent ist, der inzwischen durch 100 Jahre erschöpfender Forschung kristallklar und trotz allem nach wie vor ungelöst ist. 100 Jahre besteht das Geheimnis inzwischen, und noch immer ist das Lager derer, die an Lizzie Bordens Schuld glauben, ebenso groß wie das derjenigen, die von ihrer Unschuld überzeugt sind. Und daneben gibt es Autoren, die sensationsheischend die Tat dem einen oder anderen Statisten in jenem Trauerspiel anlasten.

1893, nachdem der Prozeß gegen Lizzie zu Ende war, brachte Edwin H. Porter, der Gerichtsreporter der in Fall River erscheinenden Lokalzeitung *Globe*, ein 312 Seiten starkes Buch heraus, das im großen und ganzen auf seinen Artikeln über den Mord, die Ermittlungen und den Prozeß basiert. Er nannte es *The Fall River Tragedy*, der Untertitel lautet: *A History of the Borden Murders*. Porter rühmte sich, den gesamten Fall vom ersten «Mord!»-Schrei bis zum Prozeßende dargelegt und somit wirklich eine Geschichte der Borden-Morde geliefert zu haben. Über 30 Jahre lang galt sein Buch allen, die sich mit dem mysteriösen Verbrechen befaßten, geradezu als Bibel.

1924 ging Edmund Pearson daran, als erster den ganzen Fall ausführlich neu zu beschreiben. Er stellte bald fest, daß diese «Bibel» voller Fehler war. Er verglich die Ergebnisse der Ermittlungen, die Resultate der Vorverhandlung und die Prozeßakten mit Porters Angaben. Ferner hatte er Einsicht in eine 150 Seiten starke, erschöpfende Dokumentation von Zeitungsartikeln über den Fall, die William M. Emery, ein Reporter des in New Bedford, Massachusetts, erscheinenden *Evening Journal* zusammenstellte. Diese Kostbarkeit ist noch vollständig erhalten und befindet sich heute im Besitz von Robert A. Flynn aus Portland, Maine. Pearson war klar, daß der Glaube an Lizzies Schuld Porters Urteilsvermögen getrübt und seine Darstellung der Ereignisse gefärbt hatte. Seine Arbeit enthält zwar zahlreiche Fakten, ist aber beileibe keine «Geschichte», sondern eher eine zum Buch aufgeblasene Zeitungsente.

Porter war tatsächlich von Anfang an der Ansicht, daß Lizzie den Doppelmord begangen habe. Um seine Überzeugung zu begründen, verkürzte er systematisch alle Zeugenaussagen und Beweise, die für ihre Unschuld sprachen, und strich dick alles heraus, was seine Theorie stützte. Zeugen, die zu Lizzies Gunsten ausgesagt hatten, kamen in seiner Darstellung häufig nicht vor oder wurden allenfalls namentlich genannt, ohne jedoch anzugeben, was sie berichtet hatten. Aussagen, die Lizzie belasteten, waren hingegen geradezu reißerisch aufgemacht und bis ins kleinste wiedergegeben.

Lizzie soll, als sie von dem Buch erfahren hat, die ungefähr 25 Subskriptionsexemplare allesamt aufgekauft und vernichten lassen haben und hat damit dummerweise verhindert, daß Porters Vorgehen hinreichend bekannt werden konnte. So hatte kaum jemand die Möglichkeit, seine Darstellung zu lesen und zu erkennen, wie verzerrt er die Fakten wiedergibt. Doch den Forschern ist es gelungen, das halbe Dutzend verbliebener Exemplare in öffentlichen Bibliotheken und anderen Institutionen aufzustöbern, und diese Restexemplare avancierten zur Hauptquelle der gesamten Forschung. Es ist ein Glück für die Historiker, daß Porters Buch 1985 durch einen Reprint der King Philip Publishing Company of Portland, Massachusetts, davor bewahrt wurde, gänzlich dem Vergessen anheimzufallen.

Auch Pearson glaubte leider an Lizzies Schuld. Der Spruch der zwölf braven, wahrheitsliebenden Männer, die sich die Zeugenaussagen genau angehört und danach ihr Urteil gefällt hatten, ließ ihn unbeeindruckt. Er war genau wie Porter entschlossen, seine Ansicht zu belegen, und übernahm aus freien Stücken Porters Strategie, die Zeugenaussagen tendenziös wiederzugeben. Jede Verzerrung in Porters Buch, die Pearson korrigiert, ersetzt er durch eine andere. So wußte er zum Beispiel sehr wohl, was die Sachverständigen von Harvard vertuscht hatten – im zwölften Kapitel dieses Buches werden wir ausführlich auf diesen Punkt eingehen –, erwähnte aber nichts davon – vermutlich, weil dies seine Vorwürfe gegen Lizzie hätte entkräften können. So war die Wahrheit nunmehr durch einen doppelten Mythos vernebelt.

Einen dritten steuerte der Kriminalschriftsteller Edmund Radin mit seinem 1961 erschienenen Bestseller bei. Radin zeigt zwar anhand von Beispielen auf, daß sowohl Porter als auch Pearson mit den Fakten höchst fahrlässig umgegangen waren, aber dafür brütet er in seinem Bestreben, sich als *die* Autorität im Fall Lizzie Borden zu profilieren, die bizarre Theorie aus, daß nicht Lizzie, sondern das unglückselige Dienstmädchen Bridget Sullivan die Doppelmörderin gewesen sei – eine Hypothese, die weder durch irgendwelche Beweise noch auch nur durch ernsthafte Überlegungen von Zeitgenossen gestützt ist.

Jetzt war alles tatsächlich Geschehene oder Gesagte nur noch ein Tohuwabohu von Legenden und Phantasien, doch das war erst der Anfang. Victoria Lincoln, die sich darauf beruft, daß sie als Kind in Fall River gewohnt hat, behauptet in ihrem Buch, Lizzie sei Epileptikerin gewesen und habe den Doppelmord in einem Anfall von Raserei begangen. Keines der medizinischen Gutachten liefert auch nur den mindesten Hinweis auf die Berechtigung einer derart obskuren Annahme, es sei denn, man sieht ihn darin, daß Lizzie gelegentlich während der Menstruation über Kopfschmerzen klagte!

Ein weiterer Sensationsschreiber, Evan Hunter, vertritt die Auffassung, Lizzie sei lesbisch gewesen und habe Mrs. Borden erschlagen, als diese sie in flagranti mit ihrer Liebhhaberin – wiederum das Dienstmädchen Bridget – ertappt habe.

Frank Spiering befaßt sich in seinem Buch *Lizzie* ein ganzes Kapitel lang damit, die uralte Legende am Leben zu erhalten, der zufolge Lizzie einmal ein Schuldgeständnis unterschrieben haben soll. Er schildert peinlich genau die Niederschrift und die Unterzeichnung des Geständnisses, gibt die Aussagen der damals in dem Raum Anwesenden wortgetreu wieder, beschreibt jede ihrer Gesten haarklein. Man muß die Bibliographie am Ende des Bandes sehr gründlich durchforsten, um auf die knappe Mitteilung zu stoßen, daß dieses «Geständnis» bekanntermaßen eine Fälschung und die Unterschrift ebenfalls gefälscht ist.

Am Broadway wurde ein Stück aufgeführt, in dem Lillian Gish, eine Figur, deren Ähnlichkeit mit Lizzie unverkennbar war, ihre Stiefmutter mit einem Plätteisen und ihren Vater mit einem Spazierstock umbrachte. Das Ganze muß so miserabel gewesen sein, daß ein Kritiker schrieb, er hätte es vorgezogen, mit dem Rücken zur Bühne zu sitzen!

Die Faszination der Legende inspirierte Agnes de Mille zu einem Ballett mit dem Titel *Fall River Legend* und Jack Beeson zu einer Oper.

1975 spielte Elizabeth Montgomery in einem grotesken Film die Lizzie, die dort als von Wahnvorstellungen besessene Idiotin inszeniert war. Nackt stakste sie von Zimmer zu Zimmer und schleppte ein bluttriefendes Beil mit sich herum, das sie im Keller im Plumpsklo versenkte. Millionen dürften diesen Streifen gesehen haben. (Er läuft immer noch gelegentlich spätabends im Fernsehen.)

Da kann die Wahrheit freilich nicht mithalten.

All das hat natürlich nichts mit Lizzies Schuld oder Unschuld zu tun; es zeigt nur, wie Phantasien als Fakten ausgegeben wurden und in welchem Maße Autoren einfache Wahrheiten manipuliert haben, um so ihre eigenen Versionen des Geschehenen unter die Leute bringen zu können. Wenn in einer frömmlerischen, im Verdrängen geübten Gesellschaft, wie sie in Fall River im Jahre 1892 existierte, ein schreckliches Verbrechen begangen wurde, dann mußte man einen Prügelknaben finden. Daß diese Rolle gerade Lizzie zufiel, war ebenso irrational und ungerecht wie der Hexenwahn des 17. Jahrhunderts.

Wir aber sind auch noch heute, ein Jahrhundert später, aufgefordert, die Fakten zu begreifen, denn nach wie vor herrscht die Überzeugung, ein Mensch, der ein so kompliziertes Verbrechen wie einen Doppelmord begehe, müsse seiner Umgebung unweigerlich irgendeinen Schlüssel dazu liefern. Aber solche Schlüssel passen selten, es sei denn, jemand, der mehr Geduld und Inspiration hat als der Mörder selber, findet sie, denn nur so jemand könnte etwas damit anfangen.

Die Borden-Morde sind als eines der rätselhaftesten Verbrechen aller Zeiten in die Kriminalgeschichte eingegangen. Was wirklich geschah, ist verwirrend und spannend genug und hat weder Sensationsmache noch ein Abweichen von den Fakten nötig. «Der Fall Borden ist einzigartig an Entschlossenheit, Kühnheit, Scharfsinn und allem, was zu einem perfekten Mord gehört...», räumte selbst Pearson ein.

Wer Lizzie hier zum erstenmal begegnet, sei herzlich eingeladen, das Rätsel zu ergründen! Dieses Buch verzichtet bewußt darauf, den Leser von der Schuld oder Unschuld jener jungen Frau überzeugen zu wollen oder ihn durch Andeutungen und unsinnige Gespensterjagden abzulenken. Wo der Rahmen der Fakten überschritten wird und eindeutig eine Voreingenommenheit besteht, weise ich ausdrücklich darauf hin. Alle Zitate fußen auf sorgfältigen Recherchen und sind wortwörtlich wiedergegeben.

Wenn es mir gelungen ist, die Tragödie wahrheitsgetreu und unverwässert zu schildern, wird der Leser den Fall Lizzie Borden als interessierter Ermittler und scharfblickender Richter verfolgen können.

Gerechtigkeit. Ausrufezeichen! Fragezeichen?

David Kent
Shreveport, Louisiana, 1991

# 1 Eine Greueltat

**Die North Main Street in Fall River, wie Lizzie sie kannte.**

**W**as Jack the Ripper für England ist, sind die Borden-Morde für Amerika, zumal sich die Ereignisse in Massachusetts 1892 zutrugen, also nur vier Jahre, nachdem Jack the Ripper das Londoner East End in Angst und Schrecken versetzt hatte.

Doch während bei Jack the Ripper vor allem die Quantität Aufsehen erregte, war das Spektakuläre am Fall Borden die Tatmethode. Der Ripper suchte sich seine Opfer unter den Pennyhuren der finstersten Londoner Slums, die Borden-Morde hingegen trafen die Creme der viktorianischen Gesellschaft im blühenden Städtchen Fall River in Massachusetts.

Andrew Jackson Borden, damals 72 Jahre alt, war Präsident einer der bedeutendsten Banken von Fall River und gehörte bei drei weiteren dem Vorstand an. Er besaß wertvolle Immobilien, unter anderem ein dreistöckiges Haus mitten im Stadtzentrum. Er leitete eine der drei großen Textilfabriken, die die Wirtschaft der Stadt in Schwung hielten und den Arbeitskräften ein Auskommen gaben. Er war auf dem besten Wege, Millionär zu werden, und das zu einer Zeit, als eine Million Dollar noch eine ganz erstaunliche Summe war.

Überdies war Borden ein Name, der, wenn schon nicht Ehrfurcht, so doch mit Sicherheit Respekt erheischte, reichten doch seine Geschichte und die damit verbundene Macht bereits ein Vierteljahrtausend zurück, nämlich bis zur Regentschaft des englischen Königs Karls I. Nach der Legende verdankt Fall River seinen Namen Andrews Großvater – angeblich einer der Gründer der Stadt. 1892 lebten dort mehr als 125 Familien dieses Namens.

Bis zum amerikanischen Bürgerkrieg war Fall River eine blühende, aber relativ bescheidene Stadt. Die Auseinandersetzung zwischen Nord- und Südstaaten verhalf ihr zum Aufschwung, große Textilfabriken entstanden, eine bedeutende Baumwollindustrie bildete sich heraus, bei Tag hörte man überall das stete Summen der Spindeln, und abends füllten die Fabrikarbeiter die Straßen.

Vor Andrew waren schon sieben Generationen der Familie in der Branche tätig gewesen. Sein Urahn John Borden hatte 1638, beim Anschluß der Insel, zu den ersten Grundbesitzern von Portsmouth, Rhode Island, gehört. Genau wie später sein Nachfahre Andrew, hatte auch er vor allem ein Ziel verfolgt – die Anhäufung von Grundbesitz.

Fall River, heute eine Stadt mit 75000 Einwohnern, verdankt seine Existenz einer Laune der Natur und einem Strom, der etwas von einer Wildkatze hat und den die Indianer Quequechan nannten. Dieser Strom war ursprünglich der Abfluß des North und des South Watuppa Pond, zweier ziemlich großer, in einer Hochebene östlich der Ansiedlung gelegener Seen. Der Quequechan bewältigt auf einer Strecke von weniger als einer Meile ein Gefälle von knapp 40 Metern und fließt dann unter der Erde weiter. Auf seinem Weg durch die rauhen Berge hinunter zur Mount Hope Bay versorgt er die Menschen mit Wasserkraft.

Die Wasserräder und später die Dampfmaschinen bildeten den Grundstock für die Baumwollfabriken, die der Stadt zu wirtschaftlicher Blüte und den Bordens zu ihrem Wohlstand verhalfen. An-

**Das A. J. Borden Building kurz vor seiner Fertigstellung, am 4. August 1892, dem Tag des Doppelmords**

drews Vater aber war nur ein kleiner Fischhändler gewesen, keiner von den wohlhabenden Bordens also, und Andrew hatte sich geschworen, es einmal weiter zu bringen. Er fing als Zimmermannsgehilfe an und ging wenig später ins Bestattungswesen. Mit seinem Partner Frank Almy gründete er eine einschlägige Firma, die mit Patentsärgen Reklame machte, in denen sich die Gebeine der lieben Verstorbenen garantiert länger frischhalten sollten als in irgendeinem anderen Behältnis. Den Beweis für diese vielversprechende Behauptung blieben die Anzeigen allerdings schuldig.

Andrew Borden praktizierte seine an Knauserei grenzende Sparsamkeit in 14stündigen Arbeitstagen, die er im wesentlichen damit zubrachte, Ausgaben zu vermeiden, Erworbenes wieder zu verkaufen und alles mögliche zu horten. Es ist typisch für diesen Mann, daß er am Morgen des Tages, an dem er ermordet wurde, ein kaputtes Türschloß von der Straße aufhob, es sorgfältig in ein Stück Papier wikkelte und mit nach Hause nahm.

Nicht selten konnte man den geizigen Andrew, eine Gestalt wie der alte Scrooge aus Dickens' Weihnachtsmärchen, in seinem doppelreihig geknöpften Prince Albert, den er winters wie sommers trug, um den Hals stets denselben schmalen Schlips, am Arm einen Korb Eier, die von seiner eigenen Farm stammten und die er unterwegs verkaufte, zu seiner Bank gehen sehen.

Nicht minder einflußreich als die Bordens waren damals im geschäftlichen und gesellschaftlichen Leben von Fall River die Durfees. Ihr Name war ebenso alt und geachtet. Eine Tochter dieser Familie, Abby Durfee Gray, nahm Andrew zur Frau. Für ihn war es die zweite, für sie die erste Ehe. Abby, nunmehr 65 Jahre alt, war eine verkrochene, beinahe menschenscheue Person, die nur selten aus dem Haus ging.

Andrew hatte mit seiner ersten Frau, Sarah Morse, im Abstand von je fünf Jahren drei Töchter gezeugt. Die erste war Emma. Die zweite, Alice, starb im Alter von zwei Jahren. Lizzie war die jüngste. Sein Wunsch nach einem Sohn, einem Stammhalter, hat ihn wohl veranlaßt, Lizzie mit zweitem Vornamen Andrew zu nennen. Zwei Jahre nach Sarahs Tod heiratete er Abby, die alte Jungfer.

Der 3. August brachte, so jedenfalls die Zeitungen, den Hitzerekord des Jahres 1892. Am nächsten Tag aber spielte das Wetter in der Lokalpresse keine Rolle. Ein Ereignis, das für die Bürger von Fall River weit interessanter war, hatte derlei Allerweltsnachrichten verdrängt: In der Second Street Nummer 92 war eine «Greueltat» geschehen.

Zwei der bekanntesten Stadtbewohner, Nachfahren zweier der angesehensten Familien von Massachusetts, waren «brutal abgeschlachtet» worden – am hellichten Tag im eigenen Haus.

«Brutal abgeschlachtet», das war und ist noch heute das Schlagwort der Presse für eine Bluttat, die ein normales, alltägliches Tötungsverbrechen übersteigt, dem allenfalls ein, zwei Absätze auf einer Innenseite eingeräumt werden. Aber Borden und Durfee waren Namen, die in Massachusetts einen Klang hatten wie in New York Mellon * und Rockefeller **.

Die Morgenausgabe des *Daily Herald* war zweifellos in größter Hektik zusammengestellt worden und enthielt eine Reihe von Fehlern, die später im Zuge ausschweifender und irriger Spekulationen über den exakten Hergang der Ereignisse korrigiert wurden. Dennoch gibt sie das Entsetzen über das Verbrechen und den Schock, den es auslöste, im großen und ganzen recht genau wieder. Die Ausgabe war in wenigen Minuten ausverkauft.

**Entsetzliches Verbrechen – Angesehener Bürger und betagte Ehefrau im eigenen Heim mit Axt abgeschlachtet – Mr. und Mrs. Andrew Borden von betrunkenem Landarbeiter getötet – Polizei: Fieberhafte Suche nach bestialischem Mörder**

Die ganze Stadt packte heute vormittag das Entsetzen, als bekannt wurde, daß ein alter Mann und seine Ehefrau einem blutrünstigen Mörder zum Opfer gefallen sind, daß eine Greueltat geschehen ist. Die Nachricht verbreitete sich wie ein Lauffeuer, und Hunderte eilten in die Second Street. Der Tatort war das Haus Nummer 62 (lies: 92), in dem Andrew J. Borden und seine Frau seit Jahren glücklich und in Frieden gelebt hatten. Man nimmt an, daß der Doppelmord mit einer Axt begangen wurde, denn die Opfer waren beinahe bis zur Unkenntlichkeit verstümmelt. Seit Entdeckung der Tat verstopft eine aufgebrachte Menge die Straße vor dem Haus, wartet begierig auf neue Erkenntnisse über die grausige Tragödie und schwört dem Mörder Rache.

* Andrew William Mellon (1855–1937), amerikanischer Multimillionär, Finanzmann und Industrieller, von 1921–1931 Finanzminister der USA, Gründer des Mellon Institute of Industrial Research. Seine riesige Kunstsammlung bildete den Grundbestand der National Gallery of Art (A. d. Ü.).

** Familiendynastie amerikanischer Finanzmagnaten und Multimillionäre, begründet von John Davison Rockefeller (1839–1937), setzen sich die wirtschaftliche Macht und der politische Einfluß der Familie inzwischen seit drei Generationen fort (A. d. Ü.).

## Vater erschlagen

Den ersten Hinweis auf das Verbrechen bekamen die Nachbarn durch ein Stöhnen, dem der Schrei «Mord!» folgte. Mrs. Adelaide Churchill, die Nachbarin, eilte herbei und hörte Miss Borden schreien: «Vater ist erschlagen worden; schnell, holen Sie die Polizei!»

Mrs. Churchill rannte zum Mietstall und rief, man solle die Polizei holen. John Cunningham, ein Passant, hörte von dem Mord und rief auf der Polizeistation an, und Officer Allen wurde zur Untersuchung des Falls abkommandiert.

Unterdessen machte die Nachricht rasch weiter die Runde, und bald hatte sich eine Menschenmenge versammelt. Ein Reporter des *Herald* betrat das Haus, und ein schrecklicher Anblick bot sich seinen Augen. Unten im Parterre, auf dem Sofa in dem gemütlichen Wohnzimmer lag Andrew J. Borden, tot. Sein Gesicht sah aus, daß einem übel werden konnte. Über der linken Schläfe eine fünfzehn Zentimeter lange und zehn Zentimeter breite Wunde, die aussah, als habe man mit der stumpfen Seite einer Axt auf ihn eingeschlagen. Das rechte Auge war aus der Höhle getreten, und ein weiterer Schnitt zog sich an der Nase entlang. Das ganze Gesicht war zerfetzt und das Hemd des Mannes über und über voll Blut, das in seine Kleider drang. Ansonsten sah das Zimmer ordentlich aus und wies keinerlei Kampfspuren auf.

## Sieben Wunden

Auch im oberen Stockwerk, in einer reinlichen Kammer im Nordwestflügel des Hauses, bot sich dem Reporter ein schrecklicher Anblick. Auf dem Fußboden zwischen Bett und Frisierkommode lag Mrs. Borden hingestreckt, den einen Arm angewinkelt, auf dem ihr Gesicht ruhte. Ihr Schädel war über der linken Schläfe zertrümmert, und an ihrem Kopf wurden nicht weniger als sieben Wunden festgestellt. Offensichtlich war sie an derselben Stelle gestorben, wo man sie niedergeschlagen hatte, denn ihr Blut war auf dem Teppich geronnen und hatte dort einen gräßlichen Fleck hinterlassen.

Der erste Arzt am Tatort war Dr. Bowen, doch er konnte nur noch den Tod feststellen, und nach der Art der Verletzungen darf man annehmen, daß die beiden Opfer nicht lange leiden mußten. Die Polizei war prompt zur Stelle und hielt Unbeteiligte fern. Miss Borden war von dem grausigen Ereignis so niedergeschmettert, daß sie sich nicht zeigte; gute Freunde führten sie weg und kümmerten sich um sie. Ein Trupp Polizisten war eingetroffen und suchte die Umgebung gründlich nach Spuren des Verbrechens ab. Eine Waffe wurde nicht gefunden, und nichts im oder um das Haus deutete auf die Identität des Mörders hin. Dennoch gibt es eine Spur. Auf einer der Farmen in Swansey (lies: *Swansea*), deren Eigentümer Mr. Borden war, arbeitete ein Portugiese, dessen Namen anscheinend niemand in der Nachbarschaft kennt. Er hatte eine Unterredung mit seinem Arbeitgeber und wollte seinen ausstehenden Lohn haben. Mr. Borden bat den Mann, später wiederzukommen, da er gerade kein Geld im Haus habe. Ob darüber hinaus noch etwas zwischen den beiden Männern geschah, war nicht in Erfahrung zu bringen. Der Portugiese ging schließlich fort, und Mr. Borden verließ kurze Zeit später das Haus und begab sich in die Stadt. Sein Weg führte ihn zuerst in den Frisiersalon von Peter Leduc, wo er sich gegen 9.30 Uhr rasieren ließ. Dann begab er sich kurz in die Union Bank, um einige geschäftliche Transaktionen vorzunehmen, und sprach mit Mr. Hart, der die Finanzabteilung der Savings Bank leitet, deren Präsident Mr. Borden war. Soweit bekannt, ging er von dort direkt nach Hause. Er zog seinen Rock aus und machte es sich auf dem Sofa bequem, um zu schlafen. Aus der entspannten Haltung, in der der Leichnam lag, ist zu schließen, daß der tödliche Schlag ihn im Schlaf getroffen hat. Man nimmt an, daß sich Mrs. Borden zu der Zeit ebenfalls im Zimmer befand, aber zu erschrocken über den Überfall war, als daß sie die Kraft gehabt hätte zu schreien. In ihrem Entsetzen rannte sie nach oben in ihre Kammer. Der Mörder muß ihr die Treppe hinauf gefolgt sein, sie wich in den hintersten Winkel des Zimmers zurück und wurde dort von der todbringenden Axt getroffen. Schlag auf Schlag müssen die Hiebe auf ihren Kopf herniedergeprasselt sein, während sie bewußtlos am Boden lag.

Hastig rannte der Mörder die Treppe hinunter und lief hinaus auf die Straße, wobei er in seiner überstürzten Flucht eine Fliegentür weit offen ließ. Weder auf dem Teppich noch auf der Treppe waren Blutspuren; auch eine Waffe konnte nirgendwo entdeckt werden. Es fand sich niemand, der den Mörder fortgehen sah, und es kann als sicher gelten, daß er die Waffe bei sich hatte und diese so klein war, daß er sie in seiner Kleidung verstecken konnte. Hätte er eine blutbesudelte Axt in der Hand gehabt, so wäre das gewiß irgendwem aufgefallen.

Dann begannen die Ermittlungen. Die Leute waren ratlos, was das Motiv für solch eine Tat gewesen sein könnte. Mr. Bordens ruhiges Wesen war allgemein bekannt, und obwohl er als wohlhabend galt, dürfte seine bescheidene Art wohl kaum jemanden zu einem Raub herausgefordert haben. Tatsächlich hatte er seine silberne Uhr noch in der Tasche, und seine Kleider waren ganz und gar nicht in Unordnung, so daß die Hypothese, der gemeine Mord sei aus Gewinnsucht begangen worden, durch nichts gestützt ist.

### Miss Borden herbeigelockt

Der schwere Aufprall und das unterdrückte Stöhnen lockten Miss Borden ins Haus. Dort bot sich ihren Augen der oben beschriebene schreckliche Anblick. Sie rannte zur Treppe und rief das Dienstmädchen, das gerade im zweiten Stock in der Mädchenkammer die Fenster putzte. Das Verbrechen war so lautlos geschehen, daß weder sie selbst noch das Mädchen etwas von der Bluttat bemerkt hatten, die sich in ihrer unmittelbaren Nähe ereignete.

Einem Polizeibeamten gegenüber erklärte Miss Borden, sie habe gegen zehn Uhr in der Scheune gearbeitet. Als sie zurückgekommen sei, habe sie ihren Vater mit einer schrecklich klaffenden Wunde seitlich am Kopf im Wohnzimmer vorgefunden. Ihrem Eindruck nach müsse er in sitzender Haltung erschlagen worden sein. Nachdem sie den Schrei ausgestoßen habe, sei sie nach oben gerannt, um ihre Mutter zu suchen, und sei nur um so entsetzter gewesen, als sie dort eine Gestalt zwischen Frisierkommode und Bett in einer Blutlache liegend fand. Anscheinend habe Mrs. Borden den Mann hereinkommen sehen, und dieser, wohl wissend, daß sein niederträchtiges Verbrechen entdeckt werden würde, sei ihr die Treppe hinauf gefolgt, um seine teuflische Tat zu vollenden. Es ist bekannt, daß Mrs. Borden stets den Raum zu verlassen pflegte, wenn ihr Mann mit einem Besucher über geschäftliche Dinge sprach. Jemand, der dies wußte, habe sich leicht auf sein Opfer stürzen können, ohne ihr Gelegenheit zum Schreien zu geben. Miss Borden habe niemanden ins Haus gehen oder herauskommen sehen. Mr. Borden habe den Mann, der seine Farm verwaltet, stets mit größter Achtung behandelt. Sein Name sei Alfred Johnson, und das Vertrauen, das er seinem Brotherrn entgegengebracht habe, sei so groß gewesen, daß er sogar sein Bankbuch zur sicheren Verwahrung in Mr. Bordens Haus hinterlegt habe. Die junge Dame hege nicht den mindesten Verdacht, daß er etwas mit dem Verbrechen zu tun haben könnte. Was den der Tat verdächtigten Portugiesen betrifft, so wisse sie nichts über ihn, da er wohl nur während der Saison als Tagelöhner angestellt sei. Welches Motiv er gehabt haben könnte, sei schwer zu sagen, da Mr. Borden seinen Hilfskräften gegenüber stets freundlich gewesen sei.

Eine andere Feststellung der Polizei, die zwar wenig Gewicht zu haben scheint, der aber dennoch nachgegangen wird, ist die, daß vor zirka zwei Wochen ein Mann zu Mr. Borden kam, um einen leerstehenden Laden in der South Main Street von ihm zu mieten. Nach einer kleinen Weile sei Miss Borden an dem Zimmer vorbeigegangen und habe laute Stimmen vernommen und gehört, wie ihr Vater gesagt habe: «Zu diesem Zweck vermiete ich ihn nicht.» Gleich darauf sei wieder Ruhe eingekehrt, und als der Mann gegangen sei, habe ihr Vater gesagt: «Wenn Sie das nächste Mal in der Stadt sind, werde ich Ihnen Bescheid geben.» Das sei vor zwei Wochen gewesen, inzwischen aber sei der Laden an jemand anders vermietet. Der Mann sei nach Anbruch der Dunkelheit gekommen, so daß sie sein Gesicht nicht habe erkennen können.

**Nach Swansey gefahren**

Um 12.45 Uhr ließen Marshal Hilliard und die Polizisten Doherty und Connors einen Wagen vorfahren und begaben sich zur Farm; sie hofften, der Verdächtige werde dort auftauchen, um zu beweisen, daß er ein Alibi hat. Die Polizisten werden in jedem Falle vor dem Mann dort sein, denn die Strecke beträgt ungefähr zehn Meilen, doch es besteht wenig Hoffnung, daß er dorthin zurückkehrt. Nach dem, was Charles Gifford aus Swansey mitgeteilt hat, ist es unwahrscheinlich, daß der Verdächtige ein portugiesischer Landarbeiter ist. Mr. Gifford sagte, der einzige auf der oberen Farm beschäftigte Portugiese sei Mr. Johnson, und der sei krank und müsse das Bett hüten. Es sei möglich, daß Mr. Borden für einige Tage einen anderen Mann auf der unteren Farm eingestellt habe, aber das glaube er nicht. Man hat versucht, in Swansey anzurufen, doch es ging niemand ans Telefon.

**Ein wichtiges Detail**

Neben mehreren wichtigen Einzelheiten, die beim Absuchen des Grundstücks entdeckt wurden, fiel John Donnelly, der zusammen mit anderen die Scheune nach etwaigen Spuren des Flüchtigen durchsuchte, ein wesentliches Detail ins Auge. Im Heu fand er den vollkommenen Körperabdruck eines Menschen, der dort übernachtet zu haben scheint. Außerdem konnte festgestellt werden, daß der Schläfer entweder einen unruhigen Schlaf gehabt hat oder schon einmal dort gewesen sein muß, denn an einer anderen Stelle im Heu bemerkte er einen zweiten Abdruck, der sich mit dem ersten deckte. Mag sein, daß irgendwer die Gewohnheit gehabt hat, sich gelegentlich dort zu einem Schläfchen hinzulegen; allerdings stammte der Abdruck von einer Person von ungefähr 1,62 m Körperhöhe; einer Person also, die kleiner war als Mr. Borden. Dies hat zu der Vermutung geführt, daß der Mörder möglicherweise dort geschlafen und auf eine Gelegenheit gewartet hat, um seine Tat auszuführen.

**Noch eine Geschichte**

Noch eine sensationelle Geschichte wird im Zusammenhang mit dem Mord erzählt. Allem Anschein nach waren die Mitglieder der Familie einige Tage lang krank, und die Symptome ähnelten sehr stark denen einer Vergiftung. Im Lichte der späteren Ereignisse kam diese Krankheit wieder in Erinnerung. Die Familie pflegte sich die Milch jeden Morgen von der Farm in Swansey kommen zu lassen; die Kanne wurde vor der Tür abgestellt, bis das Dienstmädchen frühmorgens das Haus aufschloß. Hätte jemand Arges im Sinn gehabt, er hätte sich mit Leichtigkeit an der Milch zu schaffen machen können. Die Polizei wird dieser Fährte sorgfältig nachgehen.

Polizeiarzt Dolan, der der Bitte, sich am Tatort einzufinden, prompt Folge leistete, untersuchte die Opfer gründlich und kam zu dem Schluß, daß die Verletzungen von einer schweren, scharfen Waffe, etwa einer Axt oder einem Beil, herrühren. In beiden Fällen stellte er Schädelfrakturen fest und schloß daraus, daß der Tod sofort eingetreten ist. Was den Schlag betrifft, der Mrs. Borden getötet hat, so meinte der Arzt, er sei wahrscheinlich von einem hochgewachsenen Mann ausgeführt worden, der von hinten auf die Frau eingeschlagen habe.

**Ein gefälschter Brief**

Es wird berichtet, daß Mrs. Borden heute morgen einen Brief erhielt, der sie von der Erkrankung einer sehr guten Freundin in Kenntnis setzte, und sie dieselbe habe besuchen wollen. Wie sich herausgestellt hat, ist dieser Brief gefälscht und sollte sie offensichtlich von zu Hause fortlocken. Wenn das zutrifft, deutet alles darauf hin, daß der Überfall sorgfältig geplant war. Heute morgen wurde in der Second Street ein verdächtiges Subjekt gesehen, das nach jemandem Ausschau zu halten schien; die Polizei hat eine Personenbeschreibung des Mannes.

Marshal Hilliard ist heute nachmittag mit Officer Dowty (lies: *Doherty*) und Officer Connors nach Swansey gefahren, traf aber auf der oberen Farm nur die kürzlich eingestellten Männer bei der Arbeit an. Die untere Farm wollen sie morgen aufsuchen. Der dortige Verwalter ist William Eddy.

Um 14.10 Uhr wurde ein untersetzter Portugiese namens Antonio Auriel in einem Saloon in der Columbia Street festgenommen und auf die Polizeistation gebracht. Der Mann beteuerte seine Unschuld und ließ Joseph Chaves, einen Angestellten von Talbot & Co., rufen, der ihn identifizierte; er wurde umgehend auf freien Fuß gesetzt.

**Mr. Bordens Leben in Stichworten**

Andrew J. Borden wurde vor 69 Jahren in dieser Stadt geboren. Mit Ausdauer und Fleiß erwarb er sich ein Vermögen. Erst kürzlich erklärte er noch voller Stolz, er habe in seinem Leben bislang keinen einzigen Dollar für unnütze Dinge ausgegeben. Mr. Borden war zweimal verheiratet. Seine zweite Frau war die Tochter von Oliver Gray und kam in der Rodman Street zur Welt. Er hatte zwei (lies: *drei*) Kinder aus erster Ehe, Emma und Elizabeth (lies: *Lizzie*). Erstere weilt derzeit bei Freunden außerhalb und hat noch keine Kenntnis von der Tragödie.

Mr. Borden war zuletzt Präsident der Union Savings Bank und gehörte den Vorständen der Durfee Bank, von Globe Yarn sowie der Textilfabrik Merchants & Troy an. Er war an mehreren großen Immobiliengeschäften beteiligt und ein sehr wohlhabender Mann.

Es ist übrigens beachtlich, in welchem Tempo die kleine Zeitung ihren ersten Bericht über den Doppelmord zusammengestellt und veröffentlicht hat. Am 4. August vormittags um Viertel nach elf gellte der «Mord!-Schrei» durch die Stadt. Ganze drei Stunden später war bereits die erste Ausgabe des *Herald* zu haben. Bis auf die von der Polizei angestellten Spekulationen darüber, wie Mrs. Borden zu Tode gekommen war, die sich später durchweg als falsch erwiesen, ist der Bericht bemerkenswert gründlich und genau.

Bis zum Nachmittag hatten sich Hunderte von Menschen in der

Vorderansicht des Hauses Second Street Nummer 92

Seiteneingang des Hauses Second Street Nummer 92

Second Street eingefunden. Zwar hatten die Wasserwagen sämtliche Straßen in der Innenstadt gesprengt, um den Staub zu binden, doch auch an diesem Tag gab es wieder einen Hitzerekord, so daß dies wenig nützte.

Das Haus der Bordens steht noch immer und trägt heute die Nummer 240; abgesehen von einer Fensterbelüftungsanlage sieht es noch ziemlich genauso aus wie an jenem Augusttag des Jahres 1892. Scheune und Hof gibt es nicht mehr, auch die Häuser der Nachbarn Kelly, Churchill und Chagnon sind fort, aber trotz der Druckerei, die sich nebenan breitgemacht hat, und trotz des belebten Busbahnhofs auf der gegenüberliegenden Straßenseite wirkt das Haus noch ebenso hager und karg wie vor hundert Jahren.

Die Second Street ist heute sowenig eine feine Adresse wie damals, 21 Jahre vor dem Ereignis, als Andrew Borden das Haus kaufte und bezog. Es war ursprünglich ein sogenanntes Eisenbahnhaus – solide, aber sparsam für zwei Familien gebaut. Zwei separate Eingänge, der eine vorn nach dem Gehsteig gelegen, der andere an der Seite, führten in die oberen und unteren Zimmer. Um keinen Platz zu verschwenden, hatte man auf Korridore verzichtet und sämtliche Räume als Durchgangszimmer angelegt.

Der Reporter hatte recht: Andrew hat sein Lebtag nie einen Dollar für unnütze Dinge ausgegeben, und unnütz waren in seinen Augen auch Dinge wie elektrischer Strom, Badezimmer oder diese neumodische Erfindung, Telefon geheißen. Sein einziges Zugeständnis an seine eigene und die Bequemlichkeit seiner Familie war ein Ofen im Keller.

So wurde das Haus in der Second Street Nummer 92 zwar dem Ruf seines Besitzers, ein Geizhals zu sein, gerecht, machte aber den Namen Borden und Durfee nicht gerade Ehre. In fast jedem Marktflekken oder Dorf, in jeder Stadt gibt es eine «richtige» und eine «falsche» Seite, die eine rechts, die andere links von der Bahnstrecke. In Fall River bildeten nicht die Eisenbahngleise die Demarkationslinie, sondern der Hügel, der sich vor dem zerklüfteten Küstenhorizont erhob.

Kurzum, die bessere Gesellschaft wohnte oben auf dem Berg, alle anderen unten. Daß Andrew darauf verzichtet hat, einen Teil seines beträchtlichen Reichtums für eine luxuriöse Behausung dort oben zu verwenden, könnte der Dreh- und Angelpunkt in diesem Mordfall sein; für die Anklage jedenfalls war dies einer der wichtigsten Punkte, die gegen Lizzie sprachen.

Inzwischen wurde die Menschenmenge vor dem Haus immer größer. Die Polizei machte an jenem 4. August ihren Jahresausflug nach Rocky Point, einem Badeort unweit von Providence, Rhode Island, doch davon, daß das Dezernat unterbesetzt war, merkte man angesichts der zahlreichen Streifenpolizisten und Kriminalbeamten, die das Grundstück durchkämmten, nicht viel.

In Massachusetts nannte man den Polizeichef damals «Marshal», und der Marshal von Fall River, Rufus B. Hilliard, hatte seinen Stellvertreter, Assistant Marshal John Fleet, zum Tatort geschickt.

Nur am Rande sei daran erinnert, daß der Rassismus 1892 anders funktionierte als heute, jedenfalls wurde er nicht als solcher begriffen. Alle waren sich selbstverständlich darin einig, daß Ausländer eben Fremde, also keine echten Mitglieder der Gesellschaft waren. So ist es nicht verwunderlich, daß der erste Mann mit ausländischem Namen, von dem bei den Ermittlungen die Rede war, zugleich der erste war, der als Tatverdächtiger angesehen wurde. Zufällig war der Mann Portugiese, aber es wäre genauso verlaufen, wenn er einer der anderen Nationalitäten angehört hätte, die während des industriellen Aufschwungs nach Amerika gekommen waren. Widerwillig hatte Fall River Tausende von frankokanadischen, chinesischen, portugiesischen, schwedischen, deutschen und irischen Einwanderern aufgenommen – Arbeitskräfte für die aufblühenden Textilfabriken.

Kriminalbeamte wurden losgeschickt, um den Ausländer aufzuspüren. Andere sollten jeden befragen, ob er irgendwen oder irgend etwas «Auffälliges» gesehen habe. Unter den Schaulustigen jagte ein Gerücht das andere. Die Kriminalbeamten waren gehalten, jedem einzelnen nachzugehen. Man durchsuchte die Scheune und gab unverzüglich einen Bericht heraus, der für die Verhältnisse von 1892 durchaus als umfassendes Bulletin angesehen werden kann.

Der Ausländer wurde rasch gefunden und ebenso rasch auf die Polizei gebracht. Zu seinem Glück hatte der zu Tode erschrockene Mann ein Alibi und einen Zeugen. Er wurde freigelassen, aber noch einige Tage beschattet.

Nachmittags um fünf kam der *Herald* mit einer Extraausgabe heraus:

**Zutiefst mysteriöse Lage – Hunderte vor dem Heim der Bordens versammelt – Alles redet von dem Mord – Miss Borden: Keinerlei Verdacht, wer es war – Milch-Story hat sich bewahrheitet – Polizei durchkämmt die Stadt**

Die Aufregung über den Mordfall Borden wächst.

Hunderte verstopfen die Straße vor dem Haus und reden über das furchtbare Ereignis. Zur Stunde nimmt Dr. Dolan, unterstützt von einem halben Dutzend Ärzten, die Autopsie vor. Einzelheiten darüber sind noch nicht bekanntgegeben worden.

Je weiter die Ermittlungen voranschreiten, desto mysteriöser wird der ganze Fall. Ein Reporter des *Herald* sprach mit einem engen Vertrauten der Familie, der sich seit dem schrecklichen Schlag um Miss Borden kümmert. Miss Borden widerspricht entschieden allen Gerüchten, die das Dienstmädchen Lizzie Corrigan (lies: *Bridget Sullivan*) oder einen der Männer von den Farmen mit der Tat in Verbindung bringen. All diese Leute seien seit vielen Jahren in den Diensten der Familie tätig, und Mr. Eddy, der Verwalter der einen Farm, sei gegenwärtig krank. Deshalb wolle Miss Borden auf keinen Fall, daß ihm etwas von dem Tatverdacht gegen einen der alten Landarbeiter zu Ohren komme. Miss Borden hat erklärt, sie könne den Kriminalbeamten nicht den mindesten Hinweis geben. Sie sei aus der Scheune ins Haus gekommen und habe ihren Vater mit klaffenden Wunden daliegen sehen; von Entsetzen gepackt, sei sie die Treppe hinaufgerannt, um das Dienstmädchen zu rufen und ihr zu sagen, sie solle Hilfe holen. Mrs. Churchill, die das Dienstmädchen vorübereilen sah, habe sich erkundigt, was los sei, und dann Dr. Bowen gerufen. Nachdem Miss Borden sich von ihrem ersten Schreck erholt habe, sei ihr eingefallen, daß sie Mrs. Borden nirgendwo gesehen hatte. Sie habe ein paar anwesende Freunde gebeten, mit ihr gemeinsam nach Mrs. Borden zu suchen. John Maude (lies: *Morse*), ein Verwandter der Familie Borden, und Mrs. Churchill gingen durchs Haus und fanden die Frau schließlich in der Kammer im ersten Stock liegen.

Der Verdacht bezüglich der Milch hat sich bestätigt; die Ärzte wollen bei der Autopsie insbesondere auf Spuren von Gift achten. Aber selbst wenn sich diese nachweisen lassen sollten, dürfte es schwierig sein, daraus irgendwelche konkreten Hinweise abzuleiten, denn es war üblich, die Kanne vor der Haustür stehenzulassen, so daß jeder sich daran zu schaffen machen konnte.

Bei der Polizei herrscht größte Wachsamkeit, und jeder Fremde, der auch nur den geringsten Verdacht erregt, wird angehalten und vernommen. Darüber, ob der Mörder die Tatsache, daß die Mehrheit der Polizei am heutigen Tage außerhalb der Stadt weilte und somit für die Jagd nach dem Flüchtigen nicht verfügbar war, bewußt ausgenutzt hat, können bloß Vermutungen angestellt werden. Sicher ist nur, daß dies ein Fall ist, der unserer Polizei eine hervorragende Gelegenheit bietet, ihren kriminalistischen Spürsinn unter Beweis zu stellen, wenngleich die vorhandenen Hinweise höchst spärlich und unbefriedigend sind.

Während sich rings um das Bordensche Haus die geradezu makaber neugierige Menge drängte, Spekulationen anstellte und sich Gedanken machte, wurde drinnen, ganz wie der Reporter es vorausgesagt hatte, der «kriminalistische Spürsinn der Polizei» auf eine harte Probe gestellt. Die spärlichen und unbefriedigenden Hinweise ergaben ein keineswegs klares Bild von den Ereignissen jenes Vormittags. Allerdings konnte der Reporter des *Herald* kaum voraussehen, daß dieser mysteriöse Doppelmord nicht allein die Polizei von Fall River verwirrte, sondern auch noch 100 Jahre später der Aufklärung harrt.

## 2 Sie ist nicht meine Mutter

**E**ntgegen allen anderslautenden Behauptungen, die ihre Feinde später in die Welt setzten, stand Lizzie damals schwer unter Schock und war einer Ohnmacht nahe. Ein Dutzend Polizisten rannte durch die Zimmer, und jeder wollte von ihr wissen, was passiert war. Das Dienstmädchen Bridget Sullivan war an jenem Morgen als erste im Hause auf den Beinen gewesen; ihre Aussage gibt das Geschehene in groben Zügen wieder.

Bridget wurde das Mädchen nur von Mr. und Mrs. Borden genannt; für die Töchter Emma und Lizzie war sie stets «Maggie» gewesen. Das war der Name eines früheren Dienstmädchens, das die beiden in so liebevoller Erinnerung behalten hatten, daß sie, als die Nachfolgerin jener Maggie vor drei Jahren ins Haus gekommen war, den vertrauten Namen kurzerhand auf sie übertragen hatten.

Bridget war eine typische Vertreterin jener Klasse von Einwanderern, die während des industriellen Aufschwungs gegen Ende des 19. Jahrhunderts nach Amerika kamen. Sie stammte aus Irland, und die Iren zog es ganz besonders nach Massachusetts. Die Zahl der irischen Einwanderer in Fall River war größer als die irgendeiner anderen nationalen Gruppe.

Das Mädchen war ganz allein, ohne Verwandte oder Bekannte, in Newport, Rhode Island, an Land gegangen. Ein Jahr später war sie nach South Bethlehem, Pennsylvania, gezogen, ihr eigentliches Ziel aber hieß von Anfang an Massachusetts. Seit fast drei Jahren bewohnte sie nun eine kleine Bodenkammer im hinteren Teil des Hauses der Bordens.

Zu ihren Aufgaben gehörten Wäschewaschen, Plätten, Kochen, Saubermachen und alles, was im Erdgeschoß an Hausarbeit zu verrichten war. Mrs. Borden, Lizzie und Emma hielten ihre Räume selbst in Ordnung.

Bridget sagte später aus, sie habe ihre Arbeit, die Familie und die

Lizzie Borden

**Bridget Sullivan.**

Stadt geliebt. Sie war 26 Jahre alt und eine hübsche irische Maid mit üppigen Reizen und rotbraunem Haar, sehr beliebt bei den anderen Dienstmädchen der Stadt und nie um einen Galan verlegen, mit dem sie ausgehen konnte.

Sie sei, berichtet sie, an jenem Morgen wie immer pünktlich um sechs aufgestanden und habe schreckliches Kopfweh gehabt. Wie die Familienmitglieder sei auch sie tags zuvor krank gewesen, habe unter Anfällen von Durchfall und Erbrechen gelitten.

Um Viertel nach sechs habe sie ihre Kammer verlassen und sei nach unten gegangen, habe Holz und Kohlen aus dem Keller geholt und den Herd geheizt, um das Frühstück zuzubereiten. Wie jeden Morgen habe sie die von der Borden-Farm in Swansea überbrachte Milchkanne hereingetragen und das Gefäß für die Eisstange, die täglich geliefert wurde, vor die Tür gestellt.

Während sie das Frühstück gemacht habe, sei John Vinnicum Morse, ein Gast, der die Nacht im Haus verbracht hatte, heruntergekommen, habe etwas zu ihr gesagt und sich dann ins Wohnzimmer gesetzt und gewartet, daß die anderen erschienen. Morse war Andrews Schwager, der Bruder von Sarah, dessen erster Frau. Er kam regelmäßig zu Besuch, außer zu der Zeit, als er versucht hatte, im Westen sein Glück zu machen.

Mrs. Borden sei um halb sieben heruntergekommen, auch sie habe die hintere Treppe benutzt, die von dem im ersten Stock gelegenen Schlafzimmer des Hausherrn nach unten führte; zehn Minuten später sei Mr. Borden ihr mit seinem Schmutzwassereimer gefolgt. Das Haus der Bordens hatte kein Badezimmer, sondern lediglich ein Trockenklosett im Keller, ein Kabuff mit unbefestigtem Fußboden, so daß das Ausleeren der Eimer zu den festen morgendlichen Ritualen gehörte.

Das enorme Frühstück, daß Abby, John und Andrew vorgesetzt bekamen, bestand aus Hammelfleisch, das schon den dritten Tag aufgetischt wurde, Hammelbrühe, Maiskuchen, Plätzchen, überreifen Bananen und Kaffee. Alle griffen tüchtig zu, während Bridget die Küche putzte und darauf wartete, daß die Eßzimmerglocke bimmelte, damit sie das Geschirr abräumen konnte.

Gegen halb neun, erzählte sie weiter, habe Morse das Haus durch die Hintertür verlassen, um seine Nichte in der Weybosset Street zu besuchen. Andrew begleitete ihn hinaus und ermahnte ihn, pünktlich zum Mittagessen zurück zu sein. Mrs. Borden habe zum Staubwedel gegriffen und sich im Wohnzimmer zu schaffen gemacht; Andrew putzte sich in der Küche überm Spülstein die Zähne. Es war, wie Bridget sagte, ein ganz normaler Morgen.

Um neun sei Lizzie mit ihrem Schmutzwassereimer heruntergekommen. Auch sie war in der Nacht von Magenkrämpfen geplagt gewesen und legte verständlicherweise keinen Wert auf ein Frühstück, das aus Hammelfleisch und Maiskuchen bestand. Sie habe sich mit einer Tasse Kaffee und vielleicht ein oder zwei Keksen begnügt.

Bridget sei kaum mit dem Abwasch fertig gewesen, da habe sie auf den Hof rennen müssen, um sich zu übergeben. Als sie zehn Minuten später in die Küche zurückkam, war Lizzie offenbar wieder auf ihr Zimmer gegangen. Mrs. Borden, die im Wohn- und im Speisezimmer mit ihrem Federwisch zugange war, trug Bridget auf, die Fenster zu putzen – von innen und außen.

Bridget ließ in beiden Räumen die Fenster herunter, ging in den Keller nach Eimer und Bürste, holte dann Wasser von der Pumpe in der Scheune und machte sich an die Arbeit.

Andrew – wie immer in seinem schwarzwollenen Prinz-Albert-Anzug – begab sich zur Arbeit in die Stadt und ging unterwegs noch am Postamt vorbei.

Lizzie habe sich an der Hintertür gezeigt und Bridget gefragt, was sie tue. Das Mädchen sagte, sie putze vorerst die Fenster von außen; sie könne in der Scheune Wasser holen; Lizzie solle ruhig die Tür zusperren. Aber Lizzie ließ die Tür unverschlossen.

Als Bridget die Fenster von außen gesäubert hatte, machte sie innen weiter. Sie habe gehört, wie sich jemand an der vorderen Haustür zu schaffen machte, und sei nachsehen gegangen. Es sei Mr. Borden gewesen; er hatte seinen Schlüssel vergessen. Die Tür besaß drei Schlösser, und während sie sich abmühte, um alle drei aufzusperren, habe sie «Psch!» gesagt. Es könne aber auch ein weniger harmloses Wort gewesen sein, denn sie habe Lizzie oben lachen gehört.

Andrew sei ins Eßzimmer und von dort nach hinten ins Wohnzimmer gegangen, wo er es sich auf dem Sofa bequem machte, um Zeitung zu lesen und vielleicht ein Schläfchen zu halten. Lizzie sei heruntergekommen und habe nach Post gefragt und ihm auch erzählt, Mrs. Borden habe eine Nachricht von einer kranken Freundin erhalten und sei fortgegangen.

Lizzie, die für einen Stadtbummel gekleidet gewesen sei, habe Bridget gefragt, ob sie am Nachmittag ausgehen wolle. Bridget antwortete darauf, sie werde wohl eher daheim bleiben, denn sie fühle sich nicht wohl.

«Bei Sargents gibt es heute nachmittag verbilligte Kleiderstoffe für acht Cent die Elle», habe Lizzie gesagt. «Ich werde mir wahrscheinlich ein paar Ellen holen. Falls du doch ausgehst», habe sie hinzugefügt, «gib acht, daß du die Tür abschließt, denn Mrs. Borden ist zu einem Krankenbesuch gebeten worden, und ich werde wohl auch nicht da sein.» Auf die Frage, wer denn krank sei, habe Lizzie gesagt, das wisse sie nicht. «Sie hat heute morgen eine Nachricht bekommen. Sicher jemand in der Stadt.»

Lizzie habe das Plättbrett heruntergenommen, es aufgestellt und die Eisen zum Heißwerden auf den Küchenherd gestellt.

Es war mittlerweile fünf Minuten vor elf, und in der Küche staute sich die Hitze. Bridget sagte, sie sei schon wieder müde und schlapp gewesen und auf ihr Zimmer gegangen, um sich einen Augenblick hinzulegen.

Damit war das Arrangement perfekt: Mrs. Borden war angeblich fort zu einem Krankenbesuch; Andrew lag friedlich auf dem Sofa; Morse war unterwegs, Lizzie wollte Taschentücher plätten, und Bridget ruhte sich in ihrer Bodenkammer aus.

Von hier ab soll Lizzie die weitere Schilderung der Ereignisse übernehmen. Abgesehen von ein paar abweichenden Angaben darüber, wer sich wann wo befand und was genau gesagt wurde, bestätigte sie im großen und ganzen Bridgets Darstellung.

Lizzie, die tatsächlich auf diesen Namen getauft war, also nicht Elizabeth hieß, war Andrews jüngste Tochter und, wie allgemein behauptet wurde, sein Liebling. Sie konnte ihn um den Finger wickeln, wobei viele der Meinung sind, daß das weniger mit seiner Vaterliebe als vielmehr mit ihrem eisernen Willen und ihrer Dickköpfigkeit zu tun gehabt habe.

Ihre Jugend in Fall River war alles in allem normal und unspektakulär verlaufen. Schließlich war das Leben im braven viktorianischen Neuengland des ausgehenden 19. Jahrhunderts nicht besonders aufregend, und wenn doch einmal etwas Ungewöhnliches passierte, dann eher in den Spelunken im Hafenviertel als in den gesitteten Wohnstuben der Oberschicht.

Lizzie war am Donnerstag, dem 19. Juli 1860, in der Ferry Street Nummer 12, dem damaligen Wohnhaus der Bordens, zur Welt gekommen. Im Weißen Haus saß damals James Buchanan wenn auch nicht für lange, und in Illinois debattierte Abraham Lincoln mit Frederick Douglass * über die Abschaffung der Sklaverei.

Als Lizzie zwei Jahre alt war, starb ihre Mutter, und als sie vier war, heiratete Andrew die alte Jungfer Abby, die damals fast 40 war und sicherlich längst die Hoffnung aufgegeben hatte, noch unter die

* Buchanan, James (1791–1868), 15. Präsident der Vereinigten Staaten, im Amt von 1857–1861; Lincoln, Abraham (1809–1865), 16. Präsident der Vereinigten Staaten, im Amt von 1861–1865; Douglass, Frederick (1817–1895), entflohener Sklave; wurde zum Anführer der Bewegung für die Abschaffung der Sklaverei (A. d. Ü.).

Haube zu kommen. Sarah war jung und schön gewesen – zwei Dinge, mit denen Abby nicht aufwarten konnte. Sie war eine stämmige Frau ohne jeden Humor und gänzlich unfähig, liebevoll oder zärtlich zu sein. Und doch besaß sie genau die Qualitäten, die Andrew suchte: Sie war beständig, sittsam und anspruchslos; sie hatte Respekt vor ihm, verstand zu wirtschaften und wußte instinktiv, daß sie aus dem Zimmer zu gehen hatte, wenn er über geschäftliche Dinge verhandelte.

Mit 18 beendete Lizzie die High-School von Fall River, und damals fiel es niemandem ein, sie aufs College zu schicken. In jener Zeit hatte ein junges Mädchen zu Hause zu bleiben, häusliche Pflichten zu erlernen und darauf zu warten, daß jemand sie heiraten wollte. Die Vorstellung, in der engen guten Stube jenes kargen Häuschens in der Second Street unter den argwöhnischen Blicken des alten Andrew und der mißvergnügten Abby Liebeswerbungen zu absolvieren, dürfte freilich die Glut selbst des leidenschaftlichsten Freiers abgekühlt haben. Trotzdem gab es einige Interessenten – Lizzie war immerhin die Tochter eines der reichsten Männer der Stadt –, doch wurden diese weder von Abby noch von Andrew ermutigt.

Sieht man davon ab, daß Lizzie sich durch ein ausgesprochen distanziertes, kühles Wesen auszeichnete, so verlief ihr Leben von frühester Kindheit an völlig unauffällig.

Sie war gerde 20, als sie in den Vorstand des Krankenhauses von Fall River berufen wurde, was für eine so junge Frau eine ganz außerordentliche Ehre war. Dort wurde sie Vorsitzende der Fruit and Flower Mission, deren Mitglieder praktisch die Vorgänger der heutigen Candy-Stripers waren und genau wie diese Kranke, Arme und Obdachlose aufsuchten und ihnen Essen, Bücher und Blumen brachten. Lizzies Gegner behaupteten später, der Grund für ihre Berufung in den Vorstand des Krankenhauses sei gewesen, daß man sich von ihrem Vater beträchtliche Spenden versprochen habe. Dem steht allerdings die allgemein bekannte Tatsache entgegen, daß Andrew sein Lebtag nie einen Cent für wohltätige Zwecke gegeben hat.

Das Auffallendste an ihr waren ihre großen, weit auseinanderstehenden Augen, die man, falls man ihr wohlgesonnen ist, blaßblau nennen kann; ist man es nicht, so empfindet man diese Augen wohl eher als grau, ihren Blick als stechend. Mit ihrem ausladenden, energischen Kinn war sie nicht gerade eine Schönheit, und ihre breiten Schultern wirkten durch die damals modernen Kotelettärmel noch breiter.

Mittlerweile 32 Jahre alt, hatte sie ihre Jugend hinter sich und war eine typische alte Jungfer – geradlinig, sehr fromm und überaus moralisch. Ihr scheues Wesen verbarg sie hinter selbstbewußtem Auftreten und einer unerschütterlichen äußeren Gelassenheit, die sie selbst bei der Vernehmung durch Officer Allen zu wahren wußte, dem sie berichtete, wie jener Morgen verlaufen war.

Wie alle im Haus hatte auch sie eine unruhige Nacht hinter sich, aber am Morgen ging es ihr besser, gut genug jedenfalls, um Lust auf etwas frische Luft und einen Spaziergang in die Stadt zu haben. Sie wollte zu Sargents, einem ihrer Lieblingsläden, und sich Kaliko für ein oder zwei Kleider aussuchen – im Ausverkauf, acht Cent die Elle.

Zum Ausgehen, sagte sie, zog sie ein blaues, mit marineblauen Rauten bedrucktes Kambrikkleid an. Gegen halb zehn sei sie nach unten gekommen und habe zum Frühstück nur einen Keks (vielleicht zwei) und eine Tasse Kaffee zu sich genommen. Sie habe ein paar belanglose Worte mit Mrs. Borden geplaudert und sich vorgenommen, ein paar von ihren feinen Taschentüchern zu plätten, die sie am Vortag gewaschen hatte.

Mrs. Borden habe ihr erzählt, sie hätte Nachricht von einer kranken Freundin erhalten, die sie besuchen gehen wolle. Sie werde von unterwegs etwas zum Abendessen mitbringen, ob Lizzie einen besonderen Wunsch hätte. Lizzie habe das verneint.

Dann sei ihr Vater von seinem Gang zum Postamt zurückgekommen, habe aber keine Briefe für sie gehabt. Sie habe ihm gesagt, daß Mrs. Borden ausgegangen sei, und dann das Plättbrett aufgestellt und ihre Eisen heiß gemacht.

Ob sie gesehen habe, wer Mrs. Borden die Nachricht überbrachte? Nein, die sei wohl gekommen, ehe sie aufgestanden war oder als sie in der Küche zu tun gehabt hatte. Sie habe niemanden gehört und eigentlich auch keinen Brief gesehen.

Während sie darauf wartete, daß ihre Eisen heiß wurden, sei sie auf den Hof gegangen; sie habe gehofft, dort wäre es etwas kühler als in der Küche. Ohne besondere Absicht habe sie ein paar Birnen aufgehoben, die unter einem Baum lagen, vielleicht habe sie gedacht, daß das Obst ihrem Magen guttun würde.

Ihr sei eingefallen, daß die Kirchengemeinde für den folgenden Montag einen Ausflug nach Marion, zur Buzzards Bay, geplant hatte. Als sie sich ausgemalt habe, ein paar Stunden am kühlen Flußufer zu sitzen und zu angeln, sei ihr in den Sinn gekommen, daß an ihren Angelschnüren, als sie das letzte Mal auf der Farm war, die Senker gefehlt hatten und sie vielleicht ein paar Stückchen Eisen oder Blei suchen sollte, um sich neue zu machen.

Sie sei in die Scheune gegangen – früher sei das ein Stall gewesen, aber jetzt halte man die Pferde in Swansea – und habe nach Metallstücken gesucht, die, wie sie sich erinnerte, dort in einer kleinen Kiste aufbewahrt wurden. Als sie unten nichts gefunden habe, sei sie auf den Speicher gestiegen. Zu ihrer Überraschung sei es dort oben kühler gewesen, und so habe sie noch ein Weilchen weitergesucht, eine Birne gegessen, etwas aus dem Fenster geschaut und sei alles in allem wohl eine halbe Stunde in der Scheune geblieben, vielleicht auch nur eine Viertelstunde, so ungefähr jedenfalls.

Als sie aus der Scheune gekommen sei, habe sie etwas gehört, das wie ein Stöhnen klang, und sei zur hinteren Haustür geeilt, die sie unverschlossen vorgefunden habe; dann sei sie zuerst in die Küche und von dort zur Wohnzimmertür gerannt.

Sie habe die Tür geöffnet und sei entsetzt zurückgewichen. Ihr Vater habe auf der Couch gelegen, das Gesicht blutüberströmt. Sie habe nicht gewußt, ob er tot war, habe sich weder die Wunden an seinem Kopf noch sein Auge näher angesehen, das aus der Höhle getreten war und auf der Wange hing, ihr sei aber klar gewesen, daß er in einem fürchterlichen Zustand war.

Sie sei zur hinteren Treppe gelaufen und habe nach Maggie geschrien. «Maggie, komm runter! Komm schnell runter! Vater ist tot! Jemand war hier und hat ihn umgebracht!»

Maggie stürzte herunter und wurde unverzüglich zu Dr. Seabury A. Bowens Zweifamilienhaus hinübergeschickt. Sie erfuhr von Mrs. Bowen, der Doktor sei nicht daheim, werde aber, sobald er zurück sei, auf der Stelle kommen.

Maggie lief wieder nach Hause und wurde abermals fortgeschickt, diesmal zu Miss Alice Russell, einer Freundin von Emma und Lizzie.

«Geh sie holen», rief Lizzie. «Ich kann nicht allein im Haus bleiben.»

Mrs. Adelaide Churchill, eine sittsame Witwe, die nebenan in dem nach seinem früheren Besitzer, dem ersten Bürgermeister von Fall River, benannten Buffinton House wohnte, hatte das aufgeregte Kommen und Gehen aus ihrem Küchenfenster beobachtet und gerufen: «Was ist denn los, Lizzie?»

Lizzie rief zurück: «O bitte, Mrs. Churchill, kommen Sie! Jemand hat Vater getötet!»

Mrs. Churchill reagierte sofort, und da noch immer kein Arzt erschienen war, lief sie nach einem Doktor. Unterwegs traf sie den Zeitungsverkäufer John Cunningham und bat ihn, rasch zum nahe gelegenen Mietstall zu laufen und die Polizei zu rufen.

Sowohl an den Aussagen des Dienstmädchens als auch an Lizzies Geschichte kam den Polizisten einiges rätselhaft vor.

Wieso hatte beispielsweise keiner den Eindringling gesehen oder gehört? Und wie konnte jemand durch die mehrfach abgeschlossenen Türen ins Haus und wieder hinausgelangt sein?

Trotz des Betriebsausflugs der Polizei hatten sich inzwischen etliche Ordnungshüter eingefunden. Ebenso zahlreiche Freunde und Nachbarn. In dem engen kleinen Haus herrschte hektische Betriebsamkeit, und draußen auf der Straße versammelten sich Hunderte von Schaulustigen.

Adelaide Churchill und Alice Russell waren um die aschfahle Lizzie bemüht, wischten ihr die Stirn mit einem kalten Lappen und fächelten ihr mit einem Strohfächer, der mit einer Reklame der Fall River Ice Cold Storage Company bedruckt war, Luft zu. Die drei Frauen hielten sich in der Küche auf, wo sie den Polizisten, die sich am Eingang, im Eßzimmer und in der Wohnstube zu schaffen machten, nicht ins Gehege kamen.

Der erste Polizeibeamte war der Streifenpolizist George Allen, ein Neuling im Amt. Ein Blick auf das mißhandelte Opfer, das, wie er wußte, zu den bekanntesten Persönlichkeiten der Stadt zählte, und schon war ihm klar, was er zu tun hatte. Er brauchte Hilfe – Hilfe von

Vorgesetzten. Rasch kontrollierte er die vordere Haustür und versicherte sich, daß sie abgeschlossen war, dann winkte er aus der Menge einen Freund namens Charles Sawyer herbei, postierte ihn zur Sicherheit neben der Tür und rannte im Eiltempo zur Hauptwache, um Meldung über die Geschehnisse in der Second Street Nummer 92 zu machen.

Officer Allen war eben losgelaufen, da hielt Dr. Bowens Wagen vor dem Haus. Die bleiche, fast ohnmächtige Lizzie zog den Arzt ins Wohnzimmer. «Vater ist umgebracht worden.»

Er brauchte nur wenige Minuten, um Andrews Tod zu bestätigen.

«Haben Sie jemanden auf dem Grundstück gesehen?»

«Nein. Niemanden.»

«Und wo sind Sie gewesen? Wo waren Sie?»

«Ich war in der Scheune, hab Eisenstücke gesucht. Oh, Doktor, ich werde ohnmächtig!»

Adelaide und Alice halfen ihr aus dem Schaukelstuhl in der stickigen Küche und stützten sie auf dem Weg ins Eßzimmer. Als Dr. Bowen den Leichnam Andrew Bordens mit einem Tuch zudeckte, wandte sich Lizzie in der Tür um und bat ihn, Emma nach Fairhaven zu telegrafieren, sie solle sofort heimkommen.

Als dann alle im Eßzimmer versammelt waren, sagte Bridget, Mrs. Borden sei vielleicht bei den Whiteheads, bei ihrer Halbschwester. Lizzie hielt das für wenig wahrscheinlich, sie meinte, möglicherweise sei Abby schon wieder da, ihr sei so, als ob sie etwas gehört habe.

Maggie hatte Angst, allein nach oben zu gehen, und bat Adelaide, sie zu begleiten. Adelaide ging mit und kam Minuten später wieder ins Eßzimmer. Sie war kreidebleich.

«Noch ein Mord?» fragte Alice.

«Ja! Sie liegt da oben.»

Officer Allen hatte drei Polizisten zur Verstärkung mitgebracht – Mullaly, Doherty und Wixon. Auch Dr. Bowen kam wieder, nachdem er das Telegramm an Emma aufgegeben hatte. Er brachte den Polizeiarzt William A. Dolan mit. Die Meldung, daß man ein zweites Opfer gefunden hatte, veranlaßte die Polizeiführung, die Officers

Harrington und Medly sowie John Fleet, Marshal Hilliards Stellvertreter, zum Tatort zu entsenden.

Abby Bordens Leiche lag im Gästezimmer im ersten Stock zwischen dem frischbezogenen Bett und einer kleinen Frisierkommode. Ebenso wie Andrew hatte man auch ihr brutal den Schädel eingeschlagen. Ein Haarteil, wie es damals sehr beliebt war, um der Frisur mehr Volumen zu geben oder, wie in Abbys Fall, die fortschreitende Kahlheit zu kaschieren, lag neben ihr auf dem Fußboden. Dr. Bowen legte ihr die Hand auf den Nacken, um die Körpertemperatur zu kontrollieren, und fühlte dann ganz mechanisch ihren Puls, obwohl er wußte, daß der nicht mehr schlug.

Dann wurde die Tür zum Gästezimmer diskret geschlossen, denn, so sexistisch es aus heutiger Sicht auch klingen mag, die Ermittlungen zum Tode von Mrs. Borden mußten warten; zuerst einmal war der Hausherr an der Reihe.

Inzwischen hatte Officer Michael Mullaly den Leichnam von Andrew Borden untersucht und eine silberne Uhr mit Kette, eine Geldbörse mit 85 Dollar in Scheinen sowie 65 Cent in Münzen bei ihm gefunden. Außerdem stellte der Polizist fest, daß das Opfer einen goldenen Ring am kleinen Finger trug. Sollte Geld das Motiv für diesen Mord gewesen sein, so hatte der Täter offenbar unverrichteter Dinge die Flucht ergriffen.

Der Polizist klopfte an die Eßzimmertür, stammelte eine Entschuldigung und fragte Lizzie, ob Beile oder Äxte im Haus seien. Sowohl als auch, antwortete Lizzie ohne zu zögern und beauftragte Maggie, ihn in den Keller zu führen und ihm zu zeigen, wo das Werkzeug aufbewahrt wurde.

Maggie begleitete ihn nach unten und zeigte ihm zwei Äxte und ein Zimmermannsbeil mit Nagelklaue. Eine der Äxte war eindeutig blutig, und an der Schneide klebten noch Haare. Das Beil wies rote Flekken auf, und Mullaly war sich sicher, die Mordwaffe gefunden zu haben. Aber Maggie war noch nicht fertig. Sie zerrte aus einer Nische knapp zwei Meter überm Schornstein einen Kasten mit allerlei Krimskrams hervor, brachte ihn herunter und entnahm ihm ein weiteres Beil. Mehr konnte Mullaly kaum verlangen.

Oben hatte sich Lizzie unterdessen auf ihr Zimmer zurückgezogen, wo ihre Freundin Alice Russell und ihr alter Freund Reverend E. A. Buck ihr Trost zusprachen. Sie hatte das aufwendige Kleid, das sie am Morgen angehabt hatte, ausgezogen und trug jetzt ein blaßrot-weiß gestreiftes Oberkleid und darunter eine gefältelte Bluse. Der besorgte Dr. Bowen setzte sich ein paar Minuten zu ihr und gab ihr eine Dosis Bromkoffein zur Beruhigung der Nerven.

Dann klopfte der stellvertretende Polizeipräsident John Fleet an die Tür, und Alice ließ ihn ein. Er wollte wissen, wann Mr. Borden heimgekommen und was danach passiert sei.

Lizzie erzählte ihm, wie Andrew an der Tür geklinkt hatte; er habe erschöpft ausgesehen; sie habe ihm «geholfen, sich hinzulegen», und dann angefangen, ihre Taschentücher zu plätten.

«Wie *lange* waren Sie in der Scheune?» fragte er, und sie antwortete, sie sei sich nicht sicher, ob es 30, 15 oder 20 Minuten gewesen seien.

«Und *warum* waren Sie dort?» Sie sagte es ihm.

«Haben Sie eine Vermutung, *wer* Ihren Vater und Ihre Mutter getötet haben könnte?»

«Sie ist *nicht* meine Mutter, Sir. Sie ist meine Stiefmutter. Meine Mutter starb, als ich ein Kind war.»

Dieser Satz entsprach schlicht und einfach der Wahrheit, und doch tauchte er während der gesamten Ermittlungen und des Prozesses immer wieder auf und sollte fortan Lizzies ganzes Leben überschatten.

# 3 Vinnicum und andere Merkwürdigkeiten

**Andrew Jackson Borden und Abby Durfee Gray Borden**

Der Fall Borden ist reich an unerklärlichen Dingen, und dazu gehört besonders die zwielichtige Rolle, die John Vinnicum Morse gespielt hat. Ein in der Lizzie-Sache sehr bewanderter Kollege sagte einmal, wenn er die Gelegenheit hätte, Lizzie eine Frage zu stellen, dann würde er sie nicht fragen, ob sie schuldig oder unschuldig sei, sondern ob sie ihm Morses Verhalten erklären könne.

47 Jahre früher hatte Johns Schwester Sarah den jungen Borden geheiratet, der damals noch darum kämpfte, sich eine Existenz aufzubauen. Sie brachte Emma und Lizzie und die kleine Alice zur Welt, die im frühen Kindesalter starb. John und Andrew hatten sich gemeinsam in der Möbelbranche versucht, allerdings ohne großen Erfolg.

25jährig, war John dem Rat Horace Greeleys * gefolgt und westwärts gezogen; er ging nach Hastings Mill, Iowa, wo ihn, wie er sagte, sein Glück schon am Bahnhof erwartete. Er kam zurück nach Massachusetts und lebte zunächst in South Yarmouth, unweit von New Bedford. Er sei jetzt Pferdehändler, behauptete er, und zum Beweis habe er eine Zugladung Pferde mitgebracht. Er wollte ein paar Tage bei den Bordens bleiben, kam aber merkwürdigerweise ohne alles Gepäck und hatte nicht einmal Kamm, Hemd oder Zahnbürste bei sich.

Andrew sei sein bester Freund gewesen, er habe sich oft in geschäftlichen Angelegenheiten mit ihm beraten. Diese enge Freundschaft habe ihn auch am Tag vor dem Mord nach Fall River geführt.

«Hallo, John», habe Andrew ausgerufen. «Du hier!?! Hast du schon gegessen?»

Mrs. Borden habe ihn zu Tisch genötigt und gesagt: «Setzen Sie sich. Wir sind gerade fertig, es ist noch alles warm und steht auf dem Herd. Das macht überhaupt keine Umstände.»

Man habe gegessen und sich unterhalten; später sei er noch einmal ausgegangen, um etwas Geschäftliches zu erledigen, und abends um halb neun wieder zurück gewesen. Man habe dann noch bis 22 Uhr weitergeplaudert und sich schließlich zu Bett begeben.

Am nächsten Tag sei er früh um sechs aufgestanden, habe gegen neun das Haus verlassen und versprochen, zum Mittagessen wieder da zu sein. Er habe ein Gespann Ochsen kaufen und seine Nichte aufsuchen wollen. Erstaunlicherweise konnte er sich an jeden seiner Schritte auf die Minute genau erinnern, präzise die Straßen benennen, durch die er gekommen war, und wußte sogar noch die Nummer der Straßenbahn, mit der er gefahren war, und die Nummer auf der Mütze des Fahrers. Sein Gedächtnis war die reinste Alibiliste.

Um Punkt zwölf kam er zurück, scheint aber die paar hundert Menschen, die sich vor dem Bordenschen Haus versammelt hatten, nicht bemerkt zu haben. Er ging am Seiteneingang vorbei, wo der bullige

* Greeley, Horace (1811–1872), amerikanischer Journalist und Reformpolitiker, Gründer der *New York Tribune* (1841), unterstützte den Wahlkampf Abraham Lincolns, Gegner der Sklaverei, Mitbegründer der Republikanischen Partei (A. d. Ü.).

Charles Sawyer in seinem rotkarierten Wollhemd noch immer stand und keinen durchließ. Er sprach mit niemandem, erkundigte sich nicht nach dem Grund für diesen Auflauf. Statt dessen boxte er sich durch die Menge bis nach hinten in den Garten, wo er ein paar Birnen aufhob und sich lässig an eine Ecke der Scheune lehnte. Warum Sawyer den Seiteneingang bewachte und weshalb die Polizisten so aufgeregt ein- und ausgingen, schien ihn nicht zu interessieren.

Als er die Birnen aufgegessen hatte (später sagte er aus, es sei eine Birne gewesen, doch der Officer, der ihn beobachtet hatte, sprach von dreien), schlenderte er zum Haus, nannte an der Hintertür seinen Namen und ging hinein.

«Ich öffnete die Tür zum Wohnzimmer und sah dort mehrere Leute, unter anderem die Ärzte», erzählte er einem Reporter. «Ich betrat das Zimmer, warf aber nur einen kurzen Blick auf die Tote. Nein, ich habe sie mir nicht genau genug angesehen, um sie beschreiben zu können. Dann ging ich die Treppe hinauf und betrachtete die Tote ebenso flüchtig. Ich kann mich an kaum etwas erinnern.»

Er war alles in allem drei Minuten im Haus. Im Hause seines «besten Freundes» und der «Toten»!

Dr. Dolan hatte als Polizeiarzt einige Erfahrung mit Leichen; er konnte Spekulationen der Anwesenden über Andrews und Abbys Tod nicht bestätigen. Zwar war die forensische Medizin im Jahre 1892 noch nicht sehr weit entwickelt, aber dennoch bestand für Dolan aufgrund des geronnenen Blutes aus Abbys Wunden und des frischen, roten Blutes aus Andrews Verletzungen kein Zweifel daran, daß Abby schon mindestens 60 Minuten tot gewesen sein mußte, als Andrews Ende kam.

Wenn Andrew also um elf Uhr gestorben war, dann mußte Abbys Tod um neun Uhr dreißig oder um zehn eingetreten sein. Da niemand etwas gesehen oder gehört hatte, war diese Zeitspanne von entscheidender Bedeutung. Das erinnerte Dr. Dolan wieder an den geheimnisvollen Brief, und er fragte Lizzie, ob sie etwas über dessen Verbleib wisse. Das war eine wichtige Frage, aber Lizzie konnte sie nicht beantworten. Man hatte bereits überall nach dem Schriftstück gesucht, in Abbys Handtasche, im Nähkästchen.

«Dann muß sie ihn verbrannt haben», mutmaßte Alice. Officer Harrington sagte aus, er habe gesehen, wie Dr. Bowen in der Küche einen Zettel las. Als er ihn gefragt habe, was das sei, habe der Doktor geantwortet: «Ach, nichts weiter. Nur eine Mitteilung von meiner Tochter, daß sie ausgehen will.» Er habe den Zettel dann achtlos in den Herd geworfen.

Den ganzen nächsten Tag wurde die Polizei mit Informationen bombardiert, teils von Leuten, die aufrichtig helfen wollten, teils von solchen, die sich erhofften, für einen kurzen Moment im Rampenlicht zu stehen. Die Ausflügler waren zurück aus Rocky Point, und mit Ausnahme einiger weniger war nun die gesamte Polizei von Fall River im Einsatz, um die schreckliche Tragödie aufzuklären.

Am 5. August unterrichtete der *Herald* die Stadt von den neuesten Fakten, Gerüchten und Spekulationen:

**Der Schock vom Donnerstag – Noch kein Hinweis auf den Verbrecher – Polizei tut alles, um den Schleier zu lüften, der die furchtbare Tragödie umgibt – Kann Postkarte den Schlüssel liefern?**

Weitere Ermittlungen über die näheren Umstände des Mordfalls Borden lassen das Rätsel noch rätselhafter erscheinen. Noch nie hat etwas Fall River und die umliegenden Orte so sehr in Aufregung versetzt. Seit Bekanntwerden der Tat und bis weit nach Mitternacht war die Second Street voll von neugierigen Menschen, die unbedingt jede neue Einzelheit erfahren wollten. Es wurden alle möglichen Theorien aufgestellt, darunter etliche durchaus plausible, aber nicht eine einzige, gegen die nicht angesichts der näheren Umstände Einwände geltend zu machen wären. Es bestand Übereinstimmung darüber, daß es bei dem gemeinen Mord letzten Endes um Geld gegangen sein müsse, doch in welchem Maße und für wen, darüber herrscht weiterhin Unklarheit. Wie eine solche Bluttat am hellichten Tage in einem Haus, das an einer der belebtesten Straßen liegt, so rasch und geräuschlos verübt werden konnte, und wie es dem Mörder möglich war, aus dem Haus zu gelangen, ohne Aufsehen zu erregen, ist einigermaßen verwunderlich. Obwohl alle Hausbewohner außer Mrs. Borden in den Zimmern oder im Garten beschäftigt waren, hat keiner jemanden ins Haus kommen sehen.

### Hatte er sich versteckt?

Könnte es sein, daß der Mörder sich im Hause versteckt gehalten und auf einen günstigen Augenblick gewartet hat, um sein ruchloses Vorhaben auszuführen? Je genauer man die näheren Umstände betrachtet, desto mehr spricht für diese Möglichkeit. Leute, die den Tatort sorgfältig untersucht haben, glauben, daß Mr. Borden das erste Opfer war und auch Mrs. Borden mit Sicherheit vorsätzlich getötet wurde. Nachdem der Mörder im Erdgeschoß seine blutige Tat vollbracht hatte, stahl er sich in die oberen Räume, suchte dort die Frau und sah, daß sie zur Frisierkommode in der Kammer im Nordwestflügel ging, folgte ihr lautlos und unbemerkt und versetzte ihr den tödlichen Schlag.

Diese Ansicht hat deshalb so viel für sich, weil der Aufprall des Körpers von Mrs. Borden, die fast zwei Zentner wog, mit Sicherheit das Haus erschüttert und Mr. Borden geweckt hätte, der zum Zeitpunkt der Tat gewiß nicht im Tiefschlaf auf seinem Sofa lag, da seine Tochter ihn noch wenige Minuten zuvor friedlich dort hatte lesen sehen. Die weiteren Ermittlungen bestätigen die Vermutung, daß der Mörder Mrs. Borden nicht die Treppe hinaufgejagt haben kann, denn sie befand sich so weit am Ende des Raums, daß sie sich zwangsläufig hätte umdrehen und ihrem Verfolger ins Gesicht schauen müssen; dann aber hätten die Verletzungen am Schädel ein anderes Aussehen.

Dem Mörder blieben ganze 20 Minuten, um seine schreckliche Tat zu vollbringen, die Waffe zu verstecken, mit der er sein Verbrechen begangen hat, und zwar so, daß er weder auf dem Teppich noch sonst irgendwo im Haus Blutspuren hinterließ, die seinen Fluchtweg verraten hätten, sich dann durch die Seitentür hinauszuschleichen – nur viereinhalb Meter neben der Scheune, in der die Tochter beschäftigt war, und ebenso nah an dem nördlich angrenzenden Buffinton House – und dann das Haus in seiner ganzen Breite zu passieren und in der einen oder anderen Richtung die Second Street entlang zu verschwinden. John Cunningham, der um diese Zeit dort unterwegs war, sah niemanden vorübergehen; auch die Leute, die am unteren Ende der Straße wohnen, haben niemanden beobachtet. Wäre der Mann duch den Garten gerannt und dann über Dr. Chagnons Zaun geklettert, hätte er an der Tür zur Scheune vorbeigemußt und wäre von den Wohnräumen der Familie Chagnon aus zu sehen gewesen. Wie es dem Mörder möglich war, in so kurzer Zeit so viele Dinge zu tun und seine Spuren so sorgfältig zu verwischen, ist eines der größten Rätsel dieses Falls.

**Aber das Motiv**

Was diesen Punkt angeht, so vermag mit Sicherheit niemand, der Mr. Borden oder seine Frau gekannt und geschäftliche Beziehungen oder gesellschaftlichen Verkehr mit ihnen gepflegt hat, Licht in das Dunkel zu bringen. Abgesehen von der allgemeinen Mutmaßung, daß das Ganze irgendwie etwas mit Geld zu tun haben müsse, gibt es augenblicklich noch keine Theorie, die den bisher bekanntgewordenen Tatsachen standhält. Raubmord scheidet aus, da nichts durchwühlt war. Mr. Borden war zeitlebens ein Mann, der jeden Cent dreimal umgedreht hat, und konnte dank seiner Genügsamkeit ein Vermögen von einer halben Million Dollar anhäufen. Nichtsdestoweniger war er grundanständig, und wie er selber sich seinen Reichtum Dollar für Dollar, Cent für Cent zusammengespart hatte, riet er auch anderen stets, es genauso zu halten. Ob er sich irgendwann bei seinen Geschäften einen Feind gemacht hat, jemanden, den das Verlangen nach Rache zu einer solchen Bluttat verleitet haben könnte, ist eine Vermutung, die nie jemand im Umkreis der Familie angestellt hat und die zutreffen kann oder auch nicht. Das einzige andere Motiv, das sich denken ließe, würde diejenigen belasten, die vom Tod des Ehepaars profitieren, das aber weisen alle, die sie kennen, entschieden von sich.

## Gespräche mit Hausbewohnern

Von den Bewohnern des Hauses war nichts Neues in Erfahrung zu bringen. Was das Dienstmädchen Bridget Sullivan betrifft, so kann man wohl davon ausgehen, daß sie sich zum Zeitpunkt des Überfalls auf Mr. Borden im Dachgeschoß aufhielt.

Nachdem Miss Borden sich so weit gefaßt hatte, daß sie in der Lage war, sich zusammenhängend über die Sache zu äußern, sagte auch sie Officer Harrington gegenüber aus. Ihre Aussage weicht nur in einem Punkt von dem ab, was sie Dr. Bowen erzählte, und zwar hinsichtlich der Zeitspanne, die sie in der Scheune zugebracht hat. Sie sprach von ungefähr 20 Minuten und bestand bei genauerer Nachfrage darauf, daß sie nicht mehr, aber auch nicht weniger als 20 Minuten dort gewesen sei. Ihr Vater, so Miss Borden, habe das volle Vertrauen und die Freundschaft seiner Arbeiter jenseits des Flusses genossen; sie müsse das wissen, es sei denn, in den letzten Tagen hätte sich etwas Ungewöhnliches zugetragen. Sie sprach von dem wütenden Mieter und sagte, der Mann habe ihren Vater zweimal wegen der Angelegenheit aufgesucht, und dieser habe sich konsequent geweigert, ihm den Laden, den er haben wollte, zu dem gewünschten Zweck zu vermieten. Der einzige leerstehende Laden, den Mr. Borden besessen habe, sei der, in dem sich bis vor kurzem die Bäckerei Gadsby befunden habe; deshalb müsse es sich wohl um diesen Laden handeln. Bei seinem ersten Besuch habe Mr. Borden den Mann gebeten, noch einmal wiederzukommen; dann werde er ihm sagen, ob die Räume zu vermieten seien. Man nimmt an, daß der Mann von außerhalb ist und bei erneuter Vorsprache erfuhr, daß der Laden inzwischen von Jonathan Clegg übernommen wurde. Ferner geht man davon aus, daß der Mann vorhatte, in den Räumen eine Schnapsschenke einzurichten, was Mr. Borden nicht zulassen wollte. Bleibt noch hinzuzufügen, daß die Polizei dieser Sache wenig Bedeutung beimißt.

**Der Gerichtsmediziner**

Wir sprachen nach der Autopsie mit Dr. Dolan, der uns allerdings keine neuen Tatsachen mitzuteilen hatte. Er beschrieb die Wunden und sagte, der Tod müsse in beiden Fällen ziemlich unmittelbar nach dem ersten Schlag eingetreten sein. Im Zusammenhang mit dem Gerücht, die Milch sei vergiftet gewesen, entnahm der Arzt Proben und stellte die inneren Organe der Leichen sicher, um weitere Analysen durchführen zu können. Seiner Meinung nach stammen die Wunden von einem Beil oder Hackmesser und wurden den Opfern von einer Person beigebracht, die heftig genug zuschlagen konnte, um die Schädeldecke zu zertrümmern.

**Randnotizen**

Am Donnerstag nachmittag fuhr der beträchtlich unter Alkoholeinfluß stehende John J. Maher mit der Straßenbahn die New Boston Road entlang. Er erzählte, wenn eine Belohnung ausgesetzt würde, könnte er den Mann innerhalb einer Viertelstunde finden. Von einem Officer befragt, wieviel er wirklich wisse, sagte Maher, ein Junge habe gesehen, wie zur Tatzeit ein kleiner Mann mit dunklem Schnurrbart aus dem Haus gekommen und über die Second in Richtung Pleasant Street gelaufen sei. Maher wurde wegen Trunkenheit eingesperrt.

Officer Doherty und Officer Harrington sind seit Bekanntwerden der Tat Tag und Nacht im Einsatz.

Die beiden Polizisten, die den Befehl hatten, in der Scheune und auf dem Speicher nach der Mordwaffe zu suchen, hatten ziemlich unter der Hitze zu leiden, haben aber dennoch sorgfältig jeden Winkel durchforscht.

Bis ein Uhr waren die Officers Dyson, Ferguson, Mayall und Hyde zur Bewachung des Hauses eingeteilt, danach wurden sie von Doherty, Harrington, McCarthy und Reagan abgelöst

Man hat versucht, Näheres über die Besitzverhältnisse von Abraham B. Borden, dem Vater Andrew J. Bordens, in Erfahrung zu bringen. Nachforschungen beim Amt für Erbschaftsangelegenheiten haben ergeben, daß Abraham B. Borden kein Testament hinterlassen hat und sein Eigentum seinem Sohn Andrew J. Borden zugesprochen wurde. Von Andrews Mutter existiert zwar ein Testament, doch belief sich ihr Vermögen auf nicht einmal 3000 Dollar, die sie zur Gänze ihren Brüdern und Nichten vermacht hat.

Einer der meistbeschäftigten Männer der Stadt war Mittwoch nacht (lies: *Donnerstag nacht*) Officer Medley, der jede Bemerkung und jede Überlegung im Zusammenhang mit der Tragödie einer sorgfältigen Prüfung unterzog.

Als die Kunde von dem Mord die Teilnehmer an dem Ausflug nach Rocky Point erreicht hatte, hielten sie das Ganze zunächst für einen schlechten Scherz, und viele blieben den ganzen Rückweg lang skeptisch.

Wäre die Festnahme des Täters nur eine Sache des persönlichen Einsatzes und der harten Arbeit an dem Fall, dann hätte Assistant Marshal Fleet den Mann längst hinter Schloß und Riegel.

Sämtliche Morgenzeitungen von Boston schickten Donnerstag abend Reporter in unsere Stadt, so daß die Damen an den Fernschreibern bis in die frühen Morgenstunden alle Hände voll zu tun hatten.

Die Erregung über die Tragödie hielt bis in die späten Abendstunden an, und es waren etliche Polizisten nötig, um die Straße vor dem Haus bis Mitternacht zu räumen.

Unter den vielen auf dem Anwesen sichergestellten Gegenständen befindet sich ein mehr als 90 Zentimeter langes Brecheisen, das etwas über acht Pfund wiegt. Es wurde von einem Officer in der Scheune gefunden. Bei flüchtiger Betrachtung schien es Blutflecken aufzuweisen, und eine eilig von zwei oder drei Polizisten vorgenommene Untersuchung überzeugte den Finder davon, daß die Substanz, aus der die Flecken bestanden, tatsächlich Blut sei. Folglich brachte man es auf die Polizeistation, wo sich herausstellte, daß es sich in Wirklichkeit nur um ein paar Farbspritzer und etwas Rost handelte.

**Die Nichte von Mr. Morse**

Mrs. Emerson, die Dame, der Mr. Morse einen Besuch abgestattet hat, war bereit, Officer Medley, der sie am Donnerstag abend befragte, freimütig Auskunft zu geben. Auf Befragen erklärte sie, an jenem Tag mehrere Besucher empfangen zu haben, unter anderem John Morse. «Er ging heute vormittag um 11.30 Uhr hier weg», sagte sie.

**Die älteste Tochter**

Miss Emma Borden, die in Fairhaven weilte, ist, nachdem die Nachricht von dem Verbrechen sie erreicht hatte, am Donnerstag abend nach Hause zurückgekehrt. Sie wußte noch keine näheren Einzelheiten über den Mord und brach beinahe zusammen, als man ihr den ganzen Hergang erzählte. Sie ist Andrew Bordens älteste Tochter aus erster Ehe. In den frühen Abendstunden war die Straße noch immer voll von Menschen, doch betreten durfte das Anwesen nur, wer nachweisen konnte, daß er dort zu tun hatte. Außen wurde das Haus durch eine Streife bewacht, drinnen war es durch Polizisten gesichert. Es wurden keine neuen Erkenntnisse mitgeteilt. Die Familie begab sich kurz nach 22 Uhr zur Ruhe, und dann lag alles im Dunkeln. Miss Borden hat Leichenbestatter Winward beauftragt, sich der sterblichen Überreste der Opfer anzunehmen und diese für die Beerdigung vorzubereiten.

**Theorien, die im Gespräch sind**

Überall in der Stadt war heute von nichts anderem die Rede als von dem Mord, und das starke Interesse hält weiter an. Neu ist nur, daß die Familie für die Ergreifung des Mörders eine Belohnung von 5000 Dollar ausgesetzt hat.

In einem Punkt stimmen alle, die näher mit dem Fall befaßt sind, überein: Der Mörder muß die Örtlichkeiten gut gekannt haben. Er hat seine blutige Tat in einem Tempo und mit einer Sicherheit ausgeführt, die auf ein sorgfältig geplantes Vorgehen schließen lassen.

Detectice Seaver und andere Mitarbeiter der Polizei unseres Bundesstaates unterstützen die örtliche Polizei bei der Arbeit; im Dienstzimmer des Polizeichefs von Fall River laufen alle Fäden zusammen. Stündlich treffen neue Hinweise ein. Die Polizisten haben alle Hände voll zu tun, jedem einzelnen davon nachzugehen.

Mr. Morse, der bei den Bordens zu Gast war, ist in der Stadt gut bekannt; er wurde hier geboren und hat viele Jahre hier gelebt. Man erinnert sich, daß er in recht jungen Jahren nach Westen gegangen ist und sich in Iowa mit Pferdezucht beschäftigt hat. Es heißt, er sei ein ziemlich erfolgreicher Züchter und habe es zu einem beträchtlichen Vermögen gebracht. Über seine näheren Verhältnisse ist nichts weiter bekannt, als daß er Freunden gegenüber geäußert haben soll, er habe eine Zugladung Pferde aus Iowa zum Verkauf mitgebracht; die Tiere sollen jetzt in Fairhaven sein.

**Bedeutungsvolles Verschwinden**

Der Brief, von dem am Donnerstag die Rede war und in dem Mrs. Borden angeblich von der Erkrankung einer Freundin unterrichtet wurde, ist und bleibt verschwunden. Die Erklärung, die dafür gegeben wurde, lautet, Mrs. Borden müsse den Brief unmittelbar nach der Lektüre zerrissen und die Schnipsel ins Feuer geworfen haben. Im Kamin wurden auch tatsächlich einige verkohlte Papierfetzen gefunden, allerdings nicht genug, um den Inhalt des Schreibens rekonstruieren zu können. Anscheinend hat niemand im Haus eine Vermutung bezüglich des Absenders; da die Angelegenheit jedoch in der Presse mitgeteilt wurde und nun allgemein bekannt ist, daß diesem Brief erhebliche Bedeutung beigemessen wird, nimmt man an, daß der Schreiber die Familie von den näheren Umständen informieren wird, um so jeden etwaigen Verdacht zu zerstreuen.

Es sind alle möglichen Gerüchte im Umlauf; so soll Miss Borden zum Beispiel letzten Winter nach einem mysteriösen Einbruch im Haus zu einer Freundin gesagt haben, ihr Vater habe irgendwo einen

Feind. Eine Dame, der gegenüber Miss Borden dies angeblich behauptet hat, bestritt jedoch auf Befragen eines Reporters des *Herald*, dergleichen je gehört zu haben. Ein weiteres Gerücht lautet, die Axt sei im Garten gefunden worden. Die Polizei weiß davon allerdings nichts.

**Die Mieter-Theorie**

Was das Mordmotiv angeht, so jagt augenblicklich eine Vermutung die andere, und es ist unmöglich, jeder einzelnen nachzugehen. Freilich ist kaum eine fundiert genug, um irgend jemanden ernsthaft zu verdächtigen, doch wird in jedem einzelnen Fall sorgfältig ermittelt. Die neueste Geschichte betrifft einen ehemaligen Mieter namens Ryan. Dieser Ryan soll, wie es heißt, früher die obere Etage eines Mr. Borden gehörenden Hauses bewohnt haben und oft so betrunken gewesen sein, daß Borden ihn aufforderte auszuziehen. Als er den Ryans davon Mitteilung machte, sollen sie ihn mit einer solchen Schimpfkanonade empfangen haben, daß er angeblich gezwungen war, im Erdgeschoß Zuflucht zu suchen. Als die Familie auszog, soll sie, so heißt es, dem Eigentümer des Hauses den Tod gewünscht haben. Mehr ist damals nicht passiert, aber wie derzeit alles, was je im Zusammenhang mit Mr. Borden getan oder gesagt worden ist, einer genauen Prüfung unterzogen wird, so ist man auch dieser Sache noch einmal nachgegangen und hat festgestellt, daß sie keinerlei Bedeutung besitzt.

**Der Mann mit dem Brecheisen**

Die Brüder Griffith, denen die Tischlerei in der Anawan Street gehört, haben etwas zu berichten, das im Zusammenhang mit der schrecklichen Tragödie von großer Wichtigkeit sein könnte. Die beiden fuhren am Donnerstag vormittags gegen elf Uhr die Pleasant Street entlang, als ihnen ein Mann auffiel, der in Höhe des Flint's Building eilig auf dem Bürgersteig lief. Unterm Arm, mit dem Stiel nach unten, trug er ein Brecheisen, wie sie noch nie eines gesehen hatten. Das Instrument war so groß, daß sie es nicht bei einem flüchtigen Blick darauf bewenden ließen, sondern genauer hinsahen. Es erinnerte sie an ein Werkzeug, das man mitunter bei Fischhändlern sieht. Es kam ihnen rostig vor und sah aus, als ob es längere Zeit nicht benutzt worden wäre.

Der Mann war sehr ärmlich gekleidet. Er trug keinen Bart und war klein. Da die Waffe, mit der die Tat begangen wurde, nicht gefunden werden konnte, äußerten die Tischler die Vermutugung, das Brecheisen, das sie gesehen haben, könnte das Instrument sein, mit dem Mr. Borden und seine Frau getötet wurden.

**Southard H. Miller,**

einer der angesehensten Bürger der Stadt und ein enger Freund von Mr. Borden, erklärte, von unserem Blatt zu der Angelegenheit befragt, über das Motiv könne er nichts sagen. Er habe Mr. Borden, dessen Betragen stets tadellos gewesen sei, mehr als ein halbes Jahrhundert lang gekannt. In all den Jahren seiner Bekanntschaft mit Mr. Borden, und das sei mehr als nur eine enge Bekanntschaft gewesen, habe nicht ein einziges Mal Zwietracht in der Familie geherrscht, kein Streit, der in irgendeiner Weise Anlaß zu einer solchen Tat hätte geben können. Was Mr. Morse betrifft, so sagte Mr. Miller, er kenne ihn seit etwa einem Jahr, und in dieser Zeit sei nichts vorgefallen, was ihn gegen den Mann hätte einnehmen können. Mr. Bordens Töchter seien Damen, deren Verhalten ein für allemal über jeden Zweifel erhaben sei.

**Eine Kette von Indizien**

Die Polizei verfolgt den Fall unter den verschiedensten Blickwinkeln und hat eine Kette von Indizien zusammengetragen, die in verblüffender Weise zueinander passen und allesamt in eine bestimmte Richtung weisen.

Die Aussage, Miss Lizzie habe sich gestern umgezogen, wurde heute nachmittag von dem Dienstmädchen bestritten, das erklärte, sie habe ihre Kleider den ganzen Tag nicht gewechselt.* Was Morse über seinen Besuch in Flint Village erzählte, wurde nachgeprüft und hat sich, abgesehen von einigen kleinen, aber unwesentlichen Abweichungen in den Zeitangaben, als korrekt erwiesen. Es besteht kein Zweifel, daß er sich zur Tatzeit nicht in der Nähe des Hauses aufgehalten hat.

Die Polizei hat in mehreren Richtungen nachgeforscht und Dinge entdeckt, die die Polizisten vor peinliche Schwierigkeiten stellen. Man ist der Sache mit der vergifteten Milch nachgegangen und hat ermittelt, daß jemand vergeblich versuchte, in einem Laden in der South Main Street eine Chemikalie zu kaufen, die möglicherweise mit einer weiteren Entwicklung in diesem Fall im Zusammenhang steht.

Bislang bewahrt die Polizei über diese und andere wichtige, ihr bekannte Fakten noch Stillschweigen, so daß man wohl, wenn die Zeit reif ist, der Öffentlichkeit sämtliche Indizien bekanntzugeben, auf sensationelle Enthüllungen gefaßt sein muß. Es ist dringend notwendig, das Anwesen noch ein weiteres Mal nach der Tatwaffe abzusuchen. Mit ihrer Auffindung wäre die Indizienkette um ein wichtiges Glied reicher, bis dahin aber kann niemand sagen, wann ein entscheidender Schritt erfolgen wird.

Ein an der Autopsie beteiligter Arzt hat unserem Reporter gegenüber erklärt, wenn die Toten reden könnten, würden sie uns verraten, daß es nicht irgendein großer Unbekannter war, der kam und ihnen das Leben nahm, sondern daß die Person, die die gemeine Tat begangen hat, in diesem Augenblick ganz in unserer Nähe ist und genau weiß, wo man die Mordwaffe finden kann. Gedrängt, seine mysteriösen Äußerungen näher zu erklären, lehnte der Arzt es ab, sich noch weiter zu äußern; auch der stärkste Verdacht, sagte er, sei unglaubwürdig, solange die Beweise fehlten.

* Lizzie *hat* sich umgezogen, was sowohl von ihr selbst als auch von Bridget bezeugt wurde. Hier liegt entweder ein Irrtum des Reporters vor, oder es handelt sich um eines der zahlreichen Gerüchte.

Damit war das Unaussprechliche so gut wie ausgesprochen.

Die Andeutung des Reporters im Hinblick auf das mögliche Motiv für den Doppelmord war der erste gewagte, beinahe atemberaubende Hinweis darauf, daß man, da scheinbar jedes andere Motiv ausschied, den Blick auf jene richten müsse, die einen Vorteil von Andrews und Abbys Tod hatten. Das war eindeutig eine Anspielung auf Emma und Lizzie, und war nicht Emma in Fairhaven gewesen und hatte die Brownells besucht...?

Ein weiterer Wink in dieser Richtung war die Bemerkung, die Polizei habe Dinge entdeckt, die sie vor «peinliche Schwierigkeiten» stellten. Vor allem aber die Worte, die der namentlich nicht genannte Arzt den Toten in den Mund legte, lenkten den ungeheuerlichen Verdacht auf Lizzie.

# 4 Die Zeit und der Mord

**Andrew Bordens Leiche**

Die halbe Stunde zwischen Andrew Bordens Heimkehr um Viertel vor zehn und dem «Mord!»-Schrei um Viertel nach elf ist die wohl am minutiösesten erforschte und zugleich rätselhafteste der gesamten Kriminalgeschichte. Der Vertreter der Anklage, Staatsanwalt William H. Moody, wies bei dem Prozeß gegen Lizzie in seiner Eröffnungsrede an die Geschworenen darauf hin, wie vieles an dieser halben Stunde unklar ist:

«Einerseits müssen wir von der Zeit, die zwischen Bridgets Gang nach oben und ihrem Herunterkommen lag, die Zeitspanne abziehen, die es gedauert hat, anderthalb Fenster im Wohnzimmer und zwei im Eßzimmer zu putzen sowie Lappen und Wasser fortzuschaffen. Andererseits müssen wir von der halben Stunde zwischen elf und halb zwölf Bridgets Handlungen, die Handlungen von Mrs. Churchill und die von Cunningham abziehen.»

Dicht daneben ist auch vorbei. Der erste Teil dieser Überlegung stimmt, der zweite ist falsch. Die Zeitspanne, um die es geht, waren nicht die *45 Minuten* zwischen zehn Uhr 45 und elf Uhr 30, sondern die *30 Minuten* zwischen zehn Uhr 45 und elf Uhr 15, als der erste Anruf bei der Polizei einging. Moody hatte die Frage aufs Tapet gebracht, was tatsächlich geschehen war, doch anstatt nun seine Version der Ereignisse darzulegen, zog er es vor, die Entscheidung den Geschworenen zu überlassen. Es war, als hätte die Staatsanwaltschaft eine Bogenlampe aufgestellt, um das Geheimnis bis in seine tiefsten Tiefen zu durchleuchten, doch diese Lampe brachte nicht etwa Licht ins Dunkel, sie zeigte nur, wie trüb diese Tiefen waren. Bei näherem Hinsehen lösten sich die Dinge in den tintenschwarzen Zwischenräumen auf wie Nebelschwaden.

Die fragwürdige halbe Stunde wurde nie wieder von irgendwem erwähnt. Dabei wäre das sehr wichtig gewesen, denn wenn man einmal Sekunde für Sekunde nachprüft, was in dieser Zeit geschah, so erweist sich, daß das, wovon behauptet oder angenommen wurde, daß es geschehen sei, überhaupt nicht geschehen sein kann.

Es gibt im Ablauf der Ereignisse zwei zeitliche Fixpunkte. Bridget bezeugte sowohl bei der Untersuchung der Todesursache als auch bei der Vorverhandlung sowie vor der Anklagejury und beim Prozeß, daß die Rathausuhr drei Minuten, nachdem sie ihre Kammer betreten hatte, um sich auszuruhen, elf geschlagen hat. Sie hatte die Zeit mit ihrer Nachttischuhr verglichen, die, wie eine spätere Überprüfung ergab, richtig ging. Der Anruf, mit dem Cunningham die Polizei davon informierte, daß in der Second Street etwas passiert war, ging um elf Uhr 15 auf der Wache ein. Das ist nicht nur in den Polizeiakten vermerkt, sondern wurde auch von ihm selbst ordentlich notiert, und auch seine Uhr ist auf ihre Ganggenauigkeit überprüft worden.

Innerhalb dieser 15 Minuten ereigneten sich mehrere uns bekannte Dinge; über andere können wir nur Vermutungen anstellen.

**Abby Bordens Leiche**

Die im folgenden aufgeführten Entfernungen und Zeiten habe ich am Tatort mit Hilfe einer Stoppuhr und anhand der uns bekannten Abläufe errechnet. Es sind die *Mindestzeiten*, die man für die Gespräche und Reaktionen sowie für die hastig zurückgelegten Entfernungen ansetzen muß. Dabei wird durchweg von einem nahezu augenblicklichen Reagieren ausgegangen, was zwar unwahrscheinlich, aber theoretisch möglich ist.

| | |
|---|---|
| 10 : 57 : 00 | Bridget geht auf ihr Zimmer, um sich hinzulegen. |
| 11 : 00 : 00 | Die Rathausuhr schlägt zur vollen Stunde. |
| 11 : 08 : 00 | Lizzie ruft Bridget nach unten. |
| 11 : 08–11 : 08 : 45 | Bridget steht auf (zieht Schuhe an?), kommt nach unten, wird über den Mord informiert, stellt Lizzie Fragen und wird zu Dr. Bowen geschickt. |
| 11 : 08 : 45–11 : 09 : 30 | Nimmt Hut und Schal, rennt über die Straße. |
| 11 : 09 : 30–11 : 10 : 00 | Klopft (zweimal?); Mrs. Bowen (vielleicht in der Küche?) kommt an die Tür, erfährt von dem Mord, erklärt, daß der Doktor nicht zu Hause ist. |
| 11 : 10 : 00–11 : 10 : 45 | Bridget rennt wieder zurück zum Haus der Bordens. |
| 11 : 10 : 45–11 : 11 : 15 | Erzählt Lizzie, daß der Doktor nicht da war, kurzes Gespräch, erhält den Auftrag, Miss Russell zu holen, geht. |
| 11 : 11 : 15–11 : 11 : 45 | Mrs. Churchill, auf der Straße, sieht Unruhe, geht in die Küche, stellt Einkäufe ab, sieht aus dem Fenster, ruft Lizzie und wird gebeten zu kommen. |
| 11 : 11 : 45–11 : 12 : 30 | Mrs. Churchill verläßt die Küche, geht durch die Vordertür hinaus, rüber zu den Bordens, dort an den Seiteneingang. |
| 11 : 12 : 30–11 : 13 : 15 | Längeres Gespräch darüber, was passiert ist und wo Lizzie war, geht ins Wohnzim- |

mer, sieht die Leiche, sie beschließen, daß sie einen anderen Arzt holen geht.

| | |
|---|---|
| 11 : 13 : 15–11 : 14 : 00 | Mrs. Churchill geht, läuft zum Mietstall am Ende des Blocks. |
| 11 : 14 : 00–11 : 14 : 30 | Trifft John Cunningham, erzählt ihm von dem Mord und bittet ihn, die Polizei anzurufen. |
| 11 : 14 : 30–11 : 14 : 45 | Cunningham geht zum nächsten Telefon. |
| 11 : 14 : 45–11 : 15 : 00 | Ruft die Polizei an. |

Es ist nicht anzunehmen, daß einer der hier aufgeführten Vorgänge weniger als die veranschlagte Zeit in Anspruch genommen hat. Wenn man diese Zeiten und Handlungen als vorstellbar akzeptiert, dann sind vom Schlagen der Rathausuhr bis zu dem Moment, als Lizzie nach Bridget rief, *höchstens acht Minuten* vergangen, nicht aber, wie Bridget ausgesagt hat, zehn bis 15 (oder mehr) Minuten.

In diesen acht Minuten – ja im Grunde von dem Augenblick an, da Bridget auf ihr Zimmer ging – kann Lizzie unmöglich das Beil aus wer weiß welchem Versteck (ihrem Zimmer, dem Gästezimmer, dem Keller?) geholt haben und wieder ins Wohnzimmer gegangen sein, Andrew ermordet, das Beil versteckt, sich in Ordnung gebracht, gekämmt, das Blut, das zwangsläufig dagewesen sein muß, abgewaschen haben, wieder hinauf in ihr Zimmer gegangen sein, sich umgezogen, die blutigen Kleider irgendwo versteckt haben, wieder nach unten und hinaus in den Garten gegangen sein, Birnen aufgesammelt und die Scheune betreten haben, auf den Speicher gestiegen sein, die Birnen gegessen haben, wieder heruntergekommen und ins Haus zurückgekehrt sein, um schließlich nach Bridget zu rufen.

Es ist erwiesenermaßen physikalisch unmöglich, all diese Dinge innerhalb von acht Minuten zu tun. Eine Spanne von acht Minuten läßt natürlich auch keinen 30-, 20- oder auch nur 15minütigen Gang in die Scheune zu – ob mit oder ohne Zeit für den Mord und alles Folgende.

Da die Zeit, zu der der Anruf im Hauptquartier der Polizei entgegengenommen wurde, eindeutig feststeht, bleibt nur eine einzige andere Möglichkeit: Bridget hat darüber, wann sie die Rathausuhr schlagen hörte, nicht die Wahrheit gesagt, und diese ganze Kette von Ereignissen hat bereits vor elf Uhr eingesetzt.

Aber warum hätte Bridget lügen sollen? Da sie angegeben hat, ihre Uhr verglichen zu haben, als sie die Glocke schlagen hörte, kann es sich bei ihrer Aussage nicht um einen schlichten Irrtum handeln, sondern nur um eine bewußte Falschaussage.

Wem nützte eine Manipulation beziehungsweise eine Verkürzung der Zeitangaben? Nicht Lizzie, denn wenn sich keine Erklärung dafür finden läßt, steht fest, daß es ihr in einer so kurzen Zeitspanne buchstäblich unmöglich war, den Gang in die Scheune zu machen und/oder den Mord an Andrew zu begehen. Die Zeit, die sie gehabt hätte, hätte weder für das eine noch für das andere, geschweige denn für beides gereicht.

Die zweite von Moody erwähnte Viertelstunde, die von zehn Uhr 45 bis elf Uhr, ist genauso ungeklärt und mit Ereignissen vollgestopft.

In der Stadt hatte Andrew bei Clegg hereingeschaut, wo die Tischler Joseph Shortsleeves und James Mather mit Reparaturarbeiten beschäftigt waren. Shortsleeves hat sich aufgeschrieben, wann Andrew fortging. Das war um zehn Uhr 45. 10 : 45 : 00.

Man kann davon ausgehen, daß er für die drei Häuserblocks bis zur Second Street Nummer 92 fünf Minuten brauchte. 10 : 50 : 00.

Andrew machte sich an den Schlössern der vorderen Haustür zu schaffen, Bridget verließ ihre Arbeit, kam an die Tür und machte ihm auf. Er ging zuerst ins Eßzimmer und setzte sich hin. 10 : 51 : 00.

Er nahm einen Schlüssel vom Kaminsims und ging hinauf in sein Zimmer. Weshalb, wissen wir nicht. Man kann aber wohl schätzen, daß er für den Gang nach oben, seine dortige Erledigung und den Weg hinunter ins Wohnzimmer drei Minuten brauchte. 10 : 54 : 00.

Lizzie kam nach unten, fragte nach der Post, erzählte ihm, Abby habe eine Nachricht erhalten und sei ausgegangen, begleitete ihn ins Wohnzimmer, wo er seinen Überrock auszog, ihn auf der Couch zusammenlegte und anfing, Zeitung zu lesen. 10 : 56 : 00.

Bridget putzte die zwei Fenster im Eßzimmer (je eine Minute) und die zwei im Wohnzimmer (je eine Minute), wo Andrew sich aufhielt, zu Ende. 11 : 00 : 00.

Sie sprach mit Lizzie darüber, daß Abby ausgegangen sei und man die Tür abschließen müsse. Sie wrang die Putzlappen aus, leerte den Eimer, unterhielt sich mit Lizzie darüber, ob sie ausgehen wolle, und zog sich zurück auf ihr Zimmer. 11 : 00 : 02.

Nun überlappen sich die beiden Viertelstunden, und man beginnt daran zu zweifeln, daß es, als Bridget in ihr Zimmer kam, wirklich 10.57 Uhr war.

Außerdem kann man sich nur schwer vorstellen, daß Andrew in all der Unruhe und bei dem ganzen Gerede tatsächlich schon eingeschlafen war.

Manche Leute stellten Lizzie als eine gerissene, berechnende Täterin dar, die einen seit unendlich langer Zeit geplanten Mord beging. Wie ließe sich dann aber erklären, daß sie angeblich am Vortag Blausäure zu kaufen versuchte? Wie hätte sie, nachdem das mißlang, noch die Zeit haben können, sich eine Alternative zu überlegen, und woher hätte sie wissen können, daß Morse überraschend zu Besuch käme, wann oder ob er morgens fortgehen würde, daß es Abby einfiele, ausgerechnet an diesem schrecklich heißen Tag die Fenster putzen zu lassen, in welcher Reihenfolge Bridget dies täte und wann sie aus dem Blickfeld wäre. Woher hätte Lizzie wissen können, daß keines der Opfer schreien und sich wehren und damit alles in Aufruhr versetzen würde, oder in welcher Minute Bridget wieder ins Haus käme und sie, Lizzie, mit einem bluttriefenden Beil in der Hand vorfinden würde – gar nicht zu reden von all den anderen Unwägbarkeiten?

Bleibt nur die Möglichkeit, Lizzie zu unterstellen, sie sei unbesonnen, ja verrückt gewesen, habe aufs Geratewohl nach allen Seiten um sich geschlagen, während die Zeugen die ganze Zeit in nächster Nähe waren, habe also buchstäblich einen Holzschuhtanz auf einem Minenfeld vollführt. In diesem Falle müßte sie mehr Glück gehabt haben als je ein Mörder vor ihr, müßte ihr eine nie dagewesene Anhäufung ihrem Vorhaben dienlicher Zufälle zu Hilfe gekommen sein.

Beides zugleich aber ist nicht möglich.

Randalierer, Trunkenbolde, Pferdediebe und andere gewöhnliche Rechtsbrecher legten in der Zeit, in der sich die Polizei von Fall River mit dem beispiellosen Vorfall in der Second Street abmühte, natürlich keine Ruhepause ein.

Nach zwei Tagen nahezu ununterbrochenen Einsatzes war der größte Teil von Marshal Hilliards Truppe erschöpft, kopflos und untereinander zerstritten. Auf Hilliards Schreibtisch im Rathaus, nur einen Steinwurf entfernt vom Haus der Bordens, türmten sich die Berichte, und es kam ihm so vor, als ob jeder dem anderen widerspreche. Auf einem Extrastapel lagen die Aussagen von Leuten, die angeblich etwas gesehen hatten, Geständnisse, Briefe mit Beschimpfungen, Ratschlägen, Drohungen und Notizen über Anrufe von Neugierigen und Verrückten. Zu allem Überfluß hatte auch noch der Generalstaatsanwalt von Massachusetts, Albert E. Pillsbury, sich ans Telefon gehängt und wissen wollen, welche Fortschritte es bisher gebe. Dazu die ganz übliche Routine: Zeitungsausschnitte ablegen, Berichte lesen und unterschreiben, Dienstpläne aufstellen und und und – wirklich, der Polizeichef hatte es nicht leicht.

Am Samstag vormittag rief Hilliard die leitenden Beamten, die an dem Fall arbeiteten, im Rathaus zusammen. Das alte, aus dem für die Gegend typischen weißen Sandstein errichtete Bauwerk wirkte grimmig wie ein Gefängnis.

«Wie weit sind wir?» wollte er wissen. Die zwölf Männer berichteten systematisch über vorhandene und fehlende Erkenntnisse, zählten die noch ungelösten Rätsel auf und erwogen mögliche Antworten auf die offenen Fragen.

Assistant Marshall Fleet war vom ersten Tage an von Lizzies Schuld überzeugt. Offenbar war er in dem Augenblick zu dieser Ansicht gelangt, als Lizzie ihm spitz erklärt hatte, Mrs. Borden sei nicht ihre Mutter, sondern ihre Stiefmutter. Harrington und Medley teilten seine Meinung. Die drei Polizisten waren in der Polizeistation als unzertrennliches Trio bekannt, so daß ihre Übereinstimmung in diesem Punkt niemanden wundert.

An zweiter Stelle unter den Verdächtigen rangierte weithin der allgegenwärtige John Vinnicum Morse. War es bloß Zufall, daß er am Vorabend des Mordes unangemeldet bei den Bordens aufkreuzte? Erinnern wir uns: Er war ohne Gepäck gekommen, hatte nicht einmal Zahnbürste, Kamm oder Nachthemd bei sich, obwohl er angeblich einige Tage bleiben wollte. Daß er wenige Minuten vor dem Mord an Abby aus dem Haus ging und sein sonderbares Benehmen bei seiner

Rückkehr wenige Minuten nach der Auffindung von Andrews Leichnam, sieht nicht gerade nach einem Zufall aus.

Obwohl sein Alibi einen wasserdichten Eindruck machte, galt Morse auch in den Augen der Öffentlichkeit als Verdächtiger. In der Nacht zum Freitag hatte er sich, unbemerkt von der auf der Straße versammelten Menge und unter Umgehung der das Anwesen bewachenden Polizisten, aus dem Haus geschlichen, um, wie er sagte, auf dem Postamt einen Brief aufzugeben. Als er herauskam, wurde er erkannt und von einer aufgebrachten Meute (die Schätzungen schwanken zwischen 400 und 2000 Leuten) bedrängt. Wie viele es wirklich waren, spielt keine Rolle, denn es liegt auf der Hand, daß die Menge ihn lynchen wollte. Das verhinderte Officer John Minneham, der ihn rettete und eilig ins Haus zurückbrachte, wo er in Sicherheit war.

Die dritte Verdächtige war Bridget, wobei einige Leute eher meinten, sie und Lizzie hätten unter einer Decke gesteckt. Es war schließlich nicht so einfach, dem armen Dienstmädchen allein etwas zu beweisen, denn sie hatte offenkundig kein Motiv (es sei denn, Lizzie hätte ihr Geld gegeben). Diese Theorie zerschlug sich jedoch später, als Bridget verhaftet worden war und die Polizei die Kaution für sie aufbringen und man ihr bis zum Prozeßbeginn auf der Wache Arbeit verschaffen mußte.

Am Freitag wurden die Scheune, das Haus und das ganze Anwesen abermals durchkämmt, und diesmal regelrecht mit dem Nissenkamm. Ein alter Bretterstapel hinter dem Gartenzaun wurde Brett für Brett untersucht. Ein Heuhaufen, der unten in der Scheune in einer Ecke lag, wurde so gründlich mit der Forke umgeschaufelt, daß er sich nachher in der gegenüberliegenden Ecke befand. Man riß die Dielenbretter heraus, schöpfte einen alten, stillgelegten Brunnen leer und untersuchte ihn. Die Asche im Küchenherd wurde nach einem Knopf, einem Haken oder sonstigen Überresten von verbrannten Kleidungsstücken durchsiebt.

Im Innern des Hauses verbrachten fünf Polizisten drei Stunden damit, Schubladen, Kisten, Koffer, Kleider-, Wäsche- und Geschirrschränke zu öffnen und leerzuräumen. Sie drehten jede Matratze, jedes Kleidungsstück herum und suchten überall nach Blutflecken.

«Wir haben alles untersucht», erklärte Dr. Dolan, «bis hin zur kleinsten Delle in der Tapete.»

Es wurde nichts gefunden.

Zwei Polizisten waren nach Fairhaven gefahren, wo Emma sich die letzten beiden Wochen aufgehalten hatte. Es gab keinen Zweifel daran, daß sie dort gewesen war und unmöglich am Donnerstag morgen heimlich nach Fall River zurückgekommen sein konnte. Sie schied also aus.

Auch Morses Alibi war nochmals überprüft worden. Es bot keinen Angriffspunkt.

Die Öffentlichkeit nahm in einem nie dagewesenen Maße Anteil an dem Verbrechen. Was den Mann auf der Straße und die Dame im Salon bewegte, schien allerdings weniger die Brutalität zu sein, mit der diese beiden Morde ausgeführt worden waren, als vielmehr die faszinierende Rätselhaftigkeit des Falls. *Wie* hatte dieser Doppelmord überhaupt geschehen können? *Wer* konnte ihn begangen haben? *Was* war das Motiv? War der Mann ein Gespenst, daß er unbemerkt entkommen konnte? Ein abenteuerlustiger Reporter experimentierte auf eigene Faust. Er schlenderte die Second Street entlang und betrat das Anwesen der Bordens, spazierte am Pampelmusenbaum auf der Nordseite vorbei hinter die Scheune, stieg dort über den Zaun auf das Grundstück der Chagnons, überquerte einen weiteren Zaun, kam abermals auf das Bordensche Anwesen, steckte diesmal sogar die Nase in die unverschlossene Scheune, ging an der seitlichen Eingangstreppe vorbei und trat wieder hinaus auf die Second Street, und obgleich sowohl Morse als auch Emma und Mrs. Churchill um diese Zeit nachweislich daheim waren, wurde er von keiner dieser drei Personen gesehen.

Niemandem scheint damals in den Sinn gekommen zu sein, daß der Mörder vielleicht einfach ein Wahnsinniger war, der mit einer bluttriefenden Axt die Straßen von Fall River unsicher machte und schon das nächste Opfer ins Visier nahm. Statt dessen spielte alle Welt Detektiv, stellte Vermutungen an und versuchte aus dem Klatsch und Tratsch, der sich wie ein Lauffeuer in der Stadt ausbreitete, irgendwelche Hinweise herauszufiltern. Ganz Amerika war wie elektrisiert nach diesem Doppelmord, Neuengland jedoch regelrecht gelähmt.

Die Gerüchte kreisten jetzt vor allem um die Aussage eines gewissen Eli Bence. Am Mittwoch, dem Tag vor der Tat, waren Abby und Lizzie überzeugt gewesen, daß jemand sie vergiften wollte, sei es mit dem Brot, das sie beim Bäcker gekauft hatten, sei es mit der Milch, die täglich von der Borden-Farm geliefert wurde. Auch Andrew hatte Magenkrämpfe und Brechreiz gehabt. Abby war früh aufgestanden, hatte sich angezogen, war über die Straße gelaufen und hatte an Dr. Bowens Tür geklopft. Er hatte sie gefragt, was die Familie zuletzt gegessen habe, und er dürfte einigermaßen entsetzt gewesen sein, als er erfuhr, daß aufgewärmter Fisch auf dem Speiseplan gestanden hatte und obendrein drei Tage hintereinander ein und dieselbe Hammelkeule in jeweils anderer Gestalt auf den Tisch gekommen war. (Die nämliche, die es auch zum Frühstück wieder gegeben hatte und die nochmals als Abendessen vorgesehen war!) Es bestehe kein Grund zur Aufregung, hatte der Arzt erklärt, die Familie sei nur fleißig dabei, sich bei Tisch selber zu vergiften.

Das war der Ausgangspunkt für die «Vergiftungstheorie», von der Lizzie der Polizei am Donnerstag erzählt hatte. Da nun einmal das Wort Gift gefallen war, wurden Harrington und Doherty losgeschickt, um in sämtlichen Apotheken und sonstigen einschlägigen Läden in Fall River, New Bedford und Umgebung nachzufragen, ob dort kürzlich jemand Gift gekauft habe.

Eli Bence, der in D. R. Smith's Apotheke in der Columbia-, Ecke South Main Street arbeitete, berichtete, eine junge Dame sei am Mittwoch, am Tag vor dem Doppelmord also, mit einem Pelzcape in das Geschäft gekommen und habe für zehn Cent Blausäure verlangt. Sie wolle damit die Motten in ihrem Sealcape töten, habe sie gesagt.

Bence habe ihr erklärt, das Gift dürfe nur auf Rezept verkauft werden, daraufhin sei sie gegangen. Er habe Miss Borden zwar noch nie gesehen, räumte er ein, sei sich aber sicher, daß sie die junge Dame gewesen sei.

Die Angelegenheit wurde überall in der Stadt heiß diskutiert, natürlich auch auf der Polizeistation. Ob nicht dieser Versuch, Gift zu kaufen, *Beweis genug* dafür sei, wollte Harrington wissen, daß Lizzie am Tag vor dem Doppelmord die Absicht hatte, jemanden zu töten?

In den neunziger Jahren des 19. Jahrhunderts berichtete die Presse im allgemeinen noch nüchtern, verantwortungsvoll und tatsachenorientiert; die einzelnen Artikel waren noch nicht namentlich gezeichnet, der «Enthüllungsjournalismus» noch nicht erfunden, ebensowenig die Radionachrichten zu jeder vollen Stunde, die Zusammenschnitte der Politikerstatements im Fernsehen und der unvermeidbare «23-Uhr-Film».

Der *Globe* brachte einen neuen Zug in die Presselandschaft von Fall River. Noch bis vor wenigen Jahren waren der *Herald* als Morgen- und die *News* als Nachmittagszeitung die beiden wichtigsten Blätter gewesen, und Generationen von Abonnenten hatten aus ihnen erfahren, was in ihrer Stadt passierte.

Der *Globe* trat mit dem erklärten Ziel an, den Markt aufzuwirbeln und den beiden eingeführten Zeitungen ihre Leser abspenstig zu machen. Er war die 1892er Version der Revolverblätter, die man heutzutage in jedem Supermarkt bekommt; seinen Stil nannte man damals «Skandaljournalismus», und den hatte es bis dahin nur in den größten und wichtigsten Städten, vor allem in New York, gegeben. Wäre 1892 ein Elvis Presley aufgetaucht oder ein Ufo gesichtet worden, der *Globe* hätte es auf der ersten Seite gemeldet – noch über der Titelzeile.

Bereits am Samstag, zwei Tage nach dem Doppelmord, forderte der *Globe* Lizzies sofortige Verhaftung, und in der Folgezeit brachte er dann haufenweise Stories, die ihre Schuld belegen sollten. Auch während der ganzen Prozeßdauer und noch über Jahre fuhr das Blatt fort, ohne Rücksicht auf Verluste in diese Kerbe zu hauen. Die gesamte Berichterstattung war Lizzie gegenüber voreingenommen, viele Artikel waren frei erfunden. Der Kriminalreporter des *Globe* war derselbe Edwin H. Porter, der später das bereits im Vorwort erwähnte Buch *The Fall River Tragedy* schrieb, jene auf seinen eigenen Reportagen basierende «Geschichte» des Doppelmords.

Die Aussage von Eli Bence war für ihn ein gefundenes Fressen. In seinem Artikel schrieb er: «Das Betragen von Miss Lizzie Borden während der anstrengenden, qualvollen Gegenüberstellung mit dem Mann, der behauptet, sie habe ihn nach dem Gift gefragt, war von Verächtlichkeit und Hohn geprägt. Auch die Polizei fand ihr Verhalten höchst merkwürdig.»

Daß eine solche Gegenüberstellung nie stattgefunden hat, scherte weder Porter noch den *Globe*. Die Story machte etwas her, und das war die Hauptsache.

Während in Hilliards Dienstzimmer beraten wurde, sorgten in der Second Street um die 4000 schwitzende, drängelnde Menschen für ein totales Verkehrschaos. 20 Polizisten waren nötig, um wenigstens einen Anschein von Ordnung aufrechtzuerhalten. Es war der Tag der Beerdigung.

Morgens um neun kam John Morse aus dem Haus der Bordens und plauderte leichthin mit den Reportern, die sich bis ganz nach vorn durchgeboxt hatten. Offenbar noch unter dem Eindruck des Vorabends, als er dem Mob, der ihn hatte lynchen wollen, nur knapp entronnen war, beteuerte er seine Unschuld. Er erklärte, mit ganzer Kraft bei der Suche nach dem Verbrecher mithelfen zu wollen, und bat darum, sein Alibi gründlichst zu überprüfen.

Unter den 75 Leuten, die sich im Innern des Hauses drängten, waren auch Reverend Thomas Adams von der Ersten Kongregationskirche und Stadtmissionar Edwin A. Buck, ein langjähriger Freund von Lizzie. Im Wohnzimmer standen die beiden Särge nebeneinander aufgebahrt. Lizzie war vor allen anderen in Adelaide Churchills Begleitung aus ihrem Zimmer heruntergekommen. Sie hatte einen Moment lang schweigend an Andrews Bahre verharrt, hatte geweint und den Mund des Toten geküßt.

Ein Efeukranz lag auf seinem inzwischen geschlossenen Sarg, den von Abby schmückte ein weißer Rosenstrauß mit weißer Satinschleife. Es wurden Bibelsprüche verlesen und Choräle gesungen, aber keine Trauerrede gehalten.

Um elf Uhr trat Lizzie, schwer auf den Arm des Leichenbestatters John Winward gestützt, als erste aus dem Haus. Dieselben Leute, die ihr bereits unmittelbar nach dem Doppelmord und während der Vernehmungen vorgeworfen hatten, sie zeige keinerlei Gefühle, behaupteten später, es habe sie schockiert und empört, daß diese Frau auch beim Begräbnis völlig ungerührt gewirkt und nicht einmal ein schwarzes Kleid getragen habe. Was Lizzies Kleid angeht, so verlassen wir uns wohl besser auf den Bericht einer Reporterin, die in dem in Boston erscheinenden *Herald* schrieb: «Sie trug ein enganliegendes schwarzes Spitzenkleid, mit schlichtem Rock und einem Oberteil, das ebenso einfach geschnitten und genäht war. Ihr schwarzer Hut hatte ein Dekor aus ähnlichem Stoff.»

Und über Lizzies Gemütszustand lesen wir in der *New York Times*: «Sie war am Ende ihrer Nervenkraft; das sah man daran, wie ihr Körper bebte, und an der Art und Weise, wie sie sich auf ihren Begleiter stützte. Sobald sie die Kutsche bestiegen hatte, sank sie ermattet in die Polster.»

Zu spät. Die Legende war bereits fertiggeschmiedet: Lizzie hat nicht getrauert und keine menschlichen Gefühle gezeigt.

Emma, die viel gefaßter war, kam als zweite. Sie ging zügigen Schritts und nahm neben Lizzie in der Kutsche Platz; beide sahen starr geradeaus. Sie würdigten die Menge, die überall am Straßenrand Spalier stand, keines Blickes und schienen die vielen Menschen gar nicht zu bemerken, die die Hüte zogen und sich verneigten, als der Zug mit den beiden Leichenwagen und den elf Kutschen vorbeikam, der zunächst einen Teil der Innenstadt passierte und dann den Hügel hinauf zum Oak-Grove-Friedhof fuhr. Die Leichenfeier fand im kleinen Kreis statt; nur etwa 40 der engsten Freunde der Familie waren eingeladen, den Toten das letzte Geleit zu geben.

Wenige Minuten, bevor die Trauergesellschaft den Friedhof erreicht hatte, traf dort ein Telegramm aus dem gerichtsmedizinischen Labor ein. Die Leichen, hieß es darin, seien nicht zur Bestattung freigegeben. Daraufhin wurde die Trauerfeier kurzerhand abgebrochen, und man brachte die Särge in eine Kühlhalle.

Fünf Tage später, am Donnerstag, nahm Dr. Dolan in Anwesenheit dreier Zeugen, der Ärzte Dr. F. W. Draper, Dr. J. H. Leary und des Obduktionsprotokollanten Dr. D. E. Cone, in besagter Kühlhalle eine amtliche Autopsie vor, trennte die Köpfe der beiden Opfer ab und schickte sie zu weiteren Untersuchungen an die Harvard-Universität.

Immerhin war man zartfühlend genug, der Familie davon keine Mitteilung zu machen.

Sobald die Trauergesellschaft das Haus der Bordens verlassen hatte, begann wieder die tägliche Durchsuchungsprozedur. Unterdessen hatte man Rechtsanwalt Andrews Jennings zu Rate gezogen, der Lizzie schon früher vertreten hatte. Ihm war klar, daß mit einer Anklage gegen Lizzie zu rechnen war; deshalb war er erschienen, um die Durchsuchung zu überwachen. Aber auch diesmal wurde nichts gefunden.

Am Tag vor der Beerdigung hatte Marshal Hilliard bei Hosea Knowlton, dem für den Zweiten Bezirk zuständigen Staatsanwalt, angerufen und ihn gebeten, an einer für Samstag mittag geplanten Sitzung teilzunehmen. Zu diesem Gespräch waren auch Detective George Seaver von der Polizei des Staates Massachusetts, Bürgermeister John Coughlin und der Polizeiarzt Dr. Dolan eingeladen. Während der Trauerzug sich durch die Stadt bewegte und das Haus der Bordens zum dritten Male durchsucht wurde, trafen sich die fünf Männer zu einer Geheimkonferenz, die bis kurz vor 18 Uhr dauerte. Man kam überein, daß Lizzie wahrscheinlich die Mörderin sei.

Am selben Abend erschien Bürgermeister Coughlin in Begleitung Marshal Hilliards bei den Bordens und sprach in der spärlich erleuchteten guten Stube mit Lizzie, Emma und Morse.

«Ich habe eine Bitte an die Familie», erklärte er, «und zwar möchte ich Sie bitten, einige Tage lang das Haus nicht zu verlassen.»

«Warum?» wollte Lizzie wissen. «Wird etwa jemand hier in diesem Hause verdächtigt? Sagen Sie mir die Wahrheit.»

Marshal Hilliard schwieg, doch der Bürgermeister antwortete: «Nun, Miss Borden, es tut mir leid, aber ich muß Ihre Frage bejahen. Wir verdächtigen Sie.»

Lizzie sah den beiden Männern gefaßt ins Gesicht. «Dann bin ich bereit, auf der Stelle zu gehen», sagte sie.

Heute kennt jedes achtjährige Kind mit Fernseherfahrung den Text der sogenannten «Miranda»-Belehrung auswendig, die besagt, daß jeder Verdächtige das Recht hat, die Aussage zu verweigern und bei der Vernehmung einen Anwalt zur Seite zu haben. Doch das sind Rechte, die nicht erst 1963 anläßlich der Festnahme eines gewissen Mr. Miranda erfunden wurden, sie sind bereits in der Verfassung der Vereinigten Staaten verbrieft und galten auch schon im Jahre 1892 – in Massachusetts ebenso wie in jedem anderen Bundesstaat. Aber weder Hilliard noch Knowlton erklärten Lizzie an jenem Samstag oder zu einem späteren Zeitpunkt, daß sie nicht zu reden brauchte, wenn sie Gefahr lief, sich mit ihrer Ausage selbst zu belasten. Das war ein schwerwiegender Fehler.

Am Sonntag hielten die Zentrale Bezirkskirche und die Erste Kongregationskirche einen gemeinsamen Gottesdienst ab, bei dem das Gotteshaus bis auf den letzten Platz gefüllt war. Natürlich beschäftigte sich das allgemeine Volksgemurmel vor dem Gottesdienst weniger mit der Unsterblichkeit der Seele als mit dem Doppelmord in der Second Street.

Reverend W. Walker Jubb flehte Gott in seinem Gebet an, er möge helfen, das schreckliche Rätsel zu lösen. Nach der Morgenpredigt verließ er die Kanzel und sprach unmittelbar über das Thema, an das mit Sicherheit jeder dachte. Er redete wohlüberlegt und mit eindringlicher, beherrschter Stimme. Er erfaßte genau die Stimmung, die Verwirrung, die Hilflosigkeit der Bewohner von Fall River, ganz gleich, welcher Konfession sie angehörten:

«Ich kann meine heutige Morgenpredigt nicht schließen, ohne über das entsetzliche Verbrechen zu reden, das unsere geliebte Stadt in dieser Woche erschüttert und uns auf grausame Weise zwei hochgeachtete und geschätzte Mitglieder unserer kirchlichen Familie entrissen hat. Ich kann nicht schließen, ohne meinen Schmerz und mein Entsetzen über die Abscheulichkeit dieser Bluttat zum Ausdruck zu bringen. Nie zuvor in meinem Leben habe ich von einem so brutalen, arglistigen, frechen und teuflischen Mord gehört.

Was muß das für ein Mensch sein, der zu solch einem scheußlichen Verbrechen imstande ist? Wer fähig ist, einen solchen Mord zu begehen, der kann kein Herz haben, keine Seele, der muß entweder das personifizierte Böse sein, der Ruchloseste, Verkommenste, ein Wesen, bar jeder Menschlichkeit, oder er muß wahnsinnig sein. Die Situation, die Art und Weise, wie die Tat begangen wurde, die Begleitumstände, all das umgibt dieses Verbrechen mit einem undurchdringlichen Geheimnis.

Was Erkenntnisse und Beweise zu Täter und Tatmotiv angeht, so stehen wir vor einem beinahe unerklärlichen Rätsel. Es übersteigt unser Begriffsvermögen, wie ein solches Verbrechen am hellichten

Tage, zu geschäftiger Stunde mitten im Herzen einer belebten Stadt geschehen konnte.

Während wir über all das nachdenken, rufen wir in unserer Verwirrung aus: Warum wurde diese Tat begangen? Was kann jemanden dazu verleitet haben, ein solches Blutbad anzurichten? Wo ist das Motiv? Meistens sind Raubgier, Gewinnsucht, Feindschaft, Jähzorn oder Rache die Gründe, aus denen Menschen sich dazu hinreißen lassen, ein Verbrechen zu begehen. Seltsamerweise spielt in diesem Fall nichts dergleichen eine Rolle, und so frage ich abermals: Was war das Motiv? Ich glaube, und ich bringe wohl nur euer aller Gefühle zum Ausdruck, wenn ich sage, ich hoffe, daß der Verbrecher schnell seiner gerechten Strafe zugeführt wird...»

Ohne Lizzies Namen zu nennen, ging der Priester dann auf Gerüchte aus den Reihen der Polizei, Zeitungsmeldungen und Klatschgeschichten über die bevorstehende Verhaftung der jüngsten Borden-Tochter ein.

«Ich hoffe, die Polizei wird ihre Pflicht tun und nichts unversucht lassen, was zur Ergreifung des Verbrechers führen kann. Ich möchte die Ordnungskräfte beschwören, nicht zuviel zu sagen und nicht auf diese Weise unbeabsichtigt der Justiz in den Rücken zu fallen. Auch vertraue ich darauf, daß die Journalisten (und dies sage ich, weil mir ihr Einfluß und ihre Macht bekannt sind), daß die Journalisten sich bei der Verbreitung ihrer Hypothesen und Schlußfolgerungen der Diskretion befleißigen, daß Besonnenheit und Nächstenliebe ihnen die Feder führen. Ich möchte die Presse bitten, daran zu denken, daß sie mit grundlosen oder unverdienten Beschuldigungen ein Leben auf ewig schwärzen und zerstören können, wie einen Baum, den der Blitz gefällt hat, ein Leben, das stets anständig, dessen Handlungen und Beweggründe stets rein und fromm gewesen sind. Laßt uns unsere Zungen im Zaum halten und ein unbescholtenes Leben vor unverdientem Argwohn bewahren. Ich denke, ich habe ein Recht, diese Kirche und meine eigene Gemeinde zum Gebet aufzurufen. Das ermordete Paar gehörte dieser Kirche an, und nun steht eine Tochter der beiden zu jedem von euch in derselben Beziehung, in der ihr als Mitglieder der Kirche zueinander steht. Möge Gott ihr helfen und ihr Trost schenken...»

## 5 Die «Untersuchung der Todesursache»

**Josiah Blaisdell, vorsitzender Richter bei Untersuchung und Vorverhandlung**

Am Montag vormittag führte Marshall Hilliard ein Gespräch hinter verschlossenen Türen mit Josiah C. Blaisdell, dem Zweiten Bezirksrichter, und als er aus dessen Büro kam, hatte er einen Haftbefehl für Lizzie in der Tasche. Mit welcher Begründung dieser ausgestellt war, ist nicht bekannt, weil niemand außer den beiden Genannten zugegen war.

Wie über alle neuen Entwicklungen in dem Fall, waren die Journalisten auch über diese Unterredung bereits Minuten später informiert. «Wir werden in Kürze handeln», teilte man ihnen mit. Die Presse zog daraus den Schluß, daß es noch am selben Tag zu einer Festnahme kommen werde, aber dann tat sich bis 17 Uhr erst einmal gar nichts.

Hilliard und Knowlton zögerten.

Offenbar waren Knowlton Bedenken gekommen. Als er den Haftbefehl endlich in der Hand hatte, scheint ihm bewußt geworden zu sein, wie ungeheuerlich dieser Verdacht war. Nichts deutete darauf hin, daß bei der für denselben Montag geplanten fünften Hausdurchsuchung weitere Beweise auftauchen würden. Man war jedem noch so absurden Gerücht nachgegangen, hatte jede noch so vage Spur bis zum bitteren Ende verfolgt. Es gab keine physikalischen Beweise, keine Waffe, kein klares Motiv. Und doch war man drauf und dran, eine unbescholtene junge Frau, die überdies einen seit 200 Jahre geradezu sprichwörtlich angesehenen Namen trug, zu verhaften und sie eines unvorstellbar absurden und niederträchtigen Verbrechens anzuklagen.

Auch Hilliard muß sich wohl gefragt haben, ob seine Männer nicht vielleicht doch etwas übersehen hatten, ob ihnen nicht womöglich irgendeine unbedeutende Kleinigkeit entgangen war, ob sich aus den wenigen vorhandenen Indizien nicht doch eine *andere* Schlußfolgerung ziehen ließ.

Knowlton war kein Anfänger. Er wußte, wenn die Sache schief ging, wäre er es, der ins Kreuzfeuer der Kritik geriet. Für ihn war die Frage, ob die Polizei Beweise hatte, die er guten Gewissens einer Jury vorlegen konnte. Und zwar nicht nur der Jury jener zwölf braven und wahrheitsliebenden Männer auf der Geschworenenbank, sondern auch der großen Jury der öffentlichen Meinung, all derer also, die sich außerhalb des Gerichtssaals für den Fall interessierten.

Im letzten Moment machte er einen Rückzieher. Bevor er Hilliard die Erlaubnis geben konnte, den Haftbefehl zu vollstrecken, also praktisch den Stab über Lizzie zu brechen, forderte er weiteres Material. Er verlangte, in *irgendeiner Form* müsse eine weitergehende Untersuchung durchgeführt, müsse Zeit für eine nochmalige Befragung angesetzt werden, ganz gleich, wie man das Prozedere nennen wollte.

Im juristischen Sprachgebrauch ist eine Untersuchung eine gerichtliche Ermittlung zur Todesursache, bei der festgestellt werden soll, was geschehen ist, wer zu Tode gekommen ist und wie. Doch das alles war ja bekannt. Andererseits aber ging es vorerst nicht darum, Anklage zu erheben, so daß zu einer Befragung, wie sie Knowlton vorschwebte, keine Verteidiger hinzugezogen werden mußten, und das gab ihm und Hilliard größeren Spielraum bei ihrer Suche nach weiteren Informationen, Fakten, Beweisen, nach *irgend etwas,* das ihren Verdacht gegen

**Rufus B. Hilliard, Polizeichef von Fall River**

Lizzie nach außen erhärten konnte. Sie überlegten lange, wie sie die geplante Zusammenkunft nennen sollten, und gaben schießlich bekannt, sie wollten am nächsten Vormittag um zehn Uhr eine «inoffizielle Befragung» mehrerer Zeugen vornehmen.

Rechtsanwalt Andrew Jennings wußte, worum es in Wahrheit ging. Lizzie stand bereits unter Hausarrest, man hatte ihr mitgeteilt, sie werde verdächtigt, den Doppelmord begangen zu haben. Als sie schriftlich aufgefordert wurde, zu der Befragung zu erscheinen, bat Jennings, sie begleiten zu dürfen. Man müsse ihm gestatten, seine Klientin zu vertreten, argumentierte er. Daraufhin gab Knowlton offen zu, daß es sich um eine gerichtliche Untersuchung der Todesursache handelte. Der Anwalt wurde nicht zugelassen; man forderte ihn auf, sich zu entfernen.

Es darf als sicher gelten, daß der Rat, Hilliard und Knowlton sollten die Verschleierungstaktik aufgeben, damals vom Generalstaatsanwalt von Massachusetts, Albert Pillsbury, kam, der sich persönlich in den Fall eingeschaltet hatte. Am Montag abend teilte Knowlton der

Presse mit: «Fortsetzung der Ermittlungen um zehn Uhr». Im übrigen habe er der Öffentlichkeit nichts Neues bekanntzugeben.

Seitdem am Donnerstag vormittag der erste «Mord!»-Schrei durch Fall River gehallt war, waren Handel und Gewerbe in der Stadt buchstäblich zum Erliegen gekommen. Hunderte, ja Tausende von Menschen verstopften die Second Street, so daß man allenfalls in den frühen Morgenstunden oder spät in der Nacht mit dem Wagen durchkam. Zahlreiche Fabriken und Geschäfte schlossen am Nachmittag, weil die Arbeiter und Angestellten nach der Mittagspause einfach nicht mehr an ihre Arbeitsplätze zurückkehrten.

Daran hatte sich auch am sechsten Tag nach dem Verbrechen nicht viel geändert. Noch immer drängten sich vor dem Haus der Bordens die Gaffer und warteten geduldig, daß eine der Figuren des grausigen Mysterienspiels sich zeigte. An allen Ecken bildeten sich Grüppchen, denn schließlich mußte man sich doch versichern, daß man über jedes neue Gerücht im Bilde war, und sich über die jüngsten Hypothesen austauschen.

Als dann am Dienstag bekannt wurde, daß um zehn Uhr vormittags in Anwesenheit von Richter Blaisdell eine Untersuchung stattfinden sollte, stürmte alles zum Gericht, und binnen weniger Minuten hatten die Schaulustigen den Platz vor dem Gebäude und die umliegenden Straßen hoffnungslos verstopft.

Das «Alte Gericht» – so wurde es 1892 von den Einheimischen genannt – existierte seit 1857 und hatte zunächst als Gerichtsgebäude für den Zweiten Bezirk gedient. Es war ein gedrungener, düsterer, unheilkündender Bau aus dem für die Region typischen gräulichen Naturstein und beherbergte unter anderem die beiden Feuerwehrmannschaften von Fall River samt ihren gigantischen, von Pferden gezogenen Löschwagen, die aussahen, als rührten sie noch vom alten Häuptling Metacom King Philip* her. Im hinteren Teil des Erdgeschosses befand sich auch das Polizeigefängnis. Der Rest der Etage diente als städtischer Pferdestall.

* Der Wampanoag-Häuptling Metacom, auch King Philip genannt, war der Anführer des letzten Indianeraufstands gegen die Weißen in Neuengland von 1675 bis 1676 (A. d. Ü.).

Die beiden oberen Stockwerke teilten sich Polizei und Gericht. Es gab Schlafräume für Polizisten, die gerade nicht im Dienst waren, und Büros für die Richter, Schreiber und Anwälte. Gekrönt war das Bauwerk von einer kleinen Kuppel, unter der die Feueralarmglocke untergebracht war. Diese wurde mit Hilfe eines Seils geläutet, das bis auf die Straße reichte.

Als dann endlich um Punkt zehn eine Droschke vorfuhr, war vor dem Gebäude buchstäblich die Hölle los. Kaum einer der vor dem Gericht Versammelten hatte nach dem Doppelmord auch nur eine der Hauptfiguren des Dramas mit eigenen Augen gesehen, und so hoffte alles, wenigstens jetzt einen kurzen Blick auf die Beteiligten werfen zu können. Am sehnlichsten wünschten sich die Leute natürlich, Lizzie zu erspähen, aber sie wurden enttäuscht.

Der Droschke entstiegen lediglich Officer Patrick Doherty und das Dienstmädchen Bridget Sullivan.

Knowlton, Marshal Hilliard, der Gerichtsarzt Dr. Dolan, Officer Seaver von der Staatspolizei und Dr. Coughlin, der Bürgermeister von Fall River, nahmen das Mädchen sogleich in ihre Mitte. Man kann sich leicht vorstellen, wie ängstlich und aufgeregt die kleine irische Einwanderin in dieser erlauchten Gesellschaft gewesen sein muß. Tatsächlich wird berichtet, sie sei «zutiefst verzweifelt» gewesen, mehrfach in Schluchzen ausgebrochen und habe kaum einen zusammenhängenden Satz herausgebracht.

Zunächst führte man sie in Hilliards Büro und stellte ihr über eine Stunde lang Fragen; dann begab sich die ganze Gruppe in den Gerichtssaal, wo in Richter Blaisdells Anwesenheit die Untersuchung offiziell begann.

Bridget erzählte vom Ablauf des Frühstücks, vom Fensterputzen, davon, wie sie sich schließlich in ihrer Kammer hingelegt und dann aus dem unteren Stockwerk Lizzies entsetzte Schreie gehört habe. Soweit bekannt ist, enthielt ihre Zeugenaussage nichts, was sie der Polizei nicht bereits gesagt hatte.

Wir sind also noch immer nicht klüger als zuvor. Aber vielleicht hilft uns das Protokoll des Gesprächs mit Lizzie weiter, das am selben Nachmittag stattfand:

(Mr. Knowlton) *Nennen Sie mir Ihren vollen Namen.*
Lizzie Andrew Borden.
*Lizzie oder Elizabeth?*
Lizzie.
*Ist das Ihr Taufname?*
Ja, das ist mein Taufname.
*Wie alt sind Sie, bitte?*
32.
*Wie lange war Ihr Vater mit Ihrer Stiefmutter verheiratet?*
27 Jahre, glaube ich.
*Wie lange davon haben sie in dem Haus in der Second Street gelebt?*
Letzten Mai waren es wohl 20 Jahre.
*Wissen Sie in etwa, wie groß das Vermögen Ihres Vaters ist?*
Nein, Sir.
*Haben Sie ihn je darüber reden hören?*
Nein, Sir.
*Haben Sie sich je überlegt, wie groß es sein könnte?*
Nein, Sir.
*Ist Ihnen etwas von Grundeigentum bekannt?*
Er besitzt zwei Farmen in Swansea, das Haus in der Second Street und das A.-J.-Borden-Haus samt dem Eckhaus und das Grundstück in der South Main Street, wo McMannus (lies: *McManus*) ist, und vor kurzem hat er weiter südlich noch ein Grundstück gekauft, das vorher, wie er sagte, einem Mr. Birch gehörte.
*Haben Sie ihm jemals irgendwelche Häuser übertragen?*
Vor ein paar Jahren hat er uns Großvater Bordens Haus in der Ferry Street geschenkt, und vor ein paar Wochen hat er es von uns zurückgekauft. Er hat uns 5000 Dollar dafür gegeben.
*Haben Sie ihm etwas dafür gezahlt, wenn er Ihnen Eigentum übertragen hat?*
Nein, Sir.
*Wissen Sie, ob Ihr Vater irgendwann ein Testament gemacht hat?*
Nein, Sir.
*Hatte er einen Ehevertrag mit Ihrer Stiefmutter?*
Davon ist mir nichts bekannt.

Soweit die ersten Fragen, die Knowlton Lizzie stellte, als sie um zwei Uhr nachmittags in den Zeugenstand trat. Der Bezirksstaatsanwalt war auf der Suche nach einem Motiv, denn wenn er einen Schuldspruch erreichen wollte, mußte er den Geschworenen schon einiges präsentieren können, unter anderem und nicht zuletzt das Motiv.

Die Anklagevertretung wollte Lizzie zwei Motive unterstellen: zum einen Geldgier und zum anderen die Angst, ihr Vater könnte die Absicht haben, sein beträchtliches Vermögen Abby zu vermachen. In diesem Falle hätten sie und ihre Schwester Emma noch weitere entbehrungsreiche Jahre vor sich gehabt und wären vor allem voll und ganz von ihrer mürrischen Stiefmutter abhängig gewesen.

Es mangelte nicht an Gerüchten über angebliche ausgedehnte Familienstreitigkeiten um Geld und Besitz. Hier aber ging es um *Beweise*. Knowlton war ein erfahrener Ankläger, und er wußte natürlich, daß er, wenn er schon weder Zeugen noch handfeste Beweise hatte, zumindest ein klares und begründetes Motiv für den Doppelmord liefern mußte.

*Wissen Sie, ob Ihr Vater irgendwann ein Testament gemacht hat?*
Nein, Sir.
*Hat er jemals mit Ihnen über die Frage eines Testaments gesprochen?*
Nein.
*Wissen Sie, ob Ihr Vater mit irgend jemandem Streit gehabt hat?*
Da war ein Mann, der ist gekommen, und mit dem hatte er Streit. Ich weiß nicht, wer der Mann war.
*Erzählen Sie uns alles, was Sie gesehen und gehört haben.*
Gesehen habe ich nichts. Ich habe gehört, wie es geläutet hat und Vater an die Tür ging und ihn einließ. Eine Weile hörte ich nichts, nur die Stimmen. Dann habe ich gehört, wie der Mann sagte: «Ich möchte die Räume haben. Ich möchte diesen Laden haben.» Vater darauf: «Ich werde nicht zulasen, daß Sie Ihr Gewerbe dort betreiben.» Und da hat der Mann gesagt: «Ich habe gedacht, wo Sie doch, wie es heißt, das Geld so sehr lieben, würden Sie Ihren Laden für alles vermieten.» Vater sagte: «Da haben Sie sich geirrt.» Dann ha-

ben sie eine Weile geredet, und dann sind ihre Stimmen lauter geworden, und ich habe gehört, wie Vater ihm sagte, er soll gehen.
*Wissen Sie, ob es sonst noch jemanden gibt, zu dem Ihr Vater kein gutes Verhältnis hatte oder der kein gutes Verhältnis zu Ihrem Vater hatte?*
Ich weiß von einem Mann, der ihm nicht gerade gewogen ist – schon seit Jahren.
*Wer?*
Mr. Hiram C. Harrington.

Hiram war Andrews Schwager, der Ehemann seiner Schwester Laurana. Wo die Ursache für ihren erbitterten Zwist lag, ist nicht klar, man weiß nur, daß die ganze Sache schon vor vielen Jahren ihren Anfang genommen und all die Zeit über geschwelt hatte, etwa so wie weiland in Verona die Fehde zwischen den Montagues und den Capulets.

Die beiden waren wie Wasser und Feuer; sie hatten grundverschiedene Charaktere und völlig unterschiedliche Lebensziele. Harrington war Schmied und hatte nie etwas anderes sein wollen. Er hatte nichts gespart und nichts investiert, denn das, was er verdiente, reichte gerade für das Allernötigste. Andrew fand, seine Schwester Laurana sei zu schade für diesen Mann.

Irgendwann vor Jahren waren «böse Worte» zwischen den Schwägern gefallen, und von da an war Hiram im Hause Borden unerwünscht; Andrew wiederum soll seine Schwester angeblich nur besucht haben, wenn er wußte, daß Hiram nicht daheim war.

Am Tag nach dem Doppelmord beantwortete Hiram, sichtlich entzückt, im Rampenlicht zu stehen, den Reportern offenherzig ihre Fragen. Er erzählte, was sich seiner Meinung nach in Andrews Haus abgespielt hatte, und dabei ließ er ziemlich deutlich durchblicken, daß er Lizzie für die Täterin hielt.

Harrington erweckte den Eindruck einer Vertraulichkeit zwischen ihm und Lizzie, die in Wahrheit wohl niemals bestanden hat, und berichtete, er habe ein «langes Gespräch» mit ihr gehabt, aber das war mit Sicherheit gelogen. Ein Reporter, der Harrington kommen sehen hatte, sagte, er habe sich genau drei Minuten im Haus der Bordens aufgehalten. «Mr. Harrington grollt der Familie», erklärte der Journalist seinem Chefredakteur, «und zögert nicht, sensationelle Erklärungen abzugeben.»

«Geld, keine Frage, Geld», sagte er, sei das Motiv für den Doppelmord gewesen. «Es würde mich nicht wundern, wenn die Person, auf die meiner Meinung nach alles hindeutet, demnächst verhaftet wird...»

Einige Leute, die am Morgen des Verbrechens zugegen gewesen waren, sagen, Lizzie habe geweint, andere sagen, sie sei zutiefst erschüttert, wieder andere, sie sei einer Ohnmacht nahe gewesen. Hiram Harrington indes fand sie «sehr gefaßt»; sie habe «keinerlei Gemütsbewegung gezeigt, und in ihrer Miene habe keine Spur von Trauer gelegen.»

Damit war Lizzie ein Image verpaßt worden, das zwar nicht der Wahrheit entsprach, das aber leider für alle Zeit an ihr hängenbleiben sollte. Von einer Dame erwartete man im viktorianischen Zeitalter, daß sie, wenn ihr ein Unglück zustieß, in Schwermut verfiel, zitterte und ohnmächtig wurde. Lizzie Bordens Zeitgenossen konnten ihr ebensowenig wie die Autoren, die über sie geschrieben haben, verzeihen, daß sie zurückhaltend war, einen starken Sinn dafür hatte, was sich ziemte, und nicht bereit war, ihre Gefühle in der Öffentlichkeit zu zeigen.

Die Frage, ob es in der Familie Borden irgendwelche Meinungsverschiedenheiten gab, bejahte Harrington eilig, fügte aber hinzu, allerdings habe man «davon nie viel Aufhebens gemacht». Das sollte jetzt anders werden. Denn nun verschaffte Harrington sich Genugtuung für alle Kränkungen, die Andrew ihm zugefügt hatte.

«Seit fast zehn Jahren», sagte er, «liegen die Töchter mit ihrem Vater und der Stiefmutter im Streit.» Das sei ein erbitterter Streit gewesen, erklärte er weiter, und vor allem Lizzie habe sich «offen widerspenstig» gezeigt. Sie sei hochmütig, herrschsüchtig und «von Natur aus aufmüpfig», und er habe sie viel Arges über ihren Vater sagen hören.

Zum Schluß holte er zu einem hinterhältigen Schlag gegen Lizzie aus. «Ich bin mir ganz sicher», erklärte er pathetisch, «daß Emma nichts über den Mord weiß.»

Für jemanden, der zu Andrews Lebzeiten Hausverbot hatte und nach dem Tode des Hausherrn nicht einmal zu dessen Begräbnis eingeladen wurde, besaß Harrington erstaunlich großen Einblick in die vertraulichsten Angelegenheiten der Familie Borden.

> *Wissen Sie, ob es jemanden gibt, der kein gutes Verhältnis zu Ihrer Stiefmutter hatte?*
> Nein, Sir.
> *Oder jemanden, zu dem Ihre Stiefmutter kein gutes Verhältnis hatte?*
> Nein, Sir.
> *Hatten Sie jemals Streit mit Ihrer Stiefmutter?*
> Nein, Sir.
> *Hatten Sie im letzten halben Jahr irgendwann eine Auseinandersetzung mit ihr?*
> Nein, Sir.
> *Im letzten Jahr?*
> Nein, Sir.
> *In den letzten zwei Jahren?*
> Ich glaube nicht.
> *Was war das letzte Mal, an das Sie sich erinnern können?*
> Ungefähr vor fünf Jahren.
> *Worum ging es?*
> Um ihre Stiefschwester, Halbschwester.
> *Der Name?*
> Jetzt heißt sie Mrs. George W. Whitehead.

Das, so behauptete die Anklage später, sei der Ausgangspunkt für alle angebliche Zwietracht in Andrews Familie gewesen, von denen die Fama wußte, für Lizziee und Emmas angeblichen Haß auf ihre Stiefmutter und für die schreckliche Aussicht, daß Abby und nicht sie beide einmal Andrews Vermögen erben könnte.

Damals hatte Abbys Stiefschwester Sarah jenen George W. Whitehead geheiratet – eine Verbindung, die ihr in keiner Hinsicht viel einbrachte. Das junge Paar teilte ein unscheinbares Haus mit Mrs. Gray, Abbys Mutter. Mrs. Gray hatte den Wunsch, ihre Hälfte des

Hauses zu verkaufen, doch die wenigen Interessenten wollten es nur ganz oder gar nicht. Abby, die fürchtete, ihre Stiefschwester könnte im Alter ohne ein Dach über dem Kopf dastehen, hatte Andrew gedrängt, das Haus zu kaufen.

Anderthalbtausend Dollar waren für Andrew nicht viel, und da er Abby zwar geheiratet hatte und auf diese Weise zu einer unbezahlten Haushälterin gekommen war, ansonsten aber noch nie etwas für sie getan hatte, wickelte er den Kauf ab und überschrieb ihr das Haus.

Darauf basierte nach Meinung der Anklage die Theorie von Abbys Anwartschaft auf das Erbe. Deshalb beharrte Knowlton auf diesem Punkt.

*Seitdem hatten Sie also immer ein gutes Verhältnis zu Ihrer Stiefmutter?*
Ja, Sir.
*Ein herzliches?*
Je nachdem, was man unter herzlich versteht.
*Und danach, was* Sie *unter herzlich verstehen?*
Ziemlich.
*Was verstehen Sie unter «ziemlich»?*
Ziemlich herzlich. Ich meine, wir waren nicht gerade Busenfreundinnen, aber unser Verhältnis war sehr freundlich und angenehm.
*Sie haben sie aber nicht als Ihre Mutter angesehen?*
Eigentlich nicht, nein; obwohl sie ins Haus kam, als ich noch ganz klein war.
*Hatten Sie beide eine Beziehung wie zwischen Mutter und Tochter?*
In mancher Hinsicht ja, in anderen Dingen nicht.
*In welchen Dingen nicht?*
Ich habe nicht Mutter zu ihr gesagt.

Da war er wieder, jener Satz, der den stellvertretenden Polizeichef John Fleet zu der Überzeugung hatte gelangen lassen, daß Lizzie eine Mörderin sei. Später, zu spät, erklärte sie, sie habe das nicht abfällig gemeint, sondern unter dem Schock der Ereignisse gestanden und in Fleets Gegenwart auf die gnadenlosen Fragen anderer Polizisten geantwortet. Sie hat sich nicht weiter dazu geäußert, aber es läßt sich denken, daß der martialische Fleet sie nicht gerade zu liebenswürdigen Antworten inspirierte.

Niemand scheint auf den Gedanken gekommen zu sein, daß es einem vierjährigen Kind vielleicht nicht schwerfällt, die Ehefrau seines Vaters «Mutter» zu nennen, ein erwachsener Mensch es aber womöglich ganz ohne Gehässigkeit und Haß vorzieht, sie mit ihrem Vornamen anzusprechen oder Mrs. Sowieso zu ihr zu sagen.

Seltsam ist auch, daß nie jemand Anstoß daran genommen hat, daß Emma, die zum Zeitpunkt dieser Eheschließung bereits 14 Jahre alt war, die Frau ihres Vaters nicht nur nicht «Mutter» nannte, sondern sie nicht einmal als «Mrs. Borden» akzeptierte und sie grundsätzlich mit «Abby» ansprach. Im viktorianischen Neuengland galt das als eine Dreistigkeit, die ein Kind sich nicht herauszunehmen hatte.

*Was für ein Kleid trugen Sie an dem Tag, als die beiden getötet wurden?*
Ich hatte einen marineblauen Rock aus einer Art bengalischer oder indischer Seide an und dazu eine Matrosenbluse. Am Nachmittag sagte man mir, ich sollte mich besser umziehen. Da habe ich ein blaßrotes Oberkleid angezogen.
*Hatten Sie vor dem Nachmittag schon einmal die Kleider gewechselt?*
Nein, Sir.
*Wo war Ihr Vater, als Sie am Donnerstag vormittag herunterkamen?*
Er saß im Wohnzimmer in seinem großen Sessel.
*Wo war Ihre Mutter? Oder möchten Sie lieber, daß ich Mrs. Borden sage?*
Ja, lieber, als wenn Sie Mutter sagen. Sie war im Eßzimmer und hat mit einem Federwisch Staub gewischt.
*Wo war Maggie?*
Sie war gerade mit der langen Stange mit der Bürste dran hinten zur Tür reingekommen und wollte ihren Wassereimer holen. Sie wollte

ringsum im Haus die Fenster putzen. Mrs. Borden will es so, sagte sie.
*Haben Sie an jenem Morgen Ihr Frühstück bekommen?*
Ich habe nichts zum Frühstück gegessen. Mir war nicht nach Essen.
*Was geschah dann, nachdem Sie nach unten gekommen waren?*
Maggie ging raus, um die Fenster zu putzen, und Vater kam hinter in die Küche und sagte, er weiß nicht, ob er noch zur Post geht. Und dann hab ich ein paar Taschentücher eingesprengt zum Plätten.
*Ist Ihr Vater in die Stadt gegangen?*
Er ging später.
*Wie lange haben Sie dafür gebraucht – für die Taschentücher, zum Plätten.*
Ich habe sie nicht fertig geplättet. Meine Eisen waren nicht richtig heiß.
*Wo waren Sie, als er zurückkam?*
Ich war unten in der Küche.

In der Küche sei sie gewesen, hat Lizzie ausgesagt. Ob ihr Gedächtnis sie in diesem Punkt ganz einfach getrogen hat oder ob diese Behauptung ein wesentlicher Bestandteil eines bedeutsamen Täuschungsmanövers war, ist bis heute ungeklärt. Sicher ist lediglich, daß Lizzie und Bridget die Frage unterschiedlich beantworteten.

Im Verlauf der erbarmungslosen Vernehmungen machte Lizzie widersprüchliche Angaben, nannte einmal die Küche, ein anderes Mal das Eßzimmer, dann wieder das Obergeschoß als ihren Aufenthaltsort. Zu guter Letzt entschied sie sich jedoch für die Küche. Bridget hingegen behauptete steif und fest, sie könne sich ganz genau erinnern, daß Lizzie oben gewesen sei. Sie erinnere sich so genau daran, weil Andrew Schwierigkeiten mit den Schlössern an der vorderen Haustür gehabt habe und sie selber versucht habe, diese aufzubekommen, und dabei «Psch!» ausgerufen habe; es könne aber auch ein weniger harmloses Wort gewesen sein, und sie habe Lizzie daraufhin oben lachen gehört.

Wir wissen nicht, was es zu bedeuten hat, daß die Erinnerungen der beiden Frauen sich in diesem Punkt nicht decken, aber scheinbar hat es etwas zu bedeuten.

Für den Augenblick jedoch war Knowlton vor allem eines wichtig: Lizzie sollte sich zu der Zeit, in der, wie er annahm, der Mord an Abby geschehen war, im oberen Stockwerk befunden haben. Und Lizzie gab unumwunden zu, dort gewesen zu sein.

*Sind Sie, bevor Ihr Vater zurück war, wieder hinauf in ihr Zimmer gegangen?*
Ich glaube, ich habe ein paar saubere Kleider hinaufgetragen.
*Sind Sie oben geblieben?*
Nein, Sir.
*Haben Sie sich irgendwann, bevor Ihr Vater zurück war, vorn auf der Treppe aufgehalten?*
Nein, Sir.
*Und nachdem er zurück war?*
Nein, Sir. Ich ging hinauf und bin eigentlich nur so lange in meinem Zimmer geblieben, bis ich an einem Kleid ein Stück Band festgenäht hatte.
*Wie lange waren Sie oben?*
Ich bin nur hinaufgegangen, um die Kleider hochzubringen und eben dieses Stück Litze am Ärmel anzuheften. Ich war bestimmt nicht länger als fünf Minuten da oben.
*War Ihnen bekannt, daß Mrs. Borden ausgehen wollte?*
Sie erzählte mir, sie habe einen Brief bekommen, daß irgendwer krank sei; «ich kaufe unterwegs fürs Abendessen ein», hat sie noch gesagt und hat mich gefragt, was ich essen möchte.
*Haben Sie es ihr gesagt?*
Ja, ich habe ihr gesagt, ich möchte nichts.
*Haben Sie sie zurückkommen gehört?*
Ich habe sie weder fortgehen noch zurückkommen gehört, aber ich nahm an, sie sei gegangen.
*Als Sie Ihren Vater tot auffanden, haben Sie da noch immer angenommen, Ihre Mutter sei ausgegangen?*
Ich wußte es nicht. Ich habe zu den Leuten, die dann gekommen sind, gesagt: «Ich weiß nicht, ob Mrs. Borden daheim ist oder nicht; ich wäre dankbar, wenn jemand hinaufgeht und nachsieht, ob sie in ihrem Zimmer ist.»

*Sie nahmen zu dem Zeitpunkt an, sie sei ausgegangen?*
So hatte ich es verstanden; ich hab mir nicht weiter Gedanken darüber gemacht.
*Hat Sie Ihnen gesagt, wo sie hin wollte?*
Nein, Sir.
*Hat sie Ihnen gesagt, von wem dieser Brief war?*
Nein, Sir.
*Haben Sie diesen Brief irgendwann zu Gesicht bekommen?*
Nein, Sir.
*Wissen Sie, wo er jetzt ist?*
Nein, Sir.
*Sie hat also gesagt, sie wollte an jenem Vormittag ausgehen?*
Ja, Sir.

Nach dieser letzten Frage wurde die Untersuchung auf den nächsten Vormittag um zehn Uhr vertagt.

Draußen ging ein Wogen durch die Menge; die Leute murrten. Sie hatten erwartet, daß jemand verhaftet würde, und statt dessen hatte man sich nur vertagt. Auch die Reporter waren enttäuscht; sie verzogen sich in die Schankstuben, wo sie für ihre Herausgeber den soundsovielten Aufguß der ganzen Story zusammenbrauten.

Unterdessen hatte jede größere Zeitung aus jeder größeren Stadt in Neuengland und an der Ostküste mindestens einen Vertreter vor Ort, und einige waren sogar mit einem Fotografen oder einem Zeichner angereist. Auch von Associated Press, der damals einzigen Nachrichtenagentur, war jemand gekommen, und sogar Blätter aus New Orleans und San Francisco hatten Berichterstatter entsandt. Alles in allem waren mindestens einhundert Journalisten in der Stadt. Ja, selbst bis nach London und aufs europäische Festland hatte sich die Kunde von dem mysteriösen Doppelmord verbreitet.

Wie die Einwohner von Fall River, so war auch die Presse in zwei Lager gespalten – das der Lizzie-Sympathisanten und das der Lizzie-Gegner.

Wie dem auch sei, es war 17 Uhr, die Untersuchung war für diesen Tag beendet, und was am nächsten käme, würde man sehen.

# 6 Hinter Schloß und Riegel

**Die Second Street und das Haus der Bordens (aus: *Boston Globe* vom 18.8.1892)**
**1 Hausnummer 92, Wohnhaus von Andrew J. Borden**
**2 Scheune**
**3 Seiteneingang**
**4 Haus von Mrs. Churchill**
**5 Haus von Dr. Seabury Bowen**
**6 Haus der Familie Chagnon**
**7 Haus von Dr. Kelly. Nord- und Südrichtung markiert**

Regen! Gott sei Dank!

Der zweite Tag der Untersuchung brachte auch das Ende der Hitzeperiode. Anstatt das kühle Naß in vollen Zügen zu genießen, waren die zahlreichen Schaulustigen mit Schirmen bewaffnet und hatten Gummistiefel an den Füßen. Um zehn war der Platz voll zum Überlaufen. Bereits am Montag hatten die Leute eine Verhaftung erwartet, für den Dienstag war sie praktisch versprochen worden. Jetzt war Mittwoch. Jetzt mußte es passieren.

Um fünf nach zehn wurde Lizzie an ihren Eid erinnert und in den Zeugenstand gerufen.

> *Als Sie in die Scheune gegangen sind, wo war da Ihr Vater?*
> Er lag im Wohnzimmer auf der Couch, die Schuhe hatte er aus- und Hausschuhe angezogen, und den Rock hatte er abgelegt und trug seine Segeltuchjacke.

Die Segeltuchjacke war der etwas bescheidenere Vorläufer unserer heutigen Hausjacke. Daß Andrew es sich selbst am heißesten Tag des Jahres in seinen eigenen vier Wänden nicht etwa in Hemdsärmeln gemütlich machte, sondern sich seine Segeltuchjacke überzog, zeigt, wie sittenstreng dieser Mann war.

Lizzies Behauptung, ihr Vater habe seine Schuhe aus- und sich Hausschuhe angezogen, ist eines der Dinge, die an ihrer Zeugenaussage auffällig sind. Als Andrew starb, hatte er schwarze Zugstiefel an, knöchelhohe Schuhe mit keilförmigen Gummieinsätzen an den Seiten. Vielleicht zog er sich normalerweise zum Mittagsschlaf Hausschuhe an, und Lizzie hat einfach angenommen, daß er das an dem bewußten Tag auch getan habe. Sollte aber hinter dieser fälschlichen Behauptung eine dunkle Absicht gesteckt haben, so ist jedenfalls nie jemand dieser Fährte nachgegangen. Knowlton ignorierte die Sache und machte weiter im Text. Ihn interessierte viel mehr, was Lizzie an jenem Morgen getan hatte, Minute für Minute.

> *Wo genau in der Scheune waren Sie?*
> Oben.
> *Wie lange sind Sie dort geblieben?*
> Ich weiß nicht. 15 oder 20 Minuten.
> *Und taten was?*
> Ich habe Blei gesucht, als Senker.
> *Können Sie mir erklären, wie es kam, daß Sie ausgerechnet zu der Zeit in die Kammer auf dem Speicher gegangen sind, um einen Sen-*

*ker zu suchen, wo Sie doch erst am folgenden Montag zum Angeln nach Marion fahren wollten?*
Ich wollte fertigplätten. Meine Eisen waren aber noch nicht heiß. Da hab ich mir gesagt: «Ich geh mal eben und suche, ob ich einen Senker finde. Vielleicht, daß die Eisen heiß sind, bis ich wiederkomme.» Einen anderen Grund hatte ich nicht.
*Hatten Sie denn eine Angelschnur?*
Nicht bei mir; wir hatten welche auf der Farm.
*Und hatten Sie einen Angelhaken?*
Nein, Sir.
*Hatten Sie denn überhaupt irgendwelches Angelzeug?*
Ja, drüben auf der Farm.
*Hatten Sie dort auch Senker?*
Ich glaube schon. Ich war so lange nicht mehr dort. Ich glaube, es waren welche da.
*Ihre Befürchtung, daß Senker fehlen, war also unbegründet?*
An meinen Angeln waren, glaube ich, keine dran.
*Wo waren Ihre Angeln?*
Meine Angeln waren drüben auf der Farm.
*Und wie kamen Sie auf den Gedanken, daß auf der Farm keine Senker an Ihren Angeln sein könnten?*
Weil vor einiger Zeit, als ich dort war, keine dran waren.
*Wann haben Sie ihre Angeln das letzte Mal benutzt?*
So vor fünf Jahren.
*Und Sie haben sie auf der Farm gelassen?*
Ja, Sir.
*Und seitdem haben Sie sie nicht mehr gesehen?*
Nein, Sir.

Und so weiter und so weiter und so weiter. Über eine Stunde drehte sich die Befragung ausschließlich um Senker, Schnüre und Angelruten. Die wenigen Leute, die bei der Untersuchung mit im Gerichtssaal sein durften, müssen den Eindruck gehabt haben, als bekäme Knowlton seine Fragen nach Stücklohn bezahlt. Was hatte dieses ganze Hickhack um solch ein nebensächliches Detail für einen Sinn? Schließlich ging es doch bei der Untersuchung angeblich darum, Erkenntnisse über den Tod zweier prominenter Bürger zu gewinnen, wieso also vertrödelte man die Zeit mit Angelhaken und Senkern?

Aber Knowlton wußte genau, was er tat: Er säte schon jetzt aus, was er später, wenn er den Geschworenen gegenüberstände, ernten zu können hoffte. Lizzies Gang in die Scheune mußte als unbegründet und, wenn möglich, sogar als völlig unglaubwürdig hingestellt werden. Wenn es ihm gelang, die Geschworenen davon zu überzeugen, daß sie diesen Aufenthalt in der Scheune frei erfunden hatte, dann konnte er auch behaupten, sie habe sich zu der Zeit, als Andrew getötet wurde, im Haus aufgehalten. Im Gegensatz zu Morses Alibi war das von Lizzie, obschon Knowlton es nicht direkt widerlegen konnte, geradezu lächerlich anfechtbar.

Noch eine weitere Stunde lang ging Knowlton mit ihr die Ereignisse jenes Vormittags durch. Wieder wurden die Abläufe, die sie selbst und Bridget schon ein dutzendmal erzählt hatten, Minute für Minute in allen Einzelheiten erörtert. Es gab kaum neue Fragen. Eine lautete:

*Hatten Sie am Donnerstag eine Schürze um?*
Wie bitte?
*Ob Sie am Donnerstag eine Schürze umhatten?*
Nein, Sir, ich glaube nicht.
*Können Sie sich noch erinnern, ob Sie eine umhatten, ja oder nein?*
Ich bin mir nicht ganz sicher, aber ich glaube, ich hatte keine um.
*Aber Sie hatten natürlich Schürzen?*
Natürlich hatte ich Schürzen, Sir.
*Überlegen Sie bitte, hatten Sie eine um oder nicht?*
Ich glaube, ich hatte keine um.
*Versuchen Sie bitte, sich zu erinnern.*
Ich hatte keinen Grund, an jenem Morgen eine Schürze zu tragen.
*Versuchen Sie doch bitte, sich zu erinnern; es wäre gut, wenn Sie sich erinnern könnten.*
Ich kann mich nicht erinnern.
*Ist das alles, was Sie mir auf diese Frage zu sagen haben?*
Ja, Sir.

Nichts an diesem Wortwechsel führt auch nur einen Schritt weiter. Dann kam Knowlton auf Äxte und Beile zu sprechen und darauf, wieviel Lizzie davon wußte.

*Hatten Sie jemals Gelegenheit, eine Axt oder ein Beil zu benutzen?*
Nein, Sir.
*Wußten Sie, wo sie lagen?*
Ich wußte, daß im Keller eine alte Axt war; mehr wußte ich nicht.
*Haben Sie gewußt, daß unten im Keller auch ein Beil war?*
Nein, Sir.
*Wo war die alte Axt unten im Keller?*
Das letzte Mal, als ich sie gesehen habe, steckte sie im alten Hauklotz.
*War das die alte Axt oder das Beil, das im Keller unten war?*
Ich wußte nur von einem Werkzeug, und das war es.
*Wann wurde dieses Werkzeug Ihres Wissens zuletzt benutzt?*
Als unser Farmer Holz hacken kam.
*Wann war das?*
Ich glaube, vorletztes Jahr, vorletzten Winter. Letzten Winter war, glaube ich, so viel Holz da, daß er nicht gekommen ist.
*Können Sie sich vorstellen, wozu man eine Axt oder ein Beil sonst noch benutzen kann?*
Nein, Sir.
*Können Sie sich vorstellen, wie an eine Axt oder ein Beil, die unten im Keller sind, Blut kommen kann?*
Nein, Sir.
*Ich sage nicht, daß es so war, aber nehmen wir einmal an, unten im Keller hätte man eine Axt oder ein Beil gefunden, an dem Blut war.*
Nein, Sir.
*Wissen Sie, ob vor dem Mord da unten ein Beil war?*
Ich weiß nicht.
*Sie sind also nicht in der Lage zu sagen, daß Ihr Vater kein Beil besessen hat?*
Ich weiß nicht, ob er eins hatte oder nicht.
*Wußten Sie, daß man unten an der Treppe ein Beil oder eine Axt gefunden hat?*

> Nein, Sir, das habe ich nicht gewußt.
> *Angenommen, es ist so, können Sie mir eine Erklärung dafür geben, wie sie dorthin gelangt sind?*
> Nein, Sir.
> *Angenommen, es war Blut daran, können Sie sich vorstellen, wie das Blut dorthin gelangt ist?*
> Nein, Sir.

Im Juristenjargon heißt diese Form der Befragung Fischzug. Die Fragen an sich sind bedeutungslos, aber sie bringen den Zeugen in eine Situation, wo er ungewollt etwas ausspricht, das von Interesse sein *könnte*. Bei dem oben zitierten Wortwechsel hat offenbar keine der beiden Seiten etwas gewonnen. Lizzie hat nicht bestritten, etwas von Äxten und Beilen gewußt zu haben, sie machte lediglich unklare Angaben darüber, wie viele es gab und wo sie sich befanden.

Als sie danach Andrews Rückkehr aus der Stadt schilderte, sagte sie wieder, er habe seine Zugstiefel ausgezogen. Diesmal behauptete sie sogar, *gesehen* zu haben, wie er das tat. Es liegt auf der Hand, daß das nicht stimmt. Man muß sich wundern, daß Knowlton nicht versucht hat, sie damit festzunageln. Falls sie sich nicht einfach nur geirrt, sondern bewußt gelogen hat, wäre das *die* Gelegenheit gewesen, sie zu überführen. Aber Knowlton ging darüber hinweg, und die Sache wurde nie wieder erwähnt.

Am darauffolgenden Donnerstag wurde Lizzie abermals vernommen. Knowlton kam ohne Umschweife auf die Aussage von Bence, wonach Lizzie am Tag vor dem Doppelmord in Smith's Apotheke gekommen sei, um Blausäure zu kaufen.

> *Sie wurden ja bereits auf den Sachverhalt angesprochen, von einem Officer, nicht wahr, daß Sie in Smith's Apotheke in der Columbia, Ecke Main Street gegangen sind, einen Tag vor der Tragödie?*
> Ich weiß nicht, ob das ein Officer war, der mich danach gefragt hat, irgend jemand hat mit mir darüber gesprochen. Ich weiß nicht, wer das war.
> *Stimmt der Sachverhalt?*
> Nein.

*Wissen Sie, wo sich die Apotheke befindet?*
Nein.
*Waren Sie in irgendeiner Apotheke und haben nach Blausäure gefragt?*
Nein.

Knowlton hatte Lizzie jetzt insgesamt zwölf Stunden vernommen. Er sah in ihrer Aussage, wie er später sagte, ein «Geständnis»; das deutet darauf hin, daß er vorhatte, mit harten Bandagen zu kämpfen. Noch ein paar Fragen, dann war er fertig.

*War das Kleid, das Sie den Polizisten gegeben haben, dasselbe, das Sie an jenem Vormittag getragen hatten?*
Ja, Sir.
*Das aus indischer Seide?*
Nein, es ist keine indische Seide. Es ist aus Seide und Leinen. Manche sagen bengalische Seide oder Popeline dazu.
*Miss Borden, Ihnen ist natürlich bewußt, wie sehr wir alle uns darum bemühen, den Urheber dieser Tragödie zu finden, und die Fragen, die ich Ihnen gestellt habe, dienen diesem Ziel. Jetzt frage ich Sie, ob Sie uns noch irgendeinen anderen Fakt mitzuteilen oder sonst irgend etwas vorzubringen haben, und sei es nur ein Verdacht, etwas, das der Polizei in irgendeiner Weise helfen könnte?*
Ungefähr vor zwei Wochen . . .
*Wollen Sie von dem Vorfall mit diesem Mann erzählen, der zu Ihnen nach Hause kam?*
Nein, Sir. Es war, nachdem meine Schwester weggefahren war. Da kam ich einmal abends von Miss Russell, und wie ich da so gelaufen bin, ich hab immer nach der Seitentür rübergeschaut, wie ich auf dem Fahrweg gelaufen bin, und da sah ich einen Schatten – auf den Stufen vor der Seitentür. Ich bin nicht stehengeblieben, aber ich ging langsamer. Jemand rannte die Stufen runter, um den Ostflügel des Hauses herum. Ich dachte, es ist ein Mann, weil ich keine Röcke gesehen habe, und ich hatte Angst und bin natürlich nicht hingegangen und hab nachgesehen. Ich bin zur vorderen Tür gerannt, so schnell ich konnte, und hab gleich abgeschlossen.

In diesen drei Tagen waren noch weitere Zeugen befragt worden – unter anderem Bridget, Dr. Bowen und Dr. Dolan, Eli Bence, Adelaide Churchill, Emma, Hiram Harrington und Morse. Die Menge draußen war noch genauso groß; jeder Wagen, der vorfuhr, sorgte für eine Sensation. Sieben Tage waren seit dem Doppelmord vergangen.

Als Knowlton seine letzte Frage gestellt und sich Lizzies Antwort angehört hatte, bat er sie, im Zimmer der Aufseherin zu warten und das Gebäude nicht zu verlassen.

**Lizzie Andrew Borden**

Dann gab es eine hastige Beratung in Hilliards Büro am anderen Ende des Korridors. Der Haftbefehl, den Knowlton hatte, wurde zerrissen und rasch ein neuer, mit dem aktuellen Datum versehener ausgefertigt, damit der Staatsanwalt behaupten konnte, Lizzie sei ohne Zwang oder Drohung vernommen worden. Jetzt tat es ihm sicher leid, daß ihm bei der Vernehmung einmal der Kragen geplatzt war und er sie angeherrscht hatte: «Sie haben meine Frage nicht beantwortet, aber Sie werden es tun, und wenn ich sie den ganzen Tag wiederholen muß.» Das konnte Probleme mit der Freiwilligkeit ihrer Aussage geben.

Mit dem neuen, von Richter Blaisdell unterzeichneten Haftbefehl verließen Knowlton und Hilliard das Gericht, nahmen eine Kutsche und fuhren zu Rechtsanwalt Jennings. Sie unterrichteten ihn von Lizzies bevorstehender Verhaftung und fragten, ob er mitkommen wolle. Er wollte.

Die drei fuhren zurück zum Gericht und gingen zu Lizzie, die im Zimmer der Aufseherin auf einer Couch lag.

«Der Richter des Bezirksgerichts hat Haftbefehl gegen Sie erlassen», sagte Hilliard zu ihr. «Wenn Sie wollen, lese ich ihn vor, aber Sie können auch auf die Verlesung verzichten.»

Jennings' Maxime war «Schweigen ist Gold». Er riet Lizzie, auf die Verlesung zu verzichten.

«Sie müssen nicht vorlesen», sagte sie zu dem Polizeichef.

In dem Haftbefehl war von dem Mord an Abby keine Rede. Lizzie wurde nur des Mordes an Andrew beschuldigt.

Binnen weniger Minuten wußte die Menge vor dem Gericht Bescheid, was geschehen war. Jedesmal, wenn die Türen des Gebäudes sich öffneten, schoben sich die Leute nach vorn und wurden von der Polizei zurückgedrängt. Als erste erschien Emma, gramgebeugt, wie es heißt, Lizzie aber durfte das Haus nicht verlassen. Die Aufseherin unterzog sie einer Leibesvisitation und behielt sie bei sich.

Es gab keine ordentliche Gefängniszelle, in der sie untergebracht werden konnte, also schaffte man in aller Eile Bettzeug herbei, ließ sie allein im Zimmer der Aufseherin zurück – natürlich bei abgeschlossener Tür.

Im Nu hatten die Fernschreiber die Neuigkeit in alle Welt getickt, und der *Globe* druckte triumphierend als Schlagzeile:

**Hinter Schloß und Riegel**
**Lizzie Borden endlich in Haft**

# 7 Fünf Meter im Quadrat

**Das Gefängnis in Taunton, in dem Lizzie zehn Monate saß**

Am nächsten Morgen um Viertel nach neun, es war Freitag, der 12. August, fuhr vor dem Seiteneingang des Gerichtsgebäudes eine Droschke vor. Ihr entstiegen Emma und John Morse. Sie gingen die Treppe hinauf. Reverend Buck und Lizzie warteten bereits im Zimmer der Aufseherin.

Um halb zehn betrat Rechtsanwalt Jennings den Gerichtssaal, bat um ein Blatt Papier, setzte sich hin und begann wild zu schreiben.

Lizzie erschien um Viertel vor zehn. Wie schon am Vortag trug sie ein dunkelblaues Kostüm und dazu ein keckes schwarzes Hütchen, das vorn mit einem roten Sträußchen garniert war. Emma hatte ihr einen kleinen Koffer mit frischen Sachen gebracht, aber zum Umziehen war an jenem Morgen keine Zeit gewesen.

Jennings stand auf und wandte sich an das Gericht:

> Euer Ehren, bevor die Beschuldigte sich zu ihrer Schuld oder Unschuld äußert, möchte sie Ihnen folgendes mitteilen:
>
> Bristol, zweites Bezirksgericht. Der Staat gegen Lizzie A. Borden. Beschuldigt des Mordes. Äußerung der Beklagten.
>
> Es erscheint die Beklagte in oben genannter Strafsache und erklärt, ehe sie sich zu ihrer Schuld oder Unschuld äußert, daß der ehrenwerte Josiah C. Blaisdell, vorsitzender Richter des zweiten Bezirksgerichts von Bristol, vor dem über die Strafsache zu verhandeln ist, ihres Wissens als vorsitzender Friedensrichter an einer Untersuchung des Todes des besagten Andrew J. Borden, der Person, die die Beklagte, wie man ihr vorwirft, getötet haben soll, beteiligt war und ist und Aussagen, besagtes Tötungsverbrechen sowie die Verbindung besagter Beklagter mit demselben betreffend, erfahren und gehört hat und weiterhin erfährt und hört, die zu hören oder von denen Kenntnis zu erhalten er nicht befugt ist, weshalb sie behauptet, daß der ehrenwerte Josiah C. Blaisdell nicht geeignet ist, besagte Strafsache zu verhandeln, und sie ihn als Vorsitzenden ablehnt und bereit ist, alles hier Vorgetragene zu bestätigen.

Doch bevor Jennings diesen Schritt näher erläutern konnte, mußte der Haftbefehl verlesen werden, und Lizzie mußte sich dazu äußern, ob sie schuldig oder nicht schuldig sei. Der Haftbefehl war in reinstem Juristenchinesisch verfaßt.

> Der Staat Massachusetts. An Augustus B. Leonhard, Sekretär des zweiten Bezirksgerichts von Bristol im County Bristol und Friedensrichter:
>
> Rufus B. Hilliard, Polizeichef der Stadt Fall River in besagtem County, bringt im Namen des besagten Staates unter Eid zur Anklage, daß Lizzie A. Borden aus Fall River im County Bristol in oben genanntem Fall River in oben genanntem County am 4. Au-

gust im Jahre des Herrn 1892 einen gewissen Andrew J. Borden verbrecherisch, bei freiem Willen und in vorsätzlich böser Absicht angefallen hat und daß besagte Lizzie A. Borden dann und daselbst mit einer gewissen Waffe, nämlich einem Beil, verbrecherisch, bei freiem Willen und in vorsätzlich böser Absicht auf den Kopf des besagten Andrew J. Borden eingeschlagen hat und dem besagten Andrew J. Borden dann und daselbst mit oben genanntem Beil durch den oben genannten Schlag in oben genannter Manier eine tödliche Wunde am Kopf des besagten Andrew J. Borden beigebracht hat, an welchselbiger besagter tödlicher Wunde der besagte Andrew J. Borden dann und daselbst augenblicklich verstarb. Und so klagt oben genannter Ankläger unter oben genanntem Eid des weiteren und sagt, daß die besagte Lizzie A. Borden den besagten Andrew J. Borden dann und daselbst in oben genannter Art und Weise verbrecherisch, bei freiem Willen und in vorsätzlich böser Absicht getötet und ermordet hat.

Unterzeichnet war das Schriftstück von R. B. Hilliard. «Die Angeklagte muß sich persönlich äußern», sagte Richter Blaisdell. Und als der Gerichtssekretär sie fragte, ob sie sich schuldig oder nicht schuldig bekenne, erhob sich Lizzie und antwortete: «Nicht schuldig.»

Der Sekretär war sich offenbar nicht sicher, ob er sie richtig verstanden hatte, deshalb wiederholte er die Frage. Diesmal sprach Lizzie lauter und betonte das Wort *nicht*.

Nach Abschluß der Formalitäten stand Jennings auf, um seinen Befangenheitsantrag gegen Richter Blaisdell zu begründen. Es war ein Antrag, wie nahezu jeder Verteidiger ihn stellt, ohne recht an den Erfolg der Sache zu glauben. Er brachte das Argument der Fairness ins Spiel und erklärte, es sei eindeutig unfair, wenn die Beklagte bei der Anklageerhebung demselben Richter gegenüberstände, der bereits bei der «Untersuchung», durch die sie hierher gelangt sei und bei der ihr Verteidiger sie nicht vertreten durfte, den Vorsitz geführt habe.

Zur Erläuterung seiner Ansicht führte er aus: «Euer Ehren sitzen hier, um über diesen Fall zu befinden, der vor Ihnen zur Verhandlung gebracht wird, und dabei haben Sie bereits in einer anderen Eigenschaft mit demselben Fall zu tun gehabt. Wie der Mensch nun einmal beschaffen ist, können Sie nach den in Ihrem Beisein gemachten Zeugenaussagen gar nicht anders als voreingenommen sein. Die Verfassung erlaubt es einem Richter nicht, in solch doppelter Eigenschaft zu richten, und sie garantiert jedem Angeklagten ein unvoreingenommenes Verfahren.»

Das war eine Argumentation, die sich nicht auf das Recht, sondern auf das Prinzip der Gerechtigkeit berief, und da setzte Knowlton an. Ihm seien über 20 Fälle bekannt, erklärte er, die nach der gleichen Art verhandelt worden seien: «Euer Ehren, Sie haben die Pflicht, diese Anklage zu verhandeln.»

Richter Blaisdell war einverstanden. «Nach dem Gesetz war es meine unabänderliche Pflicht und Schuldigkeit, eine Untersuchung durchzuführen», sagte er, «und entsprechend den bei besagter Anhörung zutage getretenen Beweisen die Ausstellung eines Haftbefehls anzuweisen.» Darauf Jennings: «In diesem Falle sind wir zur Verhandlung bereit.»

Auf die Kühnheit, eine sofortige Verhandlung zu fordern, war Knowlton nicht vorbereitet; er beantragte Vertagung. «Uns ist sehr daran gelegen, auf der Stelle fortzufahren», hielt Jennings dem entgegen. «Wir bitten darum, die Verhandlung zum frühestmöglichen Zeitpunkt zu eröffnen.»

Abermals wandte Knowlton ein, er sei noch nicht so weit. Man einigte sich schließlich darauf, am 22. August in die Vorverhandlung einzutreten. Und da Mord kein kautionsfähiges Vergehen war, ließ Richter Blaisdell Lizzie nach Taunton ins Zentralgefängnis von Bristol County überstellen.

Als die Ereignisse des Vormittags an die Öffentlichkeit drangen, war draußen auf dem Vorplatz die Hölle los. Im Nu hatte sich herumgesprochen, daß Lizzie mit dem Zug um 15 Uhr 40 nach Taunton gebracht werden würde. Die Menge war geteilter Meinung darüber, von wo aus man den besseren Überblick hätte, ob vom Platz oder vom Bahnhof. Die Wetten standen fifty-fifty.

Um zehn vor halb vier erschien die Angeklagte, begleitet von Reverend Buck, Marshal Hilliard und Officer Seaver von der Staatspolizei, am Seiteneingang. Der Gerichtssekretär Leonhard reichte ihr noch ein Köfferchen mit Kleidern, dann fuhr der Wagen los.

Es gab eine Straße, die vom Gericht direkt zum Bahnhof führte, und diese Straße war von einem dichten Spalier gesäumt – wie bei einem Krönungszug. Doch die Mehrzahl der Schaulustigen wurde enttäuscht, denn die Droschke nahm einen Umweg durch die Seitenstraßen. Polizisten drängten die Menge, die den bereits um zehn Minuten verspäteten Zug erwartete, auf dem Bahnsteig zurück. Lizzie blieb mit Reverend Buck in der Kutsche, bis das Signal «Alles einsteigen!» ertönte.

Als sie, gestützt auf den Polizeichef und den Reverend, den letzten Wagen des Zuges bestieg, trug sie ihre Lieblingsfarbe Blau; ihr Gesicht war teilweise von einem im Ton zum Kostüm passenden Schleier verhüllt. Dann wurden die Rollos heruntergelassen, und der Zug fuhr ab.

Die Fahrt dauerte nicht einmal eine halbe Stunde. Auch in Taunton wurde sie bereits von einer Menschenmenge erwartet. Die Vorsteherin des Gefängnisses war die Frau von Sheriff Andrew J. Wright, der vor Hilliard das Amt des Polizeichefs von Fall River innegehabt hatte. Als kleines Mädchen hatte Lizzie bei den Wrights im Garten mit deren Tochter Isabel gespielt. Mrs. Wright begrüßte die Gefangene, die es unterdessen zu so trauriger Berühmtheit gebracht hatte, einigermaßen steif, aber nicht ohne Herzlichkeit.

Lizzie wurde sogleich in die Zelle geführt, die für die nächsten zehn Monate ihr Zuhause sein sollte – ein Raum von fünf Quadratmetern, ausgestattet mit einem Stuhl, einem Bett und einer Waschschüssel.

Es kann als sicher gelten, daß während dieser zehn Monate sämtliche auf den Fall angesetzten Reporter und Zeichner verlangt haben, die Gefangene interviewen zu dürfen. Und alle wurden abgewiesen – ausgenommen eine gewisse Mrs. McGuirk, die Lizzie aus Fall River durch die gemeinsame Arbeit für wohltätige Zwecke kannte. Ihr Interview erschien am 20. September im *New York Recorder*:

> «Ich weiß, daß ich unschuldig bin, und ich habe beschlossen, daß ich versuchen will, das, was auf mich zukommt, tapfer zu tragen und das Beste daraus zu machen.»
>
> Die das sagte, war eine Frau. Die Worte kamen langsam über ihre Lippen, und in ihre Augen traten Tränen, die sie, noch ehe sie fallen

konnten, fortwischte. Die Frau war Lizzie Borden, die des Mordes an ihrem Vater angeklagt ist und die man der Öffentlichkeit als ein Ungeheuer ohne jede Achtung vor dem Gesetz vorführt. Von der behauptet wird, sie sei in einem solchen Maße abgestumpft, daß sie in keiner Phase der Tragödie, der Ermittlungen oder des Prozesses irgendeine Gefühlsregung gezeigt habe, und die, wie man von seiten der Staatsmacht erfahren haben will, seit deren Vertreter zum erstenmal über die Schwelle ihres Elternhauses traten, keine einzige weibliche oder menschliche Gemütsbewegung habe erkennen lassen.

War es möglich, daß sich diese junge Frau, die ich vor einigen Jahren bei unserer gemeinsamen Arbeit für die Fruit and Flower Mission von Fall River kennengelernt hatte, seit damals, als sie den forschen Zeitungsjungen und den Kindern der Armen beim Truthahnessen, das wir jedes Jahr während der Feiertage veranstalteten, die Teller vollud und sich über den gesunden Appetit unserer Schützlinge freute, war es möglich, daß sich diese junge Frau seit damals so von Grund auf verändert, ja in ein Ungeheuer verwandelt hatte?

Ich besuchte sie in Taunton im Gefängnis und fand, daß zwar die harten Prüfungen der letzten Zeit nicht spurlos an ihr vorübergegangen waren, ansonsten aber war sie noch ganz die alte. Ihr Gesicht war schmaler geworden, um ihren Mund lag ein duldender Zug, als hätte sie sich darin geübt, auf alles gefaßt zu sein und alles zu ertragen, wie unangenehm es auch wäre, und ihre Augen waren von langen durchweinten Nächten gerötet. Ein düsterer Schatten schirmt sie jetzt gegen das grellweiße Licht ab, das von den Wänden ihrer Zelle zurückgeworfen wird.

«Wie kommen Sie hier zurecht, Miss Borden?» fragte ich.

«Ehrlich gesagt, ich habe Angst, daß meine Gesundheit anfängt Schaden zu nehmen. Dieser Mangel an frischer Luft und Bewegung, das ist schwer für mich. Ich bin immer viel im Freien gewesen, und dadurch wird es noch schwieriger. Ich kann nachts nicht schlafen, und die Schlafmittel, die man mir gibt, wollen auch nicht helfen. Wenn meine Freunde nicht wären, würde ich wohl zusammenbrechen, aber solange sie zu mir halten, halte ich durch. Sie sind mir bis auf ein paar Ausnahmen die ganze Zeit treu geblieben, und dafür bin ich ihnen dankbar. Wenn das nicht wäre, ich weiß nicht, wie ich das alles dann hätte durchstehen sollen. Dann wäre ich mit Sicherheit zusammengebrochen. Es gab Dinge, die sehr unerfreulich waren, aber es waren ja alle so gut zu mir, und darum will ich daran gar nicht mehr denken. Marshal Hilliard hat sich mir gegenüber in jeder Hinsicht sehr anständig und freundlich verhalten.

Am schwersten fällt es mir hier, die Nacht zu überstehen, wenn kein Licht ist. Man erlaubt mir nicht, eine Kerze zu haben, damit ich lesen kann, und den ganzen Abend lang im Dunkeln sitzen, das ist sehr schwer; aber ich will keine Vergünstigungen, die gegen die Regeln sind. Mr. Wright und seine Frau sind sehr nett zu mir und versuchen es mir erträglicher zu machen, aber sie müssen natürlich ihre Pflicht tun.

Es gibt etwas, das mich sehr kränkt. Man sagt, ich würde keinen Schmerz zeigen. Sicher, nicht in der Öffentlichkeit. Ich habe meine Gefühle nie offen gezeigt, und ich kann doch jetzt nicht mein Wesen ändern. Man sagt, ich würde nicht weinen. Die Leute sollten mich einmal sehen, wenn ich allein bin, oder manchmal mit meinen Freunden. Es kränkt mich, wenn ich mir vorstelle, daß die Menschen so etwas über mich sagen. Ich habe mich so sehr bemüht, das alles tapfer zu ertragen und stark zu sein...

Es ist vielleicht eine Bagatelle, aber es hat mich gekränkt, daß behauptet wurde, ich sei nicht bereit gewesen, mein Zimmer durchsuchen zu lassen. Wissen Sie, ich hatte an dem Tag mit so vielen verschiedenen Männern gesprochen, und die haben mich ausgefragt, bis ich ganz wirr war im Kopf, und ich war so durcheinander, daß ich gar nicht mehr denken konnte. Ich hatte mich hingelegt, und Dr. Bowen wollte mir gerade eine Medizin geben, und da kam ein Mann in mein Zimmer und fing an, mir Fragen zu stellen. Ich wußte, er war von der Polizei, weil er Messingknöpfe am Anzug hatte. Ich habe den Doktor gefragt: ‹Muß ich denn jetzt mit all den Leuten reden? Ich glaube, ich kann überhaupt nicht mehr denken, mir tut so der Kopf weh.›

Er ging hinaus. Und als er wiederkam, sagte er, ich muß mit ihnen reden, und dann kam der Polizist mit einem anderen Mann zurück.

Sie sprachen über meine Mutter, und in dem Moment hab ich gesagt: ‹Sie ist nicht meine Mutter, sondern meine Stiefmutter.› Ich dachte, wenn es schon nicht anders ging, als daß ich ausgerechnet zu dem Zeitpunkt mit ihnen reden mußte, mußte ich ihnen wenigstens, so gut es ging, das Richtige sagen . . .

Wenn die Leute mir doch wenigstens Gerechtigkeit widerfahren lassen wollten, mehr verlange ich ja nicht, aber ich habe das Gefühl, sie verdrehen jedes Wort, das ich gesagt habe, und stellen es in einen dermaßen falschen Zusammenhang, daß ich mich nur wundern kann. Ich begreife das nicht.»

Sie sprach ohne eine Spur von Groll – nur einfach bekümmert. Dann gab sie sich einen Ruck, und wir verabschiedeten uns.

Zum erstenmal hatte jemand in der Presse ein anderes Bild von Lizzie gezeichnet, eines, das ganz und gar nicht dem entsprach, was der *Globe* seinen Lesern weismachen wollte. Und prompt schlug das Blatt am nächsten Tag zurück:

Das aberwitzige, überschwengliche, dümmliche Gewäsch, die Tatsachenverdrehungen und der in manchen Fällen geradezu anarchistische Unsinn, die dieser Tage von Zeitungskorrespondentinnen, von Gruppierungen innerhalb des Vereins Christlicher Temperenzlerinnen und anderen Frauenverbänden im Zusammenhang mit dem Mordfall Borden in die Welt geblasen werden, sind sicher gutgemeint, dürften aber wenig dazu beitragen, Lizzie Bordens Bild in den Augen der Öffentlichkeit aufzupolieren. Der Staat Massachusetts wird sich bei der Behandlung des Falles auch weiterhin an geltende Rechtsnormen halten und sich nicht dadurch beirren lassen, daß die Propagandistinnen von der Petticoatfraktion zetern und sie tadeln.

Im Schwange dieser wütenden Attacke gegen die Frauen im allgemeinen brachte der *Globe* eine Story, in der man behauptete, Lizzie habe nachweislich ein halbes Jahr vor dem Doppelmord den Anwalt einer Versicherungsgesellschaft aufgesucht und sich danach erkundigt, welche Formen der Vermögensverteilung es in einem Todesfalle gäbe. Die Polizei dementierte am folgenden Tag entschieden, von einer derartigen Konsultation Kenntnis zu haben. Daraufhin recherchierten Reporter von anderen Blättern bei sämtlichen für Versicherungsgesellschaften tätigen Anwälten und stellten fest, daß Lizzie keinen von ihnen aufgesucht hatte. Die seriöseren Zeitungen brandmarkten die Story als Falschmeldung, und der *Globe* kam nie wieder darauf zurück. Soviel zum Thema Gewäsch und Verdrehungen.

Der allgegenwärtige Richter Blaisdell, der bereits bei der Untersuchung und der Anklageerhebung den Vorsitz geführt hatte, leitete auch die Vorverhandlung am Montag, dem 22. August. Lizzie, auch diesmal, wie schon bei ihrer Überstellung nach Taunton, ganz in Blau – sie trug dasselbe Kostüm und denselben Hut wie bei ihrer Abreise – und auch diesmal begleitet von Reverend Buck und Marshal Hilliard, kam mit dem Elf-Uhr-Zug in Fall River an. Auch diesmal hatte sich der Platz vor dem Gericht bis zum Mittag gefüllt, und auch diesmal wurde die Menge enttäuscht. Denn auch diesmal mußte Blaisdell dem Gericht mitteilen, daß Knowlton nicht hinreichend vorbereitet sei und um weitere drei Tage Zeit bitte. Rechtsanwalt Jennings hatte nichts dagegen, und so wurde die Verhandlung vertagt.

Lizzie wurde der Obhut der Aufseherin Hannah Reagan übergeben und blieb die kommenden drei Tage in Fall River. Die Vorverhandlung dauerte sechs Tage; 23 Zeugen sagten aus. Das Ganze war gewissermaßen die Kostümprobe für die Verhandlung vor der nächsthöheren Instanz. Nachdem alle Zeugen angehört worden waren, legten Jennings und Knowlton mit großer Eindringlichkeit ihre Ansichten dar. Als erster sprach Jennings:

«Ich muß sagen, daß ich diesen Fall mit Gefühlen abschließe, wie ich sie am Ende einer Verhandlung noch nie empfunden habe. Dieser Mann war nicht nur mein Klient, er war mein Freund. Ich kannte ihn von Kindesbeinen an, und wenn mir jemand vor nur drei kurzen Wochen gesagt hätte, daß ich hier stehen würde, um seine jüngste Tochter gegen den Vorwurf zu verteidigen, sie habe ihn umgebracht, so hätte das für mich jegliche menschliche Vorstellungskraft überstiegen ...

Ich glaube, nicht einmal der gelehrte Bezirksstaatsanwalt vermag sich vorzustellen, daß dieses Verbrechen ein Mensch begangen haben kann, dessen Herz vor Haß nicht schwarz wie die Hölle selber ist.»

Jennings warf der Anklage vor, in ihren Ausführungen weder ein plausibles Motiv angegeben noch den Tathergang glaubhaft gemacht zu haben. Es sei, erklärte er, nahezu unmöglich, daß «eine Person diese Verbrechen begehen konnte, ohne sich fast vollständig mit Blut zu beflecken, und zwar bei Mr. Borden von der Taille und bei Mrs. Borden von den Füßen an aufwärts.» Die Polizei habe zunächst die Hypothese aufgestellt, daß die Morde von einem der Hausbewohner begangen worden seien, und sei dann darangegangen, das zu «beweisen». Es sei ein Skandal, wie man Lizzie geradezu der «Inquisition» unterzogen habe.

«Da war eine junge Frau, die schon seit Tagen verdächtigt wurde. Sie stand buchstäblich unter Arrest, und doch hat man sie, um ihr ein dieser Hypothese entsprechendes Geständnis abzupressen, hierhergebracht und sie gepeinigt, im vollen Wissen darum, daß man dazu kein Recht hatte, da sie ja bereits unter Arrest stand.

Tag für Tag wurden ihr immer und immer wieder dieselben Fragen gestellt, denn man hoffte, sie würde irgend etwas sagen, das sie belastete. Ist es da ein Wunder, daß sie widersprüchliche Aussagen gemacht hat?

Es konnte nicht bewiesen werden, daß diese junge Frau etwas mit dem Mord zu tun hat. Weder an ihren Kleidern noch in ihrem Haar, noch an ihren Schuhen wurde Blut gefunden. Man kann kein Motiv entdecken. Man kann die Äxte nicht finden, und darum sage ich, ich fordere die Freilassung dieser Frau.

Zeichnen Sie diese Frau, deren Erziehung tadellos ist und die sich stets durch einen über jeden Zweifel erhabenen Charakter ausgezeichnet hat, nicht mit dem Stigma der Schuld», mahnte er. «Lassen Sie nicht zu, daß in der Welt verbreitet wird, ein gerechter Richter habe sie für schuldig gehalten.»

Jennings nahm wieder Platz. Einen Augenblick lang herrschte Stille, dann setzte zaghafter Beifall ein, der schließlich zu stürmischem Applaus anschwoll. Niemand unternahm den Versuch, ihn zum Schweigen zu bringen. Die Augen der Zuschauer wurden feucht. Lizzie ließ ihren Tränen freien Lauf. Das Gericht vertagte sich.

Knowlton dürfte für die zweistündige Pause sehr dankbar gewesen sein, konnte sich doch die Leidenschaft, die Jennings mit seinem Plädoyer angefacht hatte, in dieser Zeit wieder legen. Er begann seine Rede, indem er Jennings darin beipflichtete, daß Mord ein Verbrechen sei, das «an unsere tiefsten Empfindungen und Gefühle rührt. Es vermittelt uns ein Gefühl abgrundtiefen Entsetzens, und vor allem das Unnatürliche, das ihm innewohnt, ist es, was jede Seele schaudern macht.»

Dann kam er auf das Thema Elternmord zu sprechen: «Es gibt auf dieser Welt keinen einzigen Menschen, weder Mann noch Weib, noch Kind, von dem wir sagen würden, daß er so etwas täte. Und doch ist es getan worden. Für Mord gibt es kein Motiv», räumte er ein. «Es gibt *Gründe* dafür, aber kein Motiv.»

Daß sich die Polizei bei ihren Ermittlungen auf Lizzie konzentriert habe, liege einfach daran, daß sie diejenige sei, die vom Tod der beiden Opfer einen Vorteil habe. Man habe festgestellt, erklärte der Staatsanwalt, daß sie der einzige Mensch auf der Welt sei, dessen Verhältnis Abby gegenüber nicht ungetrübt gewesen sei.

Nachdem Jennings der Polizei vorgehalten hatte, sie hätte sich mehr darum bemühen müssen, die Mörder außerhalb des Kreises der Hausbewohner zu suchen, beteuerte Knowlton jetzt heftig, dies sei sehr wohl geschehen. Man habe jede Spur verfolgt, selbst die abwegigste, sei jedem Gerücht nachgegangen, selbst dem unglaubwürdigsten.

Er habe sich nie über das Benehmen der Angeklagten geäußert, erklärte er, und er gedenke nicht, es jetzt zu tun. Doch schon im nächsten Satz tat er genau das: «Während wir alle wie vor den Kopf geschlagen sind, gibt es einen Menschen, der die ganze Zeit über nicht eine einzige Gefühlsregung gezeigt hat», und nicht ohne Befriedigung fügte er hinzu, «all das beweist, daß diese Frau weiblicher Gefühle eben nicht fähig ist.»

Und das, obwohl sich ein ums andere Mal gezeigt hatte, daß gerade die Empfindsamkeit, mit der Lizzie auf das Geschehene reagierte, sie in diese Situation gebracht hatte.

«Wir müssen leider feststellen, daß sie sich mit Gift befaßt hat», sagte er zum Abschluß, «daß ihre Geschichte absurd ist und daß sie und nur sie allein es war, die die Gelegenheit hatte, das Verbrechen zu begehen.» Und wie um den Applaus zu entschärfen, mit dem Jennings' Plädoyer aufgenommen worden war, fügte er hinzu: «Es ist leicht, vor dem lautstarken Beifall der Menge zu kapitulieren, doch unvergleichlich viel befriedigender ist es, zu wissen, daß man mit Anstand seine Pflicht erfüllt.»

Als Knowlton an seinen Platz zurückkehrte, rührte sich keine Hand; es war totenstill im Saal. Dann schloß Richter Blaisdell die Sitzung.

«Die langen Ermittlungen sind abgeschlossen, und dem Richter bleibt nur noch zu tun, wozu er seiner Überzeugung nach verpflichtet ist», sagte er. «Es wäre ihm ein Vergnügen und es brächte ihm gewiß viel Sympathie ein, wenn er sagen könnte: ‹Lizzie, mein Spruch lautet, Sie sind aller Wahrscheinlichkeit nach nicht schuldig. Sie können nach Hause gehen.› Aber nach den Aussagen, die die Zeugen, die so eingehend und gründlich befragt wurden, gemacht haben, gibt es nur eines – so schmerzlich es auch sein mag. Das Urteil des Gerichts lautet, daß Sie aller Wahrscheinlichkeit nach schuldig sind, und so ordne ich an, daß Sie in Haft bleiben, bis die höhere Instanz sich Ihres Falles annimmt.»

Richter Blaisdell äußerte später, er sei froh gewesen, daß die Beweise, die der Staatsanwalt vorgelegt habe, nicht zu einer Verurteilung oder auch nur zu einer ordentlichen Anklageerhebung gereicht hätten. Dennoch habe es ihn befriedigt, daß das Vorhandene genügt habe, um die Beschuldigte vor eine Anklagejury zu bringen, die sich gründlich mit dem Fall beschäftigen und ihre Schlüsse aus dem vorhandenen Beweismaterial ziehen konnte.

Lizzie vernahm stehend die vom Gerichtssekretär verlesene Entscheidung über ihre erneute Überstellung in das Gefängnis von Taunton, wo sie bleiben sollte, bis am 7. November die Anklagejury tagte.

Lizzies Prozeß vor der Anklagejury begann am 15. November. In den zwei Monaten zwischen der Vorverhandlung und der Sitzung der Jury hatte Knowlton jeden Tag mit Generalstaatsanwalt Pillsbury in Kontakt gestanden. In persönlichen Gesprächen, Telefonaten und Briefen hatten die beiden sich über alle Facetten des Falls verständigt. Schwer zu sagen, was privat zwischen ihnen geredet wurde, doch aus der erhaltenen Korrespondenz ist zu entnehmen, daß Knowlton wenig Vertrauen zum Staat hatte. Er diskutierte mit dem Generalstaatsanwalt darüber, wie sich verhindern ließe, daß der Fall vor eine Anklagejury kam. Schließlich mußten sie der Not gehorchend einsehen, daß ihnen durch die in der Vorverhandlung getroffene Entscheidung die Hände gebunden waren.

Am 15. November also trat die Anklagejury zusammen, um über den Fall Lizzie Borden zu verhandeln und die Klage der Staatsanwaltschaft zu vernehmen, die Knowlton wenig schwungvoll vortrug. Pillsbury hatte ihm geschrieben: «Ich erachte es noch immer für besser, alles zurückzuhalten, was sich sinnvollerweise zurückhalten läßt, zumal ich inzwischen glaube, daß das, was Sie unbedingt vorzubringen entschlossen sind, die Anklage für den Staat ausreichend untermauert und das andere gar nicht nötig ist.» Das war ein schlechter Rat. Nach sechs Tagen vertagte sich die Anklagejury, ohne etwas unternommen zu haben.

Unterdessen hatte Alice Russell, Lizzies und Emmas frühere Freundin, mit ihrem Gewissen gekämpft und war zu dem Schluß gekommen, daß Lizzie des Doppelmordes schuldig sein müsse. Sie traf sich mit Knowlton und willigte ein, als Zeugin der Anklage aufzutreten. Daraufhin überstürzte sich Knowlton fast, die Jury zu einer erneuten Sitzung zusammenzurufen, und bei dieser Gelegenheit brachte er zum erstenmal die Geschichte von der Kleiderverbrennung vor, die Miss Russell als Augenzeugin mitangesehen hatte. Was er der Jury außerdem noch erzählte, wissen wir nicht; fest steht nur, daß diese sich am 1. Dezember mit 20 zu 1 Stimmen dafür aussprach, drei Anklagen zu erheben – eine wegen des Mordes an Andrew, eine wegen des Mordes an Abby und eine wegen Doppelmord. Die Entscheidung fiel nach zehnminütiger Beratung.

Pillsbury schrieb Knowlton einen Brief, in dem er ihn zu seiner Arbeit an «diesem verfluchten Fall» beglückwünschte. Lizzie wurde wieder nach Taunton gebracht, und Jennings wandte sich abermals an Pillsbury und bat ihn, Lizzie auf Kaution freizulassen, da keine Gefahr bestünde, daß sie fliehe und das Land verließe.

Pillsbury lehnte den Antrag ab und schrieb an Knowlton: «Jennings war am Freitag nachmittag bei mir wegen der Kaution, aber ich glaube, ich habe ihn ruhiggestellt.»

Der Präsident des Vereins der Christlichen Templerenzlerinnen, die ihn ebenfalls in einem Schreiben gebeten hatten, der Freilassung auf Kaution zuzustimmen, schickte er eine geharnischte Antwort:

«Ihr Ersuchen, Lizzie A. Borden auf Kaution freizulassen, habe ich erhalten und erkenne Ihre Gefühle durchaus an, desgleichen die Überlegungen, die Sie zugunsten der Kaution angestellt haben, die allerdings neben zahlreichen anderen Erwägungen bereits allesamt sorgfältig geprüft worden sind. Ich kann Ihnen beim besten Willen nichts anderes sagen, als daß ich Sie bitten muß, den Beamten der Staatsanwaltschaft zu glauben, daß sie nicht nur über die Einzelheiten des Falles informiert, sondern auch durchaus über ihre Pflichten im Bilde sind, und ihnen den Überblick zuzugestehen, der sich für Diener des Staates geziemt, die bemüht sind, sich ihrer Pflichten getreulich und gewissenhaft ohne Furcht und Begünstigung zu entledigen.»

Doch die Monate vergingen, und noch immer war kein Termin für Lizzies Prozeß angesetzt worden. Mehr als einmal schrieb Jennings an Pillsbury, er möge doch endlich etwas tun, um die Angelegenheit zu beschleunigen. Aber er bekam allenfalls ein kurzangebundenes «Ich bin derzeit nicht imstande, Ihnen in der Sache irgend etwas mitteilen zu können» zur Antwort.

Im Dezember fragte Jennings an, ob der Prozeß nicht in Taunton, wo Lizzie inhaftiert war, abgehalten werden könne.

«Dieser Wunsch liegt ihr sehr am Herzen, und ich bin sicher, daß das möglich ist, ohne daß die Staatsanwaltschaft dadurch ernsthaft in ihren Plänen behindert wird.»

Pillsbury antwortete darauf mit einem einzigen Satz: «Ich glaube kaum, daß irgendein Vertreter der Staatsanwaltschaft daran bisher auch nur einen Gedanken verschwendet hat, und die Entscheidung darüber liegt selbstverständlich beim Gericht.»

Endlich, am 8. Mai 1893, sechs Monate nach dem Votum der Anklagejury, wurde Lizzie nach New Bedford gebracht, wo vor dem übergeordneten Gericht unter Vorsitz von Richter J. W. Hammond Anklage gegen sie erhoben wurde. Sie bekannte sich zu jeder der drei Anklagen «nicht schuldig», worauf ihr Prozeß auf den 5. Juni angesetzt wurde – in New Bedford.

Inzwischen gab es in Fall River niemanden mehr, der sich nicht ein eigenes Urteil über Lizzie Bordens Schuld oder Unschuld gebildet hatte und seinen Standpunkt aus tiefster Überzeugung vertrat. Im ganzen Land waren der Doppelmord und die gegen Lizzie erhobenen Anschuldigungen Thema Nummer eins.

Mord ist seit jeher etwas, das eine große Faszination ausübt. Nicht der Tod ist es, der die Menschen daran reizt und hypnotisiert, denn der Tod ist eine alltägliche Erscheinung. Es fasziniert vielmehr die blanke *Kühnheit*, daß ein Mensch einen anderen Menschen ermordet, ihm das Leben *nimmt* – Mord, das äußerste Verbrechen. Wenn es dann noch merkwürdige Geschehnisse gibt, Dinge, über die man sich den Kopf zerbrechen kann, und wenn sich keine Lösung findet, die nicht durch eine andere gleich wieder ad absurdum geführt wird, das macht alles noch schauriger und verstärkt den Kitzel.

In den Doppelmord am Ehepaar Borden waren keine gemeinen Kriminellen verwickelt, keine Trunkenbolde, keine gewöhnlichen Randalierer. Bei solchen Leuten war Mord an der Tagesordnung, da überraschte er niemanden. Wären Andrew und Abby von einem Landstreicher ermordet worden oder wäre Andrew einem Mann zum Opfer gefallen, der in finanziellen Schwierigkeiten steckte, hätte die Öffentlichkeit nach wenigen Wochen das Interesse an diesem Fall verloren. Die Bordens zählten zwar in Fall River zu den Stützen der Gesellschaft, doch außerhalb der Stadtgrenzen waren sie unbekannt. Was das Interesse so ungemein am Kochen hielt, war dieser Kampf zwischen zwei einander widersprechenden Überzeugungen: Lizzie *mußte* die Täterin sein – und doch *konnte* sie es nicht getan haben.

Die Öffentlichkeit hatte sechs Monate Zeit. Sechs Monate konnte man mit seinen Nachbarn die Pressemeldungen vergleichen, an seinen Hypothesen feilen, Entrüstung oder Begeisterung über die Beamten äußern, die mit dem Fall betraut waren.

Nachdem die Polizei alle Beweise, deren sie habhaft werden konnte, ausgebuddelt hatte, hatten Knowlton und Pillsbury als einzige Vertreter der Staatsmacht mit der Sache zu tun. Nun stellten die beiden fest, daß sie in der Falle saßen, denn es war höchst zweifelhaft, daß sie eine Verurteilung ihrer Gefangenen erreichen konnten.

Knowlton machte Pillsbury einen Vorschlag, der ihnen womöglich aus der Klemme helfen konnte: angenommen, die größten medizinischen Kapazitäten würden Lizzie untersuchen und sie für geistesgestört erklären! Dann könnte Jennings auf Unzurechnungsfähigkeit plädieren, Anklage und Verteidigung könnten sich untereinander einigen, und man ginge einem Prozeß aus dem Wege. Pillsbury war einverstanden, und Knowlton und Hilliard schickten ihre Polizisten aus und ließen sie in der ganzen Stadt nachforschen, ob irgend jemand die Bordens für verrückt hielt. Schließlich erschien Moulton Batchelder von der Bezirkspolizei bei Knowlton und berichtete ihm die Ergebnisse der Recherche:

Captain James C. Stafford aus New Bedford sagte, er habe Lizzies Mutter gut gekannt; sie sei eine eigenartige Frau gewesen, aber daß einer von den Bordens oder den Morses geistesgestört sei, davon wisse er nichts.

Eine Mrs. Holland sagte das gleiche, obwohl auch ihr die Familie immer eigenartig vorgekommen war.

Abraham G. Hart von der Fall River Savings Bank sagte, über Lizzie wisse er nicht viel, glaube aber nicht, daß die Bordens oder die Morses geistesgestört seien.

Southard H. Miller, Andrews langjähriger Freund, der sich bereits am Mordtag einem Zeitungsreporter gegenüber geäußert hatte, berichtete von seiner lebenslangen Freundschaft zu der Familie und meinte, die Bordens seien wohl eigenartige Leute, geistesgestört aber sei keiner von ihnen.

Rescome Case erklärte, daß einer von den Bordens geistesgestört wäre, sei ihm neu, er finde aber, ein paar von denen seien schlimmer als geistesgestört!

Weder John S. Brayton noch Mrs. Almy, der Witwe von Andrews früherem Partner, war etwas von einer Veranlagung der Familie zum Schwachsinn bekannt. Dasselbe galt auch für David Sewall Brigham, einen früheren Polizeichef von Fall River. Mrs. Almy ließ allerdings durchblicken, Lizzie habe keine guten Anlagen.

George A. Patty ging noch einen Schritt weiter: «Wie man weiß, ist Lizzie häßlich», sagte er, und Mrs. George Whitehead pflichtete ihm bei.

Pillsbury hatte unterdessen versucht, den Bostoner Psychiater Dr. George F. Jelly und Dr. Edward Cowles von der McLean-Nervenheilanstalt in Somerville, Massachusetts, für den Plan der Staatsanwaltschaft zu gewinnen. Dr. Jelly lehnte das Ansinnen in zwei Sätzen ab: «Ihren heutigen Brief habe ich erhalten. Die von Ihnen genannten Symptome für eine geistige Unzurechnungsfähigkeit sind meines Erachtens weder deutlich noch handfest genug und gestatten mir nicht, mich dazu zu äußern.» Der Bescheid von Dr. Cowles fiel ebenso abschlägig aus: «Ich muß sagen, nach allem, was ich bislang über das Verhalten der des Verbrechens angeklagten Person vor und nach dem Vorfall gelesen habe, kann ich mich nur *gegen* die Theorie der Unzurechnungsfähigkeit aussprechen.»

Knowlton informierte Pillsbury über die magere Ausbeute seiner Recherchen. Und unbeeindruckt vom negativen Ergebnis ihrer Nachforschungen luden sie Jennings nach Boston in Pillsburys Büro ein, um ihn dazu zu überreden, einer medizinischen Untersuchung zuzustimmen. Danach schrieb Pillsbury an Knowlton: «Jennings war heute bei mir, anfangs sichtlich nicht bereit einzuwilligen, bei seinem Weggang aber schon weniger abgeneigt, glaube ich. Als er sich verabschiedete, sagte er, er müsse erst mit Adams sprechen und würde sobald wie möglich von sich hören lassen.»

Jennings ging nicht in die Falle. Am nächsten Tag schrieb er an Pillsbury: «Seit unserem Gespräch habe ich mir Ihren Vorschlag ernsthaft überlegt und bin zu dem Schluß gekommen, daß ich mich nicht dazu verstehen kann, Ihnen meine Zustimmung zu der vorgeschlagenen Untersuchung zu geben. Ich habe Adams gefragt, ob er es für ratsam hält, in der vorgeschlagenen Weise zu verfahren, ohne ihm zu sagen, welche Auffassung ich selbst vertrete. Ebenso habe ich nach meiner Rückkehr Mr. Holmes, der die Borden-Töchter in gewissem Umfang vertritt, nach seiner Meinung gefragt, ohne ihn davon in Kenntnis zu setzen, daß ich mich bereits mit Adams konsultiert hatte. Beide kamen zu demselben Schluß: daß wir in Anbetracht sämtlicher Umstände nichts tun dürfen, was Zweifel an ihrer Unschuld wecken könnte, und daß es aus unserer Sicht weder klug noch hilfreich wäre, in der vorgeschlagenen Weise zu verfahren.»

Hosea M. Knowlton. Arthur E. Perry.
*Counsellors at Law.*
OFFICE:
38 North Water Street.

Long Distance Telephone.

(Dictated.)

New Bedford, Mass., November 22, 1892.

Hon. A. E. Pillsbury,

Attorney-General.

Dear Sir:-

I did not have time to write so fully as I desired about the sanity business. I could do nothing whatever with Jennings. He took exactly the position I feared he would, and seemed to regard it as some sort of a surrender if he consented to anything. We can make some investigations into the family matters without him, but it will not be so thorough as it would be if we had his assistance.

I note your suggestions about form of indictment, which I will adopt if we ever get so far; of which, however, I am far from certain.

Yours Truly,
H. M. Knowlton

**Brief von Bezirksstaatsanwalt Knowlton an Generalstaatsanwalt Pillsbury, in dem Knowlton seine Zweifel daran äußert, ob nach Jennings Ablehnung, Lizzie auf Unzurechnungsfähigkeit untersuchen zu lassen, das Beweismaterial ausreicht für eine Verurteilung**

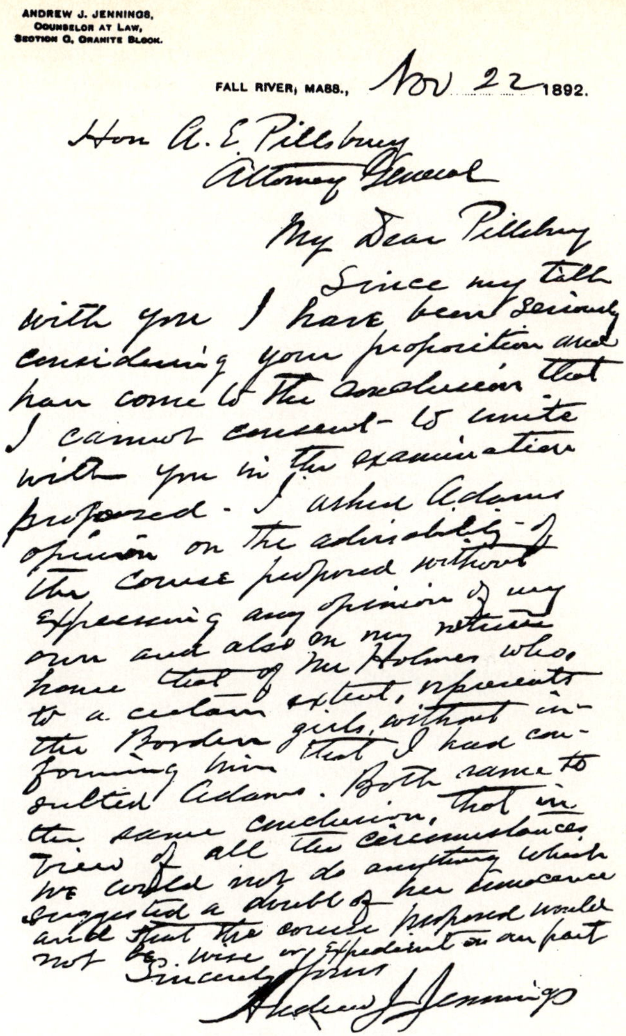

ANDREW J. JENNINGS,
COUNSELOR AT LAW,
SECTION G, GRANITE BLOCK.

FALL RIVER, MASS., Nov 22 1892.

Hon A. E. Pillsbury
Attorney General

My Dear Pillsbury

Since my talk with you I have been seriously considering your proposition and have come to the conclusion that I cannot consent to unite with you in the examination proposed. I asked Adams opinion on the advisability of the course proposed without expressing any opinion of my own and also on my return home that of Mr Holmes who, to a certain extent, represents the Borden girls, without informing him that I had consulted Adams. Both came to the same conclusion, that in view of all the circumstances we could not do anything which suggested a doubt of her innocence and that the course proposed would not be wise or expedient on our part

Sincerely Yours
Andrew J Jennings

**Brief von Rechtsanwalt Jennings an den Generalstaatsanwalt Pillsbury, in dem Jennings den Vorschlag ablehnt, Lizzie auf ihre Zurechnungsfähigkeit untersuchen zu lassen oder auf «nicht schuldig wegen geistiger Unzurechnungsfähigkeit» zu plädieren**

1 : 0 für Jennings.

Im Dezember erkrankte Pillsbury; er lag zuerst im Krankenhaus, dann daheim und konnte die Wohnung nicht verlassen. Er schrieb an Knowlton, daß er aller Voraussicht nach nicht in der Lage sein werde, im Juni die Verhandlung gegen Lizzie zu leiten. In Massachusetts war es Vorschrift, daß der Generalstaatsanwalt bei derart großen Prozessen als Hauptankläger zu fungieren hatte, und so war Knowlton, als er von Pillsburys Erkrankung erfuhr, alles andere als erfreut. Am 24. April äußerte er in einem Brief seine Verzweiflung:

«Im Vertrauen gesagt, ich würde die Verhandlung des Falles sehr gern los sein und fürchte, meine diesbezüglichen Gefühle könnten mich wider besseres Wissen beeinflussen. Das empfinde ich um so mehr angesichts Ihrer nicht eben überraschenden Ankündigung, daß ich wohl die Last des Prozesses werde tragen müssen.»

Wir wissen natürlich nicht, worauf sich die beiden Männer bei ihren wiederholten Erörterungen des Falls verständigt hatten, doch ist aus Knowltons Brief zu ersehen, daß er eigentlich dafür war, die Anklage fallenzulassen. Doch fürchtete er den Protest der öffentlichen Meinung und beschloß deshalb, den Geschworenen den Schwarzen Peter zuzuschieben.

«Ich muß allerdings gestehen, daß ich meinerseits keine andere Möglichkeit sehe, als den Fall vor Gericht zu bringen. Sollten die Geschworenen sich dann nicht einigen können, so dürfte es keine Schwierigkeiten machen, die Sache damit zu erledigen, daß man die Beklagte auf Kaution freiläßt; wobei jedoch ein wie auch immer geartetes Urteil eine solche Verfahrensweise unnötig machen würde. Mir scheint, nachdem der Fall so weit gediehen und die Große Untersuchung (lies: *Anklagejury*) des County zu einer Anklageerhebung gekommen ist, können wir die Frau nicht auf unsere Verantwortung freilassen, *selbst wenn man mit Fug und Recht erwarten darf, daß das Urteil nicht schuldig lauten wird.*»

Ich habe diese Passage kursiv hervorgehoben, um deutlich zu machen, mit welcher Kaltschnäuzigkeit der Staatsanwalt damals eingestanden hat, daß er keine Skrupel hatte, Lizzie vor Gericht zu bringen und sie auf Lebenszeit zu stigmatisieren, obwohl er «mit Fug und Recht» einen Freispruch erwarten konnte. Genau davor hatte Reve-

Hosea M. Knowlton. Arthur E. Perry.
*Counsellors at Law.*
OFFICE:
38 North Water Street.

Long Distance Telephone.

(Dictated.)

New Bedford, Mass. April 24, 1893.

Hon. A.E Pillsbury, Attorney General:

My Dear Sir:-

I have thought more about the Lizzie Borden case since I talked with you, and think perhaps it may be well to write you, as I shall not be able to meet you probably until Thursday, possibly Wednesday afternoon.

Personally I would like very much to get rid of the trial of the case, and fear that my own feelings in that direction may have influenced my better judgment. I feel this all the more upon your not unexpected announcement that the burden of the trial would come upon me.

I confess, however, I cannot see my way clear to any disposition of the case other than a trial. Should it result in disagreement of the jury there would be no difficulty then in disposing of the case by admitting the defendent to bail: but a verdict either way would render such a course unnecessary.

The case had proceeded so far and an indictment has been found by the grand inquest of the county that it does not seem to me that we ought to take the responsibility of discharging her without trial, even though there is every reasonable expection of a verdit of not guilty. I am unable to concur fully in your views as to the probable result. I think it may well be that the jury might disagree upon the case. But even in my most sanguine moments I have scarcely expected a verdict of guilty.

The situation is this: nothing has developed which satisfies either of us that she is innocent, neither of us can escape the conclusion that she must have had some knowledge of the occurrence. She has been presented for trial by a jury which, to say the least, was not influenced by anything said by the government in the favor of the indictment.

WIthout discussing the matter more fully in this letter I will only say as above indicated that I cannot see how any other course than setting the case down for trial, and trying it will satisfy that portion of the public sentiment whether favorable to her or not, which is worthy of being respected.

June seems to be the most satisfactory month, all things considered. I will write more fully as to the admission of her confession after I have looked the matter up.

Yours Truly,
H.M.Knowlton.

**Brief von Bezirksstaatsanwalt Knowlton an Generalstaatsanwalt Pillsbury, in dem Knowlton erklärt, keine Hoffnung zu haben, daß Lizzie verurteilt wird**

rend Jubb in seiner Predigt nach dem Doppelmord gewarnt; genau das zu verhindern, hatte Jennings in seinem Plädoyer bei der Vorverhandlung von Richter Blaisdell verlangt.

«Ihren Ansichten bezüglich des wahrscheinlichen Resultats vermag ich nicht in vollem Umfang beizupflichten», heißt es in dem Brief weiter. «Ich denke, es ist gut möglich, daß die Geschworenen über den Fall geteilter Meinung sind, aber an einen Schuldspruch kann ich selbst in meinen euphorischsten Momenten nicht recht glauben. Die Situation ist doch so: Es hat sich nichts ergeben, was Sie oder mich von ihrer Unschuld überzeugen könnte; weder Sie noch ich können umhin, den Schluß zu ziehen, daß sie etwas von dem Geschehen gewußt haben muß.»

Kurzum, man konnte zwar nicht beweisen, daß Lizzie schuldig war. Aber: Lizzie konnte auch nicht beweisen, daß sie unschuldig war, und deshalb mußte man sie vor Gericht stellen – eine wahrhaft unglaubliche Auslegung des Grundsatzes «in dubio pro reo». Nicht einmal Knowlton beschuldigt sie jetzt noch des Mordes, er unterstellt ihr lediglich, sie müsse «etwas von dem Geschehen gewußt» haben. Zugleich lehnt er jede Verantwortung für die Entscheidung der Anklagejury ab. Er bekräftigt noch einmal, daß er dieser den Fall nur höchst ungern übergeben habe, und fährt dann fort:

«Daß sie vor Gericht gestellt wird, hat eine Jury verfügt, die, wie ich sagen darf, seitens der Staatsanwaltschaft durch keinerlei die Anklageerhebung befürwortende Äußerungen beeinflußt war. Ich will die Angelegenheit hier nicht noch weiter ausführen, möchte aber betonen, daß ich nicht sehe, wie jenem Teil der öffentlichen Meinung, dessen Empfinden – ob es nun für oder gegen die Frau spricht – wir zu respektieren haben, anders Genüge getan werden könnte, als indem der Fall vor Gericht kommt und verhandelt wird. Juni dürfte in Anbetracht aller Umstände wohl der günstigste Zeitpunkt sein. Was die Gerichtsverwertbarkeit ihres Geständnisses angeht, so werde ich mich dazu noch ausführlicher äußern, wenn ich mir die Sache genauer angesehen habe.»

Was Knowlton mit «Geständnis» meinte, ist unklar. Fest steht: Lizzie hat *nie* ein Geständnis abgelegt. Vielleicht handelt es sich um einen Druckfehler oder ein Versehen beim Diktat. Falls er sich aber auf ihre Aussage bei der Untersuchung bezog, so war diese alles andere als ein Geständnis.

Wäre Rechtsanwalt Jennings eine Kopie dieses bemerkenswerten Briefes in die Hände gefallen, wäre es wohl nie zum Prozeß gegen Lizzie Borden gekommen, und wenn doch, dann wäre er zu Ende gewesen, sobald der Verteidiger den Geschworenen jenes Schriftstück vorgelesen hätte, das uns einen beispiellosen Einblick in die schändlichen Machenschaften der Staatsanwaltschaft von Massachusetts gewährt.

Aber es kam zum Prozeß gegen Lizzie Borden. Am 5. Juni wurde er in New Bedford eröffnet.

# 8 Bekenner, Spinner und die Tricks des Mr. Trickey

Inzwischen stand ganz Massachusetts Kopf, und auf Knowltons Schreibtisch häuften sich Bekennerschreiben und Briefe von irgendwelchen Spinnern. Ganz zuoberst lag eine Mitteilung, die eben aus Boston eingetroffen war:

«Ihr verschwendet Eure Zeit», stand da zu lesen, «wenn Ihr versucht, das Verbrechen an den alten Bordens der jungen Dame Miss Lizzie Borden anzuhängen, und wenn Ihr mich kriegen würdet, könnte ich Euch beweisen, daß sie unschuldig ist.

Keine Macht der Welt wird mich je für die Tat an den Galgen bringen, denn ich werde mir eine Kugel in den Kopf jagen. Doch eh ich das tue, will ich Miss Borden reinwaschen, und dabei will ich der Polizei von Fall River zeigen, daß sie alles andere als helle ist. Ich hatte ein Motiv und habe geschworen, daß ich die Bordens töten werde, und ich habe sie getötet, hoffe aber, daß kein Unschuldiger für mein Verbrechen leiden muß. Ich könnte Euch alles ganz genau erzählen, wenn ich mir dabei meinen Revolver an den Kopf halten könnte, damit Ihr keine Chance habt, mich zu hängen. Ich habe die Nacht davor in der Scheune geschlafen. Nach der Tat bin ich über den Zaun gesprungen, zum Teich(?) runter geflüchtet und habe mir Gesicht und Hände gewaschen. Die Polizei wird meinen Rock und die Hosen ungefähr drei Meter im Teich vergraben(?) finden, und meinen alten Schlapphut, alles mit drei großen Steinen zugedeckt...»

Noch bizarrer war folgendes «Geständnis», das aus Albany, New York, kam:

«Das Totmachen von dem ollen Bordon (sic!) und seiner Frau ist nicht, wie alle annehmen, von einem Mitglied von seiner Familie gemacht worden. Ein unehelicher Sohn, den Bordon nicht anerkennen wollte, nachdem die Mutter von seinem Sprößling vor einer Reihe von Jahren in einem Irrenhaus in Massachusetts an gebrochenem Herzen gestorben war, hat die beiden um die Ecke gebracht. Dieser

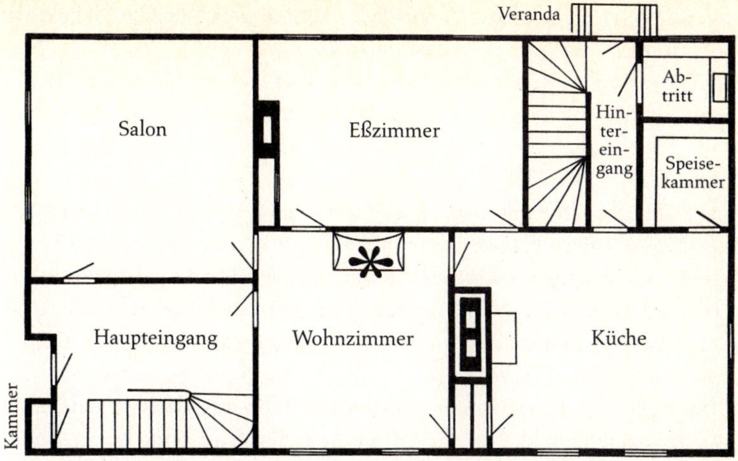


**Das Erdgeschoß im Haus der Bordens, Grundriß (Skizze des Autors)**

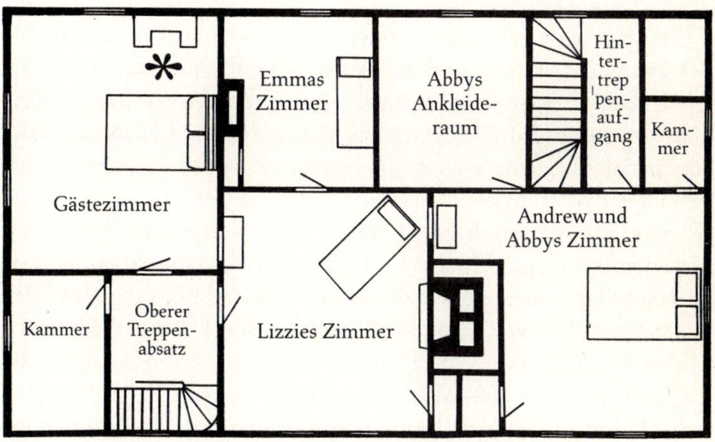


**Das obere Stockwerk im Haus der Bordens, Grundriß (Skizze des Autors)**

Sohn ist jetzt 25 Jahre alt. Außer dem Alten und seiner Frau hat keiner aus der Familie was von ihm gewußt.»

Weiter hieß es in dem Brief, der Schreiber selbst sei dieser uneheliche Sohn; er habe Andrew erpreßt, ihm für die vergangenen 25 Jahre nachträglich Alimente zu zahlen, und jetzt habe dieser ihm eine letzte Zahlung von 5000 Dollar zugesagt, habe aber nicht Wort gehalten. Daraufhin habe der Schreiber Andrew und Abby mit einem Zimmermannsbeil erschlagen, das er in Fall River von einem Dampfer aus ins Wasser geworfen habe. «Ihr braucht meine Fährte gar nicht erst verfolgen», schloß der Brief, «denn das geht sowieso nicht. Wenn dieser Brief aufgegeben wird, besteige ich gerade einen Zug, der mich hundert Meilen weit wegträgt.»

Knowlton war darüber mit Sicherheit sehr erleichtert. Marshal Hilliard erhielt einen ähnlichen Brief und schrieb an Knowlton, es sei doch seltsam, daß der uneheliche Sohn nicht einmal die richtige Schreibweise des Namens Borden gekannt habe. Er hatte durchweg «Bordon» geschrieben.

Ein Bursche von 16 Jahren namens Alfred A. Smith schrieb aus der Besserungsanstalt von Massachusetts, wohin man ihn wegen Einbruchsdiebstahls verfrachtet hatte. Er sei am Morgen des Doppelmords am Haus der Bordens vorbeigekommen und habe eine Frau gesehen, die aus einem Fenster im oberen Stockwerk geschaut und bei seinem Anblick rasch den Kopf zurückgezogen habe. Er sei etwas später nochmals die Straße langgelaufen, und da sei wieder das gleiche passiert. Als er zum drittenmal vorbeikam, habe er direkt hinter dem Zaun ein Beil und ein Paar blutbefleckte Handschuhe gefunden. Das Beil habe er für zehn Cent verkauft und den einen Handschuh weggeworfen, er glaube aber, daß der andere daheim in einem Schreibtischfach liegen müsse. Was natürlich nicht der Fall war.

Auch die Spiritisten meldeten sich zu Wort. Eine Dame aus Lynn, Massachusetts, schrieb, sie stehe mit den Toten in Verbindung, und diese hätten ihr gesagt, daß das «Sopha», auf dem Andrew gelegen hatte, an einem Ende einen eingebauten Schrank hätte (was es nicht hatte). Darin hätte sich ein Mann versteckt gehalten, bis er Gelegenheit zum Mord gehabt hätte. Die Tatwaffe sei ein breiter Zimmermannshammer, den er «in den Keller geworfen» hätte.

Aus Boston ließ sich eine weitere Hellseherin vernehmen. Sie habe eine Vision gehabt, berichtete sie, und die blutbefleckten «Effekten» der Bordens in einem tiefergelegenen Raum unter dem Fußboden liegen sehen, darüber sei ein Teppich. Ihre Visionen, versicherte die Schreiberin, seien rein «inspirativ», und Knowlton täte gut daran, ihnen nachzugehen.

«Unter der Rubrik ‹Spinner› gibt es mehrere mit ‹Justice› unterzeichnete Briefe. In einigen schimpfte dieser Gerechtigkeitsapostel, der Polizei gehöre «eins übergezogen für ihre Blödheit», in anderen erteilte er Knowlton Ratschläge, wie die Ermittlungen durchzuführen seien:

1. Dr. Bowen müsse man am Genick packen und in eine Zelle werfen. (Eine Begründung wird nicht gegeben.)
2. Ob er bedacht habe, daß Lizzie sich vielleicht, um die Morde zu begehen, als Mann verkleidet habe und das der Grund sei, weshalb sie kein Blut an ihren Kleidern gehabt und man ihre Flucht nicht bemerkt habe?
3. Der Mörder habe sich unter einem Bett versteckt.
4. Die Mordwaffe sei im Garten zwischen Blumen und Gemüse vergraben.

Und so weiter und so fort.

Ein Zahnarzt aus Toledo, Ohio, schrieb, der Mörder habe die Opfer chloroformiert, bevor er sie umbrachte. Ein Mann, der früher Aufseher in einem New Yorker Gefängnis gewesen war, behauptete zu wissen, daß Lizzie ein Kleid oder Oberkleid und Handschuhe getragen habe, «die sich im Nu vernichten ließen». Eine ganze Reihe von Leuten meinte, das Mordinstrument sei keine Axt gewesen, sondern das Plätteisen, mit dem Lizzie ihre Taschentücher geplättet habe. Zu Dutzenden kamen Briefe von Schreibern, die Knowlton rieten, im Brunnen, im Rauchfang des Küchenherdes, im Klavier, unter dem Fußboden, im Mauerwerk der Wände, im Ofen oder an sonst einem der vielen natürlich längst abgesuchten Orte nach der Tatwaffe zu forschen.

Ob es nicht ein altmodisches Geheimfach gebe, wo man die Waffe «deponiert» haben könnte, wollte jemand aus Dedham, Massachusetts, wissen. Es gab keins. Aus Brooklyn, New York, kam ein Brief, in dem es hieß, die Lösung des ganzes Falls sei in Albert P. Southwicks neuem Roman *Das Geheimnis von Catherwood* nachzulesen (unterschrieben war die Mitteilung übrigens mit *S*). Derselbe Schreiber riet auch, man möge im Schornstein nachsehen.

Ein Geisterseher gab auf acht Seiten eine Unterhaltung mit seinem Buchstabenbrett wieder, das ihm alle Fragen klar und deutlich beantwortet hatte. Eine besonders große Rolle spielten in den Briefen, die Knowlton erhielt, Religion und Rassismus.

«Ihre Chancen, Generalstaatsanwalt zu werden, stehen bestimmt nicht schlechter, wenn Sie Ihre Pflicht erfüllen», stand in einem Brief, «selbst wenn das heißt, einen Iren zu hängen.» Und jemand aus Brattleboro, Vermont, warnte: «Vorsicht vor den Jesuiten!»

In vielen Briefen wurde die Polizei beglückwünscht. Wenigstens die Hälfte der Schreiber fand, daß Knowlton und Hilliard Helden seien, doch auf einer mit «Ein Wähler» unterzeichneten Postkarte stand zu lesen, es sei sicher, daß Knowlton nie wieder zum Bezirksstaatsanwalt gewählt werden würde. «Dafür werden die Leute aus Bristol County schon sorgen, nachdem Sie im Fall Borden so eine gemeine, hinterhältige Rolle gespielt haben.» Auf jeden Brief von einem Spinner, den Knowlton erhielt, kamen drei an Hilliard adressierte.

In einer einzigen Woche trafen «Geständnisse» ein aus Minneapolis («Ich hab sie für 60 Dollar getötet!»), Boston («Ich hab's getan! Ich hab gesagt, ich tu's, und ich hab's getan!»), New York City («Ich habe erst Mrs. Borden getötet und dann mehrere Tage gewartet, bis ich Gelegenheit hatte, an das Geld von dem Alten ranzukommen»), Circleville, Ohio («Ich war's, ich hab's getan mit einem Indianer-Tommihack!»), Chicago («Ich hab sie eigenhändig hingemacht. Verschont die arme Jungfer!»), Rochester, New York («Ich kann, wenn's sein muß, den Beweis bringen, obwohl ich dann am Galgen sterbe – obwohl mir die Hinrichtungsmethode, die in diesem Staat in Mode ist, das heißt der elektrische Stuhl, viel lieber ist»), Chicago («Ich habe Rache genommen für eine Kränkung, die mir das alte Lügenmaul vor bald zehn Jahren angetan!») und schließlich aus Springfield, Massachusetts («Schnapp mich doch, wenn du kannst, alter Junge! Ich bin zu gerissen für dich!»).

Ein Mann aus Brockton, Massachusetts, schrieb, er selber habe es nicht getan, wisse aber, wer der Täter sei. Man solle ihm nur schreiben, dann würde er alles erzählen. Der Brief trug keine Unterschrift. Aus Providence, Rhode Island, versprach jemand, für 8500 Dollar wolle er «euch die Umstände und die Figuren dieses furchtbaren Trauerspiels liefern». Viel preiswerter war da die Offerte einer gewissen Mrs. S. A. Douglas aus River Point, Rhode Island, die sich als «die geborene Detektivin» bezeichnete. Für acht bis zehn Dollar am Tag erbot sie sich, nach Fall River zu kommen und ein Geständnis zu beschaffen.

«Ein Freund» schrieb, Bridget sei die Mörderin. «Die wahren Amerikaner werden mit der Zeit schon noch begreifen, daß man keine Katholiken bei sich beschäftigen darf!» Das wurde aus Newport, Rhode Island, bestätigt: «Ich hab genug römische Kattalicken gesehn, die glauben, sie können den Protestanten mit Gift und Mordtaten beikommen.» Ein Mann aus New York City behauptet, der «Portergieße», nach dem man suche, heiße Mr. C. Norlander und sei ein schwedischer Zeitungsschreiber, der bei ihm um die Ecke in der Third Avenue wohne.

Hilliards Spinnersammlung enthielt Briefe, in denen stand, er solle doch einsehen, daß rein aus Prinzip «die Anarchisten» oder, wie ein anderer Schreiber zu wissen meinte, «ein ausländischer Geheimbund» an allem schuld seien. Ein anderer New Yorker teilte mit, Lizzie habe sich vor einigen Jahren an ihn gewandt und ihm viel Geld angeboten, wenn er Andrew und Abby auf den elektrischen Stuhl brächte.

Drei Schreiber erklärten, die Lösung sei ganz einfach; Hilliard müsse sich nur die Augen von Andrew und Abby ansehen, denn jeder wisse doch, daß das Bild, das das Opfer als letztes gesehen habe, auf seiner Netzhaut erstarrt sei!

Und wenn all diese Geständnisse und Vorschläge nicht weiterhalfen, konnte der Polizeichef immer noch einen Astrologen zu Rate ziehen, der nur die Geburtsdaten von Andrew, Abby und Lizzie wissen mußte, um festzustellen, ob Saturn zur Tatzeit in der Sonne oder im Mond gestanden habe.

Eine Mrs. Alexander aus Rochester, New York, schrieb, sie könne «zaubern» und Andrew und Abby dazu bringen, zu erzählen, wer sie ermordet habe! Ein Mr. M. T. Richardson, Herausgeber des *Boots and Shoes Weekly*, empfahl sich als Koryphäe auf dem Gebiet der Phrenologie und erklärte, er benötige lediglich ein gutes Foto von Lizzies Kopf, um feststellen zu können, ob sie unter günstigen Bedingungen einen Hang zum Töten habe. Ein Mann aus Boston behauptete von sich das gleiche, während ein gewisser Theo van Wyck aus Mount Vernon, New York, meinte, er müsse ein Foto von Lizzies Hand haben, da er Experte im Handlesen sei.

Und wenn auch das alles nichts half, dann sollte Hilliard nach Meinung von John S. Adams aus Boston einfach nach einem Mann namens Dominick Flynn suchen und «ihn nicht aus den Augen lassen».

Jedes Kapitalverbrechen ruft massenhaft Verrückte auf den Plan, die Polizei und Staatsanwaltschaft mit Briefen und Geständnissen bombardieren. Das stärkste Stück im Fall Lizzie Borden leistete sich jedoch Neuenglands größte Zeitung, der *Boston Globe*. Sein Starreporter für Kriminalfälle, Henry Trickey, ein Mann, der seinem Namen alle Ehre machte, war einen Tag nach dem Doppelmord an den Ort des Geschehens geeilt.

Der *Boston Globe* feierte seinerzeit gerade sein 20jähriges Bestehen. Einen Monat vor dem Prozeß war aus diesem Anlaß eine Sondernummer erschienen, die nicht nur – für damalige Verhältnisse völlig einzigartig – 183 Spalten Reklame hatte, sondern in der man sich überdies damit brüstete, über die höchste Auflage in ganz Neuengland zu verfügen.

Als Mitarbeiter einer Zeitung, die nicht irgendwo, sondern in Massachusetts selbst ansässig war, genoß Trickey bei der nicht gerade öffentlichkeitsscheuen Polizei natürlich einen Heimvorteil. Auf besonders gutem Fuß stand er mit den Polizisten Medley und Mullaly, mit Assistant Marshal Fleet sowie mit einem Privatdetektiv von zweifelhaftem Ruf, dessen Name E. D. McHenry war. Dieser McHenry arbeitete vermutlich im Auftrag der Polizei von Fall River, doch nach Bekanntwerden der sogenannten Trickey-Affäre ging natürlich alles sofort in Deckung, und niemand gab zu, ihn gekannt zu haben.

In der Story, die der *Boston Globe* brachte, hieß es, McHenry sei zu Trickey gekommen und habe ihm erzählt, er habe von Marshal Hilliard den Auftrag erhalten, Abschriften der eidesstattlichen Erklärungen von 25 Zeugen anzufertigen, die Lizzie belasteten. Das Ganze sei ausschließlich für die Staatsanwaltschaft bestimmt, und für 1000 Dollar könne Trickey die Abschriften haben – exklusiv.

Trickey witterte einen Knüller, mit dem er hoffte, die gesamte Konkurrenz aus dem Felde schlagen zu können. Er gab McHenry 30 Dollar – mehr hatte er im Moment nicht bei sich – und nahm den nächsten Zug nach Boston, um den Rest zu beschaffen. Der *Boston Globe* kratzte die übrigen 970 Dollar zusammen, und am nächsten Nachmittag saß Trickey wieder im Zug.

Eine Woche lang hielt McHenry ihn mit allen möglichen Ausflüchten hin, aber dann kam er endlich mit einem Stapel Papier an und ließ sich von Trickey noch einmal 400 Dollar geben. Wieder setzte sich Trickey in den Zug und brachte seinen Knüller nach Boston. Und ohne das Material überhaupt geprüft zu haben, verblüffte der *Boston Globe* die Nation am folgenden Tag an zentraler Stelle auf der Titelseite mit einer Story, deren knallige Schlagzeile lautete:

> **Lizzie Bordens Geheimnis – Heftige Worte, als Mr. Borden davon erfuhr – Sensationelle Aussagen von 25 neuen Zeugen – Emma im Streit mit Fußtritten traktiert – Familienkrach und Mord**

Es war eine wirre, absurde Geschichte, doch der *Boston Globe* versicherte seinen Lesern, daß die «hier erstmals veröffentlichten Informationen in überzeugendster Weise untermauert» seien:

> Der *Globe* ist in der Lage, seinen Lesern nicht nur alle der Staatsanwaltschaft derzeit bekannten Fakten zu präsentieren, sondern überdies mitzuteilen, wie und von wem die Polizei diese Informationen in geduldigem und rastlosem Bemühen erhalten hat. Es handelt sich um die Zeugenaussagen von 25 Personen, die sämtlich hohes gesellschaftliches Ansehen genießen und keinen Grund haben, der Beklagten etwas Schlechtes nachzusagen.

Spalte für Spalte wurden dann die 25 «eidesstattlichen Erklärungen» in voller Länge und mit allen Einzelheiten zitiert.

John Murphy, Bedford Street, sagte beispielsweise aus, er habe vor dem Haus der Bordens auf der Straße gestanden und gesehen, wie Lizzie das Fenster des Zimmers geöffnet habe, in dem Abby getötet worden war. Der Uhrzeit nach müsse just in dem Moment «der verstümmelte Leichnam ihrer Stiefmutter hinter ihr gelegen» haben.

Auch Mr. Gustave Ronald und Mr. Peter Mahaney hatten angeblich an jenem Vormittag um zwanzig Minuten vor zehn vor dem Haus der Bordens gestanden, und beide wollten einen «entsetzlichen Schrei oder ein Stöhnen» gehört haben. Als sie zum Fenster des Gästezimmers hochgeschaut hätten, hätten sie Lizzie dort in voller Lebensgröße stehen sehen, auf dem Kopf eine Gummikapuze. Augustus Gunning, der als Untermieter im Haus von Mrs. Churchill angegeben wurde, bezeugte, auch er habe Lizzie mit vermummtem Kopf am Fenster gesehen.

«Diese Zeugen», so der *Boston Globe*, «bestätigen, daß Miss Borden sich fast auf die Minute zu der Zeit, zu der ihre Mutter wahrscheinlich getötet wurde, in deren nächster Nähe aufgehalten hat.»

Die Aussage aber, die Lizzie am stärksten belastete, kam von Mr. und Mrs. Frederick Chace und deren Tochter Abigail, die angeblich am Abend vor dem Doppelmord bei den Bordens zu Gast gewesen waren. Sie wollten einen Streit zwischen Lizzie und ihrem Vater mitangehört haben. «Du kannst wählen», soll Andrew gewettert haben, «und zwar noch heute abend! Entweder du sagst uns, wie er heißt, oder du verschwindest am Samstag! Wenn du dann angeln gehst, kannst du dir gleich etwas suchen, wo du wohnen kannst, denn dann will ich nichts mehr mit dir zu tun haben. Ich will wissen, wie der Mann heißt, der Schande über dich gebracht hat!»

Lizzie habe darauf geantwortet: «Wenn ich diesen Mann nun heirate, bist du dann zufrieden, daß nichts davon nach außen dringt?»

«Lieber soll sie tot sein, als daß das rauskommt», habe Andrew mürrisch zu seinen Gästen gesagt. Auf die Frage, ob er den Namen des Mannes kenne, der Schande über Lizzie gebracht haben soll, habe er gesagt: «Nein, aber ich ahne es, ich habe es schon die ganze Zeit geahnt. Wenn es der ist, den ich im Verdacht habe, der kommt mir nie im Leben ins Haus. Wenn sie sich die Suppe eingebrockt hat, soll sie sie auch auslöffeln.»

Das war ein Dialog, wie er in jedem Achtgroschenroman nachzulesen ist, aber auch ein gewisser Mr. G. Romaine Pittson war bereit zu beschwören, daß Andrew mit ihm noch wenige Tage vorher über Lizzies «Zustand» geredet habe.

Kaum weniger belastend war die Aussage von Mrs. George Sisson, die angab, bei der Beerdigung ein Gespräch zwischen Lizzie und Bridget mitangehört zu haben, bei dem Lizzie Bridget angeherrscht habe: «Bist du einfach nur eine dumme Gans, oder hast du eine Gemeinheit im Sinn? Warum sagst du nicht, wieviel Geld du haben willst, damit du den Mund hältst?» (In Wirklichkeit hatte Bridget nicht einmal an der Beerdigung teilgenommen.) Ferner, so Mrs. Sisson, habe Andrew ihr von seinem Testament erzählt, dem zufolge er Lizzie und Emma je 25000 Dollar und alles andere Abby vermachen wollte. Auch habe Lizzie ihr für zehn Dollar die Taschenuhr angeboten, die seinerzeit, als jemand am hellichten Tag bei den Bordens eingebrochen hatte, gestohlen worden war. Bridget, spann die Frau ihren Faden weiter, könne beschwören, daß Lizzie sie am Nachmittag des Mordtages beiseite gewinkt und ihr zugeflüstert habe: «Wenn du den Mund hältst und diesen Polizisten nichts sagst, kann du so viel Geld haben, wie du willst.»

McHenry selbst war bereit, zu bezeugen, daß er sich tagelang in Lizzies Gefängniszelle unterm Bett versteckt gehalten und all ihre Gespräche mit Reverend Buck, Rechtsanwalt Jennings, der Polizeiaufseherin Reagan, Emma und sämtlichen anderen Besuchern belauscht habe. Um sich seinen Horchposten etwas behaglicher herzurichten, habe er in dem angrenzenden Badezimmer ein Stück Wand entfernt, Gaze vor die Stelle gehängt und so zu jeder Tages- und Nachtzeit in Lizzies Zelle gucken können.

Hinter seinem Gazevorhang habe er einen hitzigen Streit zwischen Lizzie und Emma beobachtet, bei dem Lizzie geschrien habe, Emma warte ja bloß darauf, sie am Galgen zu sehen, und habe ihr Geheimnis ausgeplaudert. Die Auseinandersetzung habe darin gegipfelt, daß Lizzie Emma dreimal getreten, mit Gebäck nach ihr geworfen und sie ein verdammtes Miststück genannt habe!

Die ganze Story riecht so unverkennbar nach Zeitungsente, daß man sich fragt, ob eigentlich irgendwer beim *Boston Globe* – und sei es ein Laufjunge – sie, ehe sie in Satz ging, gelesen hatte!

Die Abendausgabe wartete mit weiteren grellen Einzelheiten auf, stolzgeschwellt pries die Redaktion einen Knüller an:

> **Fassungslos!**
> **Ganz Neuengland hat die Story gelesen – Globe ging weg wie warme Semmeln – Lizzie Borden erscheint in neuem Licht – Glaube an ihre Unschuld erschüttert – Aufregung schlägt Wellen in Fall River – Polizei meint: Knüller erster Güte**

Die Polizei war natürlich nicht im Traum der Meinung, daß die Sache ein «Knüller erster Güte» sei. McHenry behauptete, die Polizei von Fall River habe zugegeben, vor einem Rätsel zu stehen. Sie habe sich praktisch aus den Ermittlungen zurückgezogen und ihn als Privatdetektiv mit der ganzen Angelegenheit betraut. Ihm sei es dann ohne große Mühe gelungen, die 25 Zeugen beizubringen und den Fall zu lösen.

Doch die reißerische Abendausgabe des *Boston Globe* war kaum erschienen, da flog der Schwindel schon auf. Als erster schickte Inspector Harrington von der Polizei in Fall River ein Telegramm an die Redaktion; die ihm unterstellten Aussagen, erklärte er, seien frei erfunden.

Rechtsanwalt Jennings bezeichnete die Story in einer umgehenden Stellungnahme als ein einziges Lügengespinst und verwies auf die Tatsache, daß die Adressen der «Zeugen» vielfach unbewohnte Häuser seien oder gar nicht existierten. Ein großer Teil der Zeugen stehe nicht im Adreßbuch von Fall River, andere gäben an, niemals befragt worden zu sein und garantiert keine Aussagen gemacht zu haben. Lizzies Hausarzt Dr. Bowen bestritt telegrafisch, daß seine Patientin ein «Geheimnis» habe. Bei Einbruch der Dunkelheit wurde den

Verantwortlichen des *Boston Globe* endlich klar, daß sie offenbar jemand gewaltig an der Nase herumgeführt hatte.

In der nächsten Nummer gingen sie zwar dezent in die Defensive, waren aber noch immer nicht bereit zuzugeben, daß sie auf eine Ente hereingefallen waren, wie sie sich bis dahin noch keine Zeitung hatte unterschieben lassen. Sie wiesen jede Verantwortung dafür zurück, daß sie die Story völlig unrecherchiert gedruckt hatten, und schoben McHenry den Schwarzen Peter zu:

> **Detektiv McHenry redet – Er lieferte dem Globe die Borden-Story – Es hat sich erwiesen, daß manche Details falsch sind**

McHenry, weit davon entfernt, die Waffen zu strecken, erklärte, er habe die «Namen der Zeugen aus verständlichen Gründen geändert», teilte aber nicht mit, worin diese verständlichen Gründe bestanden. Die Fakten jedoch seien sämtlich richtig. Sie waren es nicht, und inzwischen hatte der Anwalt des *Boston Globe* den Herausgebern klargemacht, daß ihnen nichts weiter übrigblieb, als die Kröte zu schlukken und zuzugeben, daß sie einem Schwindler aufgesessen waren. Schließlich war klar, daß die Zeitung einen etwaigen Rechtsstreit nur durch ein Wunder würde gewinnen können.

Am Dienstag brachte man dann an zentraler Stelle auf der Titelseite in dicken Lettern die Richtigstellung samt einer Entschuldigung an Lizzies Adresse:

> **Der Fall Lizzie Borden**
>
> ... Als der Wahrheit verpflichtete Zeitung sieht der *Globe* sich genötigt festzustellen, daß er im Fall Lizzie Borden bedauerlicherweise getäuscht worden ist. Wir haben am Montag eine Mitteilung veröffentlicht, die wir in voller Überzeugung für erwiesenermaßen wahr hielten. Zweifellos beruht diese bemerkenswert raffinierte und geschickt erfundene Story auf Tatsachen. Der *Globe* ist jedoch der Ansicht, daß sie zu einem großen Teil falsch ist und niemals hätte ver-

öffentlicht werden dürfen. Der *Globe* ist getäuscht worden und hat ohne böse Absicht die furchtbare Last vergrößert, die Miss Lizzie Borden auferlegt ist. Wir entschuldigen uns hiermit aus ehrlichem Herzen für die harte Schmach, die ihre Ehre als Frau erlitten hat, und für alles Unrecht, das ihr mit der Veröffentlichung zugefügt wurde...

Als Richtigstellung und Entschuldigung mochte das ausreichen, doch wenn Lizzie dem Vorschlag ihres Anwalts gefolgt und mit einer Verleumdungsklage gegen den *Boston Globe* vorgegangen wäre, dann hätte die Zeitung wahrscheinlich danach, als Gras über die ganze Geschichte gewachsen war, ihr gehört. Gut möglich, daß die Herausgeber diesen Gedanken im Hinterkopf hatten, als sie am nächsten Tag fortfuhren, sich zu entschuldigen:

**Aufrichtige Berichtigung**
**Leser begrüßen Entschuldigung des Globe**
**Unser Bedauern in ganz Fall River zur Kenntnis genommen**
**Sittlich denkende Bürger verurteilen McHenry**

Auf der den redaktionellen Mitteilungen vorbehaltenen Seite folgten weitere Entschuldigungen. Doch das Fiasko war damit noch nicht zu Ende.

Trickey hatte nicht nur McHenry geschmiert, sondern auch Bridget 1000 Dollar angeboten, wenn sie das Land verließe. Bridget machte Knowlton davon Mitteilung, und dieselbe Jury, die Anklage gegen Lizzie erhoben hatte, klagte jetzt Trickey wegen Bestechung einer Kronzeugin an. Eine Zeitlang wurde die Anklage geheimgehalten, weil Trickey das Weite gesucht hatte. Doch es dauerte nicht lange, bis die Sache durchgesickert war, und so mußte der *Boston Globe* am 3. Dezember die nächste Kröte schlucken und mitteilen:

Wie wir aus Quellen, die über jeden Zweifel erhaben sein dürften, erfahren, ist die genannte Person Henry G. Trickey; er wird beschuldigt, eine Kronzeugin bestochen zu haben... die Zeugin sollte überredet werden, das Land zu verlassen.

Generalstaatsanwalt Pillsbury war außer sich über diesen Bestechungsversuch und erteilte Knowlton die Anweisung, Trickey um jeden Preis zur Strecke zu bringen. Zwei Tage später hatte der *Boston Globe* ihn gefunden:

**Henry G. Trickey tot**

**Beim Aufspringen auf fahrenden Zug abgestürzt**

Mit dieser raschen und einfachen Lösung nicht zufrieden, befahl Pillsbury, jemanden zum Unfallort zu schicken und die Leiche untersuchen zu lassen, um festzustellen, ob es sich wirklich um Trickey handelte. Er war es.

Inzwischen hatte auch McHenry sein Detektivbüro in Providence aufgeben müssen und war nach New York geflüchtet. Er bombardierte Hilliard, Knowlton und Pillsbury mit wirren Briefen, in denen er gegen alle, die an den Ermittlungen beteiligt waren, Vorwürfe erhob, behauptete, Trickey habe Selbstmord begangen, und verlangte, für seine Dienste bezahlt zu werden. Doch soweit bekannt ist, wurde ihm sein zugegebenermaßen unerhört professionell gemachter Schwindel niemals honoriert.

# 9 Wieder im wirklichen Leben

Zwar sorgten die fischverarbeitende Industrie und die zahlreichen Baumwollwebereien dafür, daß New Bedford, Massachusetts, an jenem 5. Juni 1893, dem Tag, auf den der Beginn des Prozesses gegen Lizzie festgesetzt war, nicht gerade eine verträumte, aber doch durchaus eine schöne Stadt mit gepflegten, von prächtigen Ulmen gesäumten Straßen und schmucken, von penibel gemähtem Rasen eingefaßten Wohnhäusern war – eine Stadt, die einladend wirkte und ihre Gäste herzlich empfing.

New Bedford galt lange Zeit zu Recht als Inbegriff neuenglischer Wohlanständigkeit und behaglicher Harmonie. Die Menschen dort begnügten sich mit der Erholung, die der Park im Herzen der Stadt ihnen bot, fanden Unterhaltung und Erbauung in den Kirchen eines ganzen Dutzends verschiedener Konfessionen sowie im Opernhaus, wo Vorträge gehalten wurden und die besten Schauspieltruppen ihre Stücke und musikalischen Komödien darboten. Kurzum, es war eine friedliche, angenehme Stadt, in der es ruhig und beschaulich zuging.

An jenem Tag aber trieb es die Massen, genau wie seinerzeit in Fall River, schon zeitig hinaus, und morgens um neun war das Gericht in der County Street bereits dicht umringt von Schaulustigen. Viele harrten den ganzen Tag aus in der Hoffnung, eine der Rand- oder Nebenfiguren des hochdramatischen Geschehens zu Gesicht zu bekommen. Am nächsten Tag mußte man sogar einen behelfsmäßigen Zaun um das adrette, säulenverzierte Backsteingebäude errichten, um die Menge auf Abstand zu halten. Die Pensionen und Hotels waren ausgebucht, sämtliche Gästezimmer vermietet. Zehn Monate waren seit dem Doppelmord an Andrew und Abby vergangen, aber das Interesse der Öffentlichkeit war noch immer nicht erlahmt.

Um elf Uhr 28 rief Andrew Wright, seines Zeichens Obersheriff von Bristol County, der hier den Part des Gerichtsdieners übernommen hatte, die Menge durch mehrfaches Klopfen zur Ordnung. Mit

**Die Geschworenen, in deren Händen Lizzies Schicksal lag:**
**oben: die Anklagejury**
**unten: die Prozeßjury**

großem Schwung riß er die Tür zum Gerichtssaal auf und geleitete die drei Richter, die den Prozeß führten, einen nach dem anderen zu ihren Plätzen.

Eröffnet wurde der Einzug des Hohen Gerichts von den beiden Beisitzern. Als erster kam Richter Caleb Blodgett, der jüngste der drei, ein Mann mit exakt gestutztem Backenbart, wachen blauen Augen und einer Vorliebe für weiße Krawatten, wie sie damals gerade modern waren. Ihm folgte Richter Justin Dewey, ein Gelehrtentyp mit großem Kopf und dichtem silbergrauem Haar, das ihm bisweilen in die Stirn fiel. Er war hochgewachsen und eckig und trug sein Alter mit Gelassenheit. Den Stuhl in der Mitte schließlich hielt Sheriff Wright für Oberrichter Albert Mason bereit, der ebenso würdevoll und gütig wie Dewey aussah und ebenso silbernes Haar hatte.

Die Verteidiger und die Staatsanwälte saßen an separaten, einander gegenüberstehenden Tischen. Lizzie wurde durch Andrew Jennings und Melvin O. Adams vertreten. Ex-Gouverneur George D. Robinson, der die Verteidigung leitete, wurde erst für Mittwoch erwartet. Für die Anklage waren Hosea M. Knowlton, Bezirksstaatsanwalt für den zweiten Bezirk, und William H. Moody, Bezirksstaatsanwalt für den östlichen Bezirk, erschienen.

Als nächstes betrat Lizzie den Saal.

Abgesehen von den blauen Federn an ihrem Hut, zwei blauen Samtrosetten, die sie im Haar trug, und einer blauen Emaillebrosche in Form eines Stiefmütterchens am Stehkragen ihres Kleides, war sie ganz in Schwarz. Das nußbraune Haar hatte sie zu einer langen, weichen Rolle im Nacken zusammengesteckt. In den Händen, an denen sie Glacéhandschuhe trug, hielt sie ein Blütensträußchen und einen Bombasinfächer. Ein Reporter, dessen Bild von ihr durch das ganze Gerede von der «Blutigen Lizzie» geprägt gewesen war und der sie jetzt zum erstenmal sah, schrieb:

> Sie ist keine Medusa, keine Gorgone. In ihren Zügen ist nichts Böses, Verbrecherisches oder Hartes. Sie war bescheiden, ruhig und still, und man sah deutlich, daß sie sich vollkommen in der Gewalt hatte und ihre Gefühle vor der dreisten Öffentlichkeit zu verbergen wußte.

In dem Gerichtssaal, in dem drückende Schwüle herrschte, saßen bereits 145 Kandidaten für die Geschworenenjury (drei waren durch Tod oder Krankheit entschuldigt), über 40 Zeitungsleute, eine Handvoll Freunde von Lizzie und die Gerichtsbeamten, so daß die Öffentlichkeit am ersten Prozeßtag ausgeschlossen blieb. Man hatte 50 zusätzliche Stühle in den Raum gestellt und weitere 25 für die Presse reserviert, doch die Sitzplätze reichten noch immer nicht aus. Eilig wurden weitere 15 Stühle herbeigeschafft, aber trotz allem mußten etliche Reporter ihre Schreibblöcke auf den Knien halten oder sich sogar nur mit Stehplätzen begnügen.

Die Kandidaten für die Jury waren Bauern oder Kaufleute, alle trugen Bart, und kaum einer war unter 50. Beide Parteien hatten sich darauf geeinigt, daß auf der Geschworenenbank keine jungen Männer und keine Einwohner von Fall River sitzen sollten. Frauen kamen 1893 für dieses Amt ohnedies nicht in Betracht. Noch einmal 27 Jahre mußten vergehen, ehe der Kongreß den Frauen das Wahlrecht zugestand.

Die Wahl der Geschworenen ging damals in Massachusetts sehr viel schneller vonstatten als heute, wo die Anwälte der Gegenparteien um jeden einzelnen Kandidaten ein regelrechtes Tauziehen veranstalten, wo man den Leuten auf den Zahn fühlt, ob sie nicht vielleicht befangen sind, wo nach Rasse, Hautfarbe, Konfession, Alter, demographischen und charakterlichen Gesichtspunkten quotiert werden muß. Bei Lizzies Prozeß lag die Entscheidung ganz allein bei Richter Mason. Es war Tradition, daß, wenn der Richter einen Kandidaten als geistig zurechnungsfähig und solide einschätzte, niemand diese Einschätzung anzweifelte. Jeder Anwalt durfte 22 Kandidaten kategorisch ablehnen, mit oder ohne Grund. Jennings lehnte 15 ab, und jedesmal mußte Lizzie sich von ihrem Platz auf der Anklagebank erheben und nur das eine Wort «abgelehnt» sagen. Moody lehnte 12 ab.

Um 17 Uhr hatte Richter Mason 108 Kandidaten befragt, und die Wahl der zwölf Geschworenen war abgeschlossen. Es waren William F. Dean, Louis B. Hodges und John C. Finn aus Taunton, Frank G. Cole aus Attleboro, Charles I. Richards aus North Attleboro, George Potter aus Westport, John Wilbur aus Somerset, Frederick C. Wilbar aus Raynham, Lemuel K. Wilber aus Easton, William Westcot aus

Seekonk, Augustus Swift aus New Bedford und Allen H. Wordell aus Dartmouth. Mr. Richards wurde von Richter Mason zum Obmann berufen.

Knowltons Mitarbeiter hatten dem Staatsanwalt für jeden Geschworenen eine sechszeilige Kurzcharakteristik vorbereitet. Ihre Bemerkungen und seine handgeschriebenen Kommentare dazu sind vielsagend:

Über Frank G. Cole hieß es, er sei Republikaner und unverheiratet. «Diese Juweliere sind durchweg intelligente Menschen und lesen Zeitung... ein guter, geradliniger Mann.» Knowlton schrieb darunter: «Bundesarmee». Über John C. Finn wurde gesagt, er sei Ire, aber sehr intelligent. Augustus Swift sei Protestant und halte viel von ausführlichen Zeugenaussagen. Knowltons Kommentar: «Guter Mann. Auf unserer Seite.»

Charles I. Richards, der Obmann, sei «ehrlich bis auf die Knochen, egal, was man über ihn sagt». George Potter wurde als Amerikaner und Universalist bezeichnet, sei allerdings Freimaurer. Man bescheinigte ihm einen gesunden Menschenverstand bei beschränkter Bildung. Lemuel K. Wilber sei gegen die Todesstrafe, wurde Knowlton gewarnt, aber seine Frau halte Lizzie für schuldig.

Richter Mason belehrte die Geschworenen, sie bekämen für die Dauer des Prozesses eine Vergütung von drei Dollar pro Tag sowie freie Kost und Logis. Für den nächsten Tag, teilte er ihnen mit, sei eine Eisenbahnfahrt in das nahe gelegene Fall River vorgesehen, wo sie sich mit den Gegebenheiten im Haus und auf dem Anwesen der Bordens vertraut machen sollten. Damit war der erste Prozeßtag pünktlich um siebzehn Uhr zu Ende.

In den Monaten zwischen Generalstaatsanwalt Pillsburys Erkrankung um Weihnachten 1892 und dem Beginn des Prozesses hatte Knowlton den Entschluß gefaßt, sich bei der Verhandlung soweit als irgend möglich zurückzuhalten. Sein Mitarbeiter, Bezirksanwalt Moody, besaß zwar insgesamt weniger Erfahrung und kannte auch den Fall nicht so in allen Schattierungen wie er selbst, zeichnete sich aber durch Sachverstand und Tatkraft aus. Er sollte den Löwenanteil der Anklagevertretung übernehmen, und in den ersten sieben Tagen überließ Knowlton ihm ganz und gar das Feld.

Am zweiten Tag wurden die Geschworenen morgens um neun ermahnt, als brave und wahrheitsliebende Männer zueinander zu stehen und die Beweisführung anzuhören. Moody erhob sich von seinem Platz, um die Auffassung der Staatsanwaltschaft vorzutragen. Der Bezirksstaatsanwalt von Essex County trat an die Barriere vor der Geschworenenbank und sprach in leisem, vertraulichem Ton, der dem traurigen Ernst des Augenblicks angemessen war. Es war nicht zu übersehen, daß er sich beklommen und unbehaglich fühlte.

«Am 4. August letzten Jahres», sagte er, «wurden ein Mann und eine Frau, ein Ehepaar, die beide, soweit bekannt, auf dieser Welt keine Feinde besaßen, in ihrem eigenen Heim in einer belebten Straße einer der dichtbevölkertsten Städte dieses County am hellichten Tage und zu geschäftiger Tageszeit nacheinander innerhalb einer Stunde verbrecherisch von Menschenhand getötet.

Heute steht eine gesellschaftlich angesehene, bislang unbescholtene Frau, die der christlichen Kirche angehört und im Dienste der Wohltätigkeit aktiv war, die leibliche Tochter eines der Opfer, vor den Schranken dieses Gerichts, angeklagt von der Anklagejury dieses County, diese Verbrechen begangen zu haben.

Ich wüßte nicht, Gentlemen, wie ich Ihnen den Ernst und die Bedeutung der Verhandlung anders vor Augen führen könnte als durch diese einfache Darlegung der Fakten.»

Diese «einfache Darlegung der Fakten», zog sich dann über zwei Stunden hin.

Die Erklärungen, die die Anwälte zu Beginn eines Prozesses abgeben, haben natürlich nichts gemein mit einer Beweisführung. Sie fassen vielmehr zusammen, was die jeweilige Partei hofft, beweisen zu können. Dabei sind Übertreibungen an der Tagesordnung, und die Beweise, die man später vortragen wird, erhalten durch das, was in diesen Eröffnungserklärungen gesagt beziehungsweise nicht gesagt wird, schon zu diesem frühen Zeitpunkt ihre Gewichtung. Die Parteien wetteifern darum, die Geschworenen davon zu überzeugen, daß ihre Version der Ereignisse die richtige ist. Wenn es ihnen an handfesten Beweisen fehlt, versuchen sie, diesen Mangel durch Theatralik und Verwirrspiele auszugleichen. Die ersten Minuten eines Prozesses sind nicht selten die entscheidenden. Man muß die Geschworenen auf das Kommende einstimmen, ihr Vertrauen gewinnen, muß wissen, wie man sie öffnet und aus der Reserve lockt. All das ist viel wichtiger als die nachfolgende detaillierte Beweisführung.

Moody ließ den schicksalsschweren Tag vor den Augen der Jury noch einmal in allen Einzelheiten ablaufen, wobei er immer wieder innehielt, um die Dinge hervorzuheben, die für die Staatsanwaltschaft besonders relevant waren. Er sprach von der feindseligen, haßerfüllten Atmosphäre, die nach Ansicht der Anklage im Hause Borden geherrscht habe, und wies darauf hin, daß Lizzie Abby nicht Mutter nannte.

Er berichtete von der Übelkeit, unter der die Familie am Tag vor dem Doppelmord sowie am Mordtag selbst gelitten habe, und kündigte an, die Anklage werde beweisen, daß Lizzie einen Tag vor dem Verbrechen versucht habe, Blausäure zu kaufen. Obwohl die Geschworenen darauf vorbereitet waren, sich am Nachmittag des zweiten Verhandlungstages selbst mit dem Tatort vertraut zu machen, gab Moody ihnen eine detaillierte Beschreibung von Haus und Anwesen.

Minute für Minute stellte er ihnen die Abläufe des Mordtages dar, wie sie sich nach Auffassung der Staatsanwaltschaft abgespielt hatten. Er beschrieb sämtliche Türen mit sämtlichen Schlössern, breitete sich in allen Einzelheiten über Bridgets Fensterputzen aus, schilderte ausführlich den schauerlichen Zustand der verstümmelten Leichen.

«Das Blut war in alle Richtungen gespritzt», sagte er, «und es ist anzunehmen, daß auch die Kleider des Mörders Blutspritzer abbekommen haben.» Später, als diese Frage zu einem der Dreh- und Angelpunkt des Prozesses wurde, machte Moody übrigens einen Rückzieher.

Nachdem er alle Punkte, die die Staatsanwaltschaft vorbringen konnte und wollte, dargelegt hatte, schloß er mit der Bitte an die Geschworenen, «zu sagen, ob man angesichts der fraglichen Ereignisse, die sich am Vormittag des 4. August zugetragen haben, überhaupt von einer anderen Hypothese ausgehen kann als von der, daß die Angeklagte schuldig ist.»

Die Zeit der Gerüchte, der tendenziösen, unzulänglichen Informationen, der übereilten und ungenauen Schlüsse sei nun vorbei, erklärte Moody am Ende seiner Ausführungen.

Lizzie hatte an jenem zweiten Verhandlungstag von der ersten Minute an aufrecht und nahezu reglos dagesessen, den Staatsanwalt nicht aus den Augen gelassen und aufmerksam jedem Wort gelauscht, das er an die Geschworenen richtete. Ihren zusammengefalteten Fächer hielt sie wie einen Stab, mit dem sie sich leicht auf die Wange klopfte. Als Moody die vielfältigen Verletzungen und den Mageninhalt der Opfer bildhaft beschrieb, erbleichte sie sichtlich und bedeckte sich die Augen mit ihrem Taschentuch. Und als der Vertreter der Anklage dann auf seinen Platz zurückkehrte, waren alle Blicke auf sie gerichtet.

Ein Reporter, der «Augenzeuge» war und nur wenige Schritte von ihr entfernt im Gerichtssaal gesessen hatte, beschreibt die Szene ausführlich:

> Es vergingen zwei oder drei Minuten, ohne daß Lizzie sich regte. Dann sanken der Fächer und die Hand, die ihn hielt, in den Schoß der Angeklagten. Ihr Kopf lehnte an der Schranke, ihre Augen waren geschlossen, der Mund stand offen, sie atmete tief und schwer, ihr Busen bebte.
>
> Ein Raunen ging durch den Saal: «Lizzie Borden schläft!» Gelinde entsetzt über solch despektierliches Benehmen, versuchte Hilfssheriff Kirby, der neben ihr saß, sie zu wecken, bevor das Gericht etwas davon bemerkte. Er schüttelte sie am Arm. Da sank ihr Kopf herunter, und ihre Wange ruhte im rechten Winkel zur Silhouette ihres Körpers auf der Schranke. Eine dunkle Röte überzog ihr Gesicht. Mr. Jubb, der Stadtmissionar von Fall River, sprang auf und fächelte ihr Luft zu.
>
> Ein Hilfssheriff eilte mit einem Glas Wasser herbei. Nach kurzer Zeit hatte sie das Bewußtsein teilweise wiedererlangt. Mr. Jubb forderte in einigermaßen scharfem Ton, man möge ihr Riechsalz bringen. Dann legte sie die Hände auf die Armlehnen ihres Stuhls und sank, ihrer Sinne noch immer nicht wieder ganz mächtig, zurück an die Schranke. Mr. Jubb brachte das Riechsalz zur Anwendung und tat dies mit solchem Eifer, daß sie niesen mußte und die Hand hob, um das Fläschchen fortzustoßen. Gleich darauf öffnete sie die Augen. Unterdessen hatte Sheriff Wright angefangen, auf seinen Tisch zu

klopfen und das Publikum zur Ordnung zu rufen. Die Leute schlichen zurück auf ihre Plätze, und der Zwischenfall endete damit, daß Miss Borden die Augen schloß und den Kopf an die Schranke lehnte.

Am nächsten Tag machten alle Zeitungen mit knalligen Schlagzeilen von Lizzies Ohnmacht auf. Edwin Porter freilich mußte den Vorfall in seiner Geschichte der Borden-Morde unerwähnt lassen, paßte doch jener Gefühlsausbruch, jene offen zur Schau getragene Verzweiflung ganz und gar nicht in das Lizzie-Bild, das er so sorgfältig und kunstvoll zurechtgebastelt hatte. Aber die *New York Times* berichtete darüber nicht nur in ihren neuen Spalten, sondern überdies noch in einem Leitartikel, in dem es heißt:

> Gestern begann in New Bedford der Prozeß gegen Lizzie Borden, der vorgeworfen wird, ihren Vater und ihre Stiefmutter ermordet zu haben, mit der Wahl der Geschworenen. Aufgrund der Ungewöhnlichkeit des Falls und der Geheimnisse, die jenen Doppelmord vom Augenblick seiner Entdeckung an umgeben, darf dieser Prozeß eines besonders großen Interesses sicher sein. Scheinbar erdrückend sind die Beweise gegen die junge Angeklagte, es sei denn, sie wäre geistesgestört, den einzigen Beweis ihrer geistigen Unzurechnungsfähigkeit aber liefert bislang das Verbrechen selbst, und ihr Verteidiger hat den Antrag auf eine entsprechende Untersuchung abgelehnt. Andererseits ist bis heute kein einziger Beweis dafür an die Öffentlichkeit gelangt, daß jemand anders die Tat begangen haben könnte, und so weist alles auf die Schuld der Angeklagten hin. Wir werden äußerst aufmerksam verfolgen, welche Entwicklung die Beweisaufnahme vor Gericht nehmen wird.

Darum drehte sich, kurz gesagt, das ganze Lizzie-Borden-Drama: Sie konnte es nicht «getan haben», es sei denn, sie war geistesgestört, was sie nicht war, aber es gab auch keinen Beweis dafür, daß jemand anders es getan hatte! Das war die Annahme, auf der die Staatsanwaltschaft ihre Anklage aufgebaut hatte. Das Fatale dabei war nicht die skandalöse Inkompetenz von Polizei und Staatsanwaltschaft, sondern die Arroganz, mit der beide davon ausgingen, daß die breite unwissende Masse des Pöbels diesen offenkundigen Widerspruch zwischen *«So könnte es gewesen sein»* und *«So muß es gewesen sein»* niemals begreifen würde.

Inzwischen war es zehn Minuten nach elf, und nach Lizzies Ohnmachtsanfall trat das Gericht in eine kurze Pause ein. Als alles wieder Platz genommen hatte, rief Moody als ersten Zeugen in diesem Prozeß den Bauingenieur Thomas Kieran auf. Er gab eine ausführliche Beschreibung des Bordenschen Hauses, der Größe und Lage der einzelnen Räume sowie der Wege vom Wohnhaus zur Scheune und zu den Nachbarhäusern.

Rechtsanwalt Jennings war klar: Die Anklage würde versuchen, die Tatsache, daß Lizzie, als sie an jenem Vormittag in ihr Zimmer hinaufging und kurz danach wieder nach unten kam, zweimal, nämlich auf dem Hin- und auf dem Rückweg, am Gästezimmer vorbeigekommen war, für ihre Zwecke auszunutzen. Man wußte, daß die Tür zum Gästezimmer offen stand. Wie also war es möglich, daß Lizzie Abby nicht gesehen hatte, die Moody zufolge «so lag, daß sie vom Flur aus nicht zu übersehen war»?

Im Kreuzverhör räumte Kieran ein, er habe beim Vermessen des Hauses eine Reihe von Experimenten durchgeführt, um festzsutellen, was jemand, der die Treppe hinauf- oder hinunterging und sich dabei in Höhe des Gästezimmers befand, tatsächlich sehen konnte. Er hatte sogar einen seiner Gefhilfen gebeten, sich so hinzulegen, wie Abby gefallen war.

«Dann bin ich die Treppe zur Hälfte runter- und gleich wieder raufgegangen, als wenn ich versuchen würde, den Mann zu sehen», berichtete er. Worauf Moody augenblicklich aufsprang und Einspruch erhob, der allerdings abgelehnt wurde. Als er die Stufen ganz normal hochgestiegen sei, fuhr Kieran fort, habe er seinen Gehilfen nicht sehen können, obwohl er gewußt habe, daß dieser dort war. Erst als er auf einer bestimmten Stufe stehengeblieben sei und seinen Blick über den Fußboden habe schweifen lassen, habe er die Füße des Mannes gesehen, der übrigens viel größer als das Opfer gewesen sei. Weder vom Flur noch von Lizzies Zimmertür aus habe er etwas sehen können.

**Das Gästezimmer**

Das war ein kleines, aber wesentliches Detail. Jennings hatte seinen ersten Treffer gelandet, und nach diesem Sieg für die Verteidigung vertagte sich das Gericht zu seiner Exkursion nach Fall River.

Am dritten Prozeßtag ging es zur Sache. Der Fotograf James A. Walsh identifizierte die amtlichen Aufnahmen, die er von den Leichen der Opfer sowie vom Tatort gemacht hatte. Die Bilder kamen als Beweismaterial zu den Akten. Als zweiter Zeuge wurde der zwielichtige John Vinnicum Morse aufgerufen.

Er erzählte, er sei am Tag vor dem Doppelmord angekommen, habe mit Andrew und Abby Mittag gegessen und dann ihre Farm in Swansea besichtigt, von wo er abends um halb neun zurückgekommen sei. Lizzie habe er weder beim Mittagessen noch am Abend oder am folgenden Morgen gesehen. Er sei gleich nach dem Hammelfleisch-Frühstück, noch bevor Lizzie nach unten gekommen sei, aus dem Haus gegangen. Wieso er, obwohl er mehrere Tage bleiben wollte, ohne Gepäck gekommen war, dazu äußerte er sich nicht.

Morgens gegen Viertel vor neun Uhr habe er das Haus der Bordens verlassen, sagte er, und sei zuerst aufs Postamt gegangen und dann etwa eine Meile gelaufen bis zur Weybosset Street, wo er seine Nichte besucht habe. Die vor dem Haus versammelten Schaulustigen habe er nicht bemerkt, als er ungefähr eine Dreiviertelstunde nach dem «Mord!»-Schrei zurückgekommen sei. Auch den strammen Charles Sawyer in seinem rotkarierten Wollhemd, der den Seiteneingang bewachte, habe er nicht bemerkt. Er sei nach hinten in den Garten spaziert, habe ein paar Birnen gegessen, die er vom Boden aufgelesen hatte, und sei dann ins Haus gegangen, und erst dort habe er von «irgendwem erfahren, daß irgendwas passiert war». – «Irgendwas», sagte Morse und meinte damit den Mord an Andrew und Abby.

Nach ihm traten in rascher Folge der Leiter der Finanzabteilung der National Union Bank, Abraham G. Hart, Everett M. Cook, Kassierer bei der First National Bank, der Hutmacher Jonathan Clegg und die Zimmerleute Joseph Shortsleeves und James Mather in den Zeugenstand und zeichneten Andrews Weg in die Stadt am Vormittag des Mordtages vom Verlassen des Hauses um halb zehn bis zu seiner Rückkehr um zehn Uhr 45 nach.

Moody hatte in seiner Eröffnungsansprache an die Geschworenen als Motiv für den Elternmord angegeben, Lizzie habe verhindern wollen, daß Andrew sein Testament zu Abbys Gunsten ändere. Das setzte voraus, daß es ein Testament gab. Jennings als vom Gericht bestellter Verteidiger machte die Geschworenen darauf aufmerksam, daß Andrew ihn, seinen langjährigen Rechtsanwalt, niemals mit der Aufsetzung eines Testaments beauftragt hatte und ein solches nicht existierte. Auch Hart, Andrews Vertrauter bei der Union Savings Bank, bestätigte, daß von einem Testament nie die Rede gewesen sei. Knowlton erhob gegen diese wichtige Aussage nicht Einspruch, ließ sich aber dadurch auch nicht aus dem Konzept bringen, sondern beharrte darauf, daß dies Lizzies Motiv gewesen sei.

Nach der Mittagspause kam Bridget Sullivan als Zeugin der Anklage zu Wort, sagte aber, wie die Zeitungen am nächsten Tag berichteten, eigentlich für die Verteidigung aus. Sie hatte über drei Jahre lang bei den Bordens gearbeitet, wobei zu ihren Aufgaben Kochen, Waschen, Plätten und die Reinigung der Räume im Erdgeschoß sowie ihrer eigenen Kammer gehörten. Die Eheleute und die Töchter hielten ihre Zimmer selbst sauber. Sie schilderte in allen Einzelheiten den Ablauf der vier bewußten Morgenstunden des 4. August.

Sie sei, sagte sie, um Viertel nach sechs mit argem Kopfweh aufgestanden. Als sie hinuntergekommen sei, habe sie wie jeden Morgen als erstes die Milchkanne von der hinteren Treppe hereingeholt und die leere Kanne sowie das Gefäß für die 25 Pfund schwere Eisstange, die der Eismann jeden Tag lieferte, hinausgestellt.

Um halb sieben habe sie mit Holz und Kohlen im Herd Feuer gemacht und ein Frühstück aus Hammelbrühe, aufgewärmtem (zum drittenmal) Hammelfleisch, Maiskuchen, Plätzchen, Bananen und Kaffee zubereitet.

(Irgend jemand sagte später einmal, beim Doppelmord an den Bordens gebe es zwei Dinge, die man, wenn man sie einmal gehört habe, nie wieder vergesse, den Spruch mit den 40 Hieben und dieses Frühstück am heißesten Tag des Jahres!)

Bridget sagte, als sie nach unten gekommen sei, habe John Morse bereits im Eßzimmer gesessen und Zeitung gelesen. Als nächste sei Mrs. Borden unten gewesen, und fünf Minuten danach sei auch

Mr. Borden erschienen. Er habe seinen Schmutzwassereimer bei sich gehabt, den er hinten im Garten ausgekippt habe; danach sei er wieder hereingekommen und habe einen Korb Fallbirnen mitgebracht, die er unter den Bäumen aufgelesen hatte. Dann habe er sich am Spülstein in der Küche die Hände gewaschen, und hierauf hätten sich die drei an den Frühstückstisch gesetzt.

Morse habe tüchtig zugegriffen und das Haus danach durch die Hintertür verlassen, und Andrew habe ihm gesagt, er solle zum «Dinner», das für gewöhnlich um zwölf Uhr eingenommen wurde, wieder dasein. Dann habe Andrew sich am Spülstein die Zähne geputzt, sich eine Schüssel Wasser genommen und sei über die Hintertreppe wieder nach oben in sein Zimmer gegangen.

Fünf Minuten später kam Bridgets Aussage zufolge Lizzie nach unten und setzte sich zum Frühstück hin, das aus schwarzem Kaffee und einem Plätzchen bestand. Sie selber, berichtete Bridget, sei hinaus auf den Hof gegangen, um sich zu übergeben. Schon wieder! Das war garantiert das verdammte Frühstück! Zehn Minuten später sei sie wieder in der Küche gewesen, habe die Fliegentür der Veranda abgeschlossen, dann sei sie Mrs. Borden über den Weg gelaufen, die sie angewiesen habe, alle Fenster im Erdgeschoß von außen und innen zu putzen. Es sollte die letzte Anweisung sein, die Bridget von ihrer Herrin erhielt.

Sie habe sich hierauf den Eimer aus dem Keller geholt und die Bürste aus dem Küchenschrank genommen. Der Stiel für die Bürste sei draußen in der Scheune gewesen; sie sei ihn holen gegangen. Sie habe Lizzie gesagt, daß sie draußen zu tun habe und die Verandatür ruhig abgeschlossen bleiben könne, weil es ja in der Scheune Wasser gebe, das sie nehmen könne.

Lizzie habe das Plättbrett aufgestellt und die Eisen zum Heißwerden auf den Herd getan. Sie habe gefragt, ob Bridget vorhabe, am Nachmittag auszugehen. «Bei Sargents gibt es heute nachmittag verbilligte Kleiderstoffe für acht Cent die Elle», habe Lizzie gesagt, doch Bridget habe geantwortet, sie fühle sich nicht wohl und werde wahrscheinlich nicht hingehen.

Nein, sie sei zwar sechs- oder siebenmal zwischen Haus und Scheune hin- und hergegangen, um frisches Wasser zu holen, habe aber dabei niemanden gesehen. Die meiste Zeit hatte sie weder den Seiteneingang noch die vordere Tür im Blick; es könne gut sein, daß jemand von ihr unbemerkt das Haus durch einen der beiden Eingänge betreten habe; nein, sie habe auch nicht gesehen, ob jemand einen Brief für Mrs. Borden gebracht habe. Was Lizzie an jenem Morgen angehabt habe? Ein blaues Kleid mit Rankenmuster.

Das Fensterputzen habe etwa anderthalb Stunden gedauert, danach sei sie ins Haus gegangen, um sich ein wenig auszuruhen. Mr. Borden sei aus der Stadt zurückgekommen; sie habe gerade ein paar Minuten gelegen, da habe die Rathausuhr elf geschlagen. Gleich darauf habe Lizzie geschrien: «Maggie, komm runter!» Sie erzählte, wie sie Dr. Bowen von gegenüber holen wollte und dann zu Alice Russells Haus lief.

Bridgets Schilderung des Vormittags brachte nichts Neues – bis auf eine Abweichung in den Zeitangaben, die allerdings weder Knowlton noch Robinson auffiel.

George Dexter Robinson stand auf, um die Zeugin ins Kreuzverhör zu nehmen, und man kann ohne Übertreibung sagen, daß er von da an die beherrschende Figur in diesem Prozeß war.

Er war eine starke, ehrfurchtgebietende Persönlichkeit, allerdings ohne das aufdringliche Machtgehabe, das derart schwergewichtigen, korpulenten Männern häufig eigen ist. Er trug einen penibel gestutzten Oberlippenbart und war tadellos gekleidet.

Mit 22 Jahren hatte er sein Studium in Harvard mit akademischen Ehren abgeschlossen. Seine Glückszahl schien die Drei zu sein. Dreimal war er ins Parlament seines Bundesstaates gewählt worden, dreimal ins Repräsentantenhaus nach Washington und dreimal zum Gouverneur von Massachusetts. Sein Vorgänger in diesem Amt war der berühmt-berüchtigte Benjamin F. Butler gewesen, wegen seiner Rolle als General im amerikanischen Bürgerkrieg auch «Butler, die Bestie» genannt.

Robinson war ein hervorragender Politiker, ein Mann also, der einen unfehlbaren Sinn dafür hatte, wie man die Gefühle der Wähler oder, in diesem Fall, der Geschworenen erreichen kann. Er wußte instinktiv, daß das Pferd, auf dem er im Wahlkampf durch seinen Wahlkreis ritt, wichtiger war als sein Votum bei der nächsten Parlamentssitzung. War das Tier zu rassig, hielten ihn die rauhbeinigen Farmer in Massachusetts für einen Großtuer. Entscheid er sich jedoch für eine armselige Schindmähre, hätten sie denken können, er verstünde nichts von Pferden, und das wäre noch schlimmer gewesen.

Jedesmal, wenn Robinson sich mit den Leuten über den Gartenzaun unterhielt oder mit ihnen in ihrer guten Stube plauderte, fragte er den jeweiligen Wähler irgendwann, wie spät es sei, und stellte dann seine eigene Uhr nach der alten Ingersoll seines Gesprächspartners, ganz gleich, was diese anzeigte.

Er gab sich so, wie er wollte, daß man ihn sah: als liebenswürdiger, aufrichtiger Waldsiedler und Freund, der zur Stelle war, wenn man ihn brauchte. Seine Nachteile waren die gute Familie, aus der er kam, sein Geld und seine Harvard-Diplome.

Lizzie soll großes Vertrauen zu ihm gehabt haben, nachdem er ihr einmal wie ein guter Onkel die Hand auf den Arm gelegt und gesagt hatte: «Keine Sorge, meine Kleine. Es wird alles gut.»

Jetzt aber, als er Bridget ins Kreuzverhör nahm, hatte er vor allem das Ziel, nachzuweisen, daß in dem Haus in der Second Street Nummer 92 keineswegs, wie die Anklage es darzustellen versuchte, Haß und Groll die Atmosphäre beherrscht hatten. Er wußte natürlich, daß dem Gesinde keine Familiengeheimnisse verborgen bleiben.

Bridgets Auftritt war beileibe nicht, wie man hätte erwarten können, der eines verängstigten, dummen Dienstmädchens. Sie war als Zeugin beeindruckend. Drei Stunden lang hatte sie in dem gerade einmal 1,20 Quadratmeter großen Zeugenstand ausgeharrt; zwei Stunden hatte sie sich von Moody in die Zange nehmen lassen, und als Richter Dewey ihr vom Gerichtsdiener einen Stuhl bringen lassen wollte, hatte sie abgewinkt. Sie hatte Moodys Fragen knapp, offen und höflich beantwortet. Sie hatte aufrecht dagestanden und sich nur selten mit der Hand auf der den Zeugenstand begrenzenden Schranke abgestützt. Sie sah ein bißchen aus wie Hester Prynne* am Pranger.

* Gestalt aus Nathaniel Hawthornes Roman *Der scharlachrote Buchstabe* (A. d. Ü.).

*Sie wurden Maggie genannt?*
Ja, Sir.
*Von Miss Emma und Miss Lizzie?*
Ja, Sir.
*Aber das war Ihnen nicht unangenehm?*
Nein, Sir, durchaus nicht.
*In keiner Weise kränkend?*
Nein, Sir.
*Es hat Ihnen keinerlei Unbehagen bereitet, Sie nicht verdrossen?*
Nein, Sir.
*Gab es überhaupt etwas, das Sie verdrossen hat in der Familie?*
Nein, Sir.
*Sie haben sich dort wohl gefühlt?*
Ja, Sir, es hat mir gut gefallen.
*Und können Sie sagen, ob die Familie Sie auch gern mochte?*
Soweit ich weiß, schon.
*Die Familie war angenehm für Sie als Dienstmädchen?*
Wie die Familie war, weiß ich nicht. Ich bin gut mit ihnen ausgekommen.
*Sie haben nie etwas Ungewöhnliches bemerkt?*
Nein, Sir.
*Sie haben nie einen Familienzwist erlebt?*
Nein, Sir.
*Nicht einmal kleine Reibereien oder dergleichen?*
Nein, Sir.

Lizzie und Abby hätten stets gesittet miteinander gesprochen, fügte sie noch hinzu. Man habe gemeinsame Mahlzeiten gehalten, wenngleich nicht immer, da die Töchter in der Regel erst um neun aufgestanden seien, also viel später als die Eltern.

*Worüber (redeten sie) an jenem Donnerstag morgen, als sie herunterkamen?*
Das weiß ich nicht mehr.
*Haben sie sich nicht unterhalten im Wohnzimmer?*
Als sie (Lizzie) kam, hab ich sie reden gehört.

*Wen?*
Miss Lizzie und Mrs. Borden.
*Im Wohnzimmer?*
Mrs. Borden hat ihr eine Frage gestellt, und sie hat sehr gesittet geantwortet.
*Als Sie die beiden reden hörten, waren sie da ruhig, genau wie alle anderen?*
Ja, Sir.
*Soweit Ihnen bekannt ist, gab es an jenem Morgen keinerlei Zwietracht?*
Nein, Sir, ich habe nie erlebt, daß es Zwietracht gab in der Familie.

Man erinnerte sie daran, daß sie bei der Vorverhandlung ausgesagt habe, es sei um irgendwelche Pläne für Weihnachten gegangen, und sie auf die Frage, ob sie von Reibereien zwischen Miss Lizzie und ihrer Mutter wisse, geantwortet hatte: «Nein, Sir, in meinem Beisein nie ein böses Wort.» Damit hatte Robinson sein Ziel im Grunde erreicht, drang aber noch einmal in Bridget:

*Wenn also nun an jenem Morgen nichts passiert ist, Miss Sullivan, wenn an dem Tag nichts Ungewöhnliches geschah, könnte es denn sonst einen Grund geben, weshalb Sie sich an jenen Donnerstag besser erinnern als an irgendeinen anderen Tag?*
Ja, also, nein, es gab keinen Grund, weshalb ich mich an den Tag besser erinnere als an andere.

Sollte zwischen Lizzie und Abby mörderischer Haß geherrscht haben, dann war er dem im Haus lebenden Dienstmädchen drei Jahre lang verborgen geblieben. Bridget hatte nichts ausgesagt, was Lizzie schaden konnte, und die Gelassenheit, die sie im Zeugenstand an den Tag legte, dürfte ihr wohl die Sympathie der Geschworenen eingetragen haben.

Damit endete der dritte Verhandlungstag, und beide Parteien zogen sich zurück in ihre Lager. Im Leitartikel des *Boston Advertiser* stand zu lesen:

Bislang ist es der Staatsanwaltschaft entschieden nicht gelungen, Lizzie Borden zu überführen. Es wächst die Überzeugung, daß man ihr keine Schuld nachweisen kann. Die Staatsanwaltschaft hat die Pflicht, eindeutig zu beweisen, daß Lizzie Borden diesen Doppelmord begangen hat; andernfalls muß und wird sie freigesprochen werden.

## 10 Der Obersheriff und der vierte Prozeßtag

Der absolute Star unter den zahlreichen Zeitungsleuten, die den sensationellen Prozeß verfolgten, war ohne Frage Joe Howard, ein kraftstrotzender Reporter von ausladender Statur, der sich selbst zum ersten für eine Pressezentrale arbeitenden Kolumnisten in der Geschichte des Journalismus ernannt hatte. Sein Tun und Treiben fand kaum weniger Beachtung als das der Hauptfiguren in diesem Verfahren. Seine täglichen Berichte waren geistvoll, blumig im Stil und subjektiv. Sie wurden von Tausenden Lesern Dutzender Zeitungen im Osten des Landes gierig verschlungen. Die überschwengliche Schilderung des vierten Verhandlungstages ist ein ausgezeichnetes Beispiel für seinen extravaganten, nonkonformistischen Stil:

> Die menschliche Natur mit all ihrem Zubehör von Eitelkeit, Aberglauben, Dünkel und Lust an schaurigen Moritaten präsentierte sich heute wunderbar anschaulich in Gestalt einer gewaltigen Zuschauermenge, die das Klopfen des leichtherzigen, festblickenden, munterfäustigen Sheriffs Wright in der trostlosen neunten Morgenstunde dieses Tages zum Schweigen brachte. Die Landstraßen waren seit dem ersten Frühlicht verstopft von Farmwagen, die in hellen Scharen eilig nach dem Gerichtsgebäude fuhren, und die Leute auf diesen Wagen hatten allesamt die erwartungsvolle Miene von Schaulustigen, die sich eine ganz besondere Sensation erhoffen. Mit Erleichterung sah ich, daß der Sheriff, die für alle Zeiten gültige Aufteilung der Völker dieser Erde nachahmend, wie weiland die Schäfer, welche die Schafe von den Böcken sonderten, die Männer auf der einen und die Frauen auf der anderen Seite Platz nehmen ließ.

Howard hatte sich den Sheriff zur Zielscheibe seines Spottes erkoren. Wright war ein kleiner rühriger Mann, der ein wenig an einen Biber erinnerte und sich durch und durch dessen bewußt war, daß sein einziger Daseinszweck auf dieser Welt in jenem Jahre des Herrn darin bestand, die Würde des zweiten Bezirksgerichts im Staat Massachusetts zu schützen. Und das wußte auch Joe Howard:

> Das Benehmen des Publikums bereitet keine Sorgen. Es ist das Publikum einer typischen neuenglischen Kleinstadt, ein Publikum aus Fabrikarbeitern, Fischern, jungen Burschen, die zur See fahren, Anwälten und Geschäftsleuten sowie Frauen aller Art, guten und schlechten, häuslichen und schönen, vulgären und sanften, die dazu geboren sind, die Welt zu erfreuen und durcheinanderzuwirbeln. Die Leute sind sehr ruhig. Sie sitzen sehr still. Sie sind nicht nur im Banne dieser tragischen Geschichte, sie spüren auch, daß der einzige in diesem Saal, der sich um ihr Benehmen sorgt, seinen Adlerblick über ihnen schweifen läßt. Das ist der Obersheriff von Bristol County, der oberste Sheriff, der höchste Sheriff, den es je gab; so hoch, daß er sich ducken muß, wenn er unter dem Monde wandelt. Wenn er nicht gerade damit beschäftigt ist, dem Hohen Gericht bei dessen Einzug gemessenen Schrittes voranzugehen oder im Gerichtssaal umherzuspähen, ob etwa irgendein unglückseliger Elender zu atmen wagt, ohne ihn zuvor um Erlaubnis gefragt zu haben, ist der Obersheriff von Bristol County damit befaßt, Rückschau zu halten. Es macht ihn glücklich, den ehrenwerten Richtern des übergeordneten Gerichtshofs des Staates Massachusetts, den hohen Seidenhut fest auf dem Haupte, in seinem blauen Schwalbenschwanz, dessen Messingknöpfe ausreichen, um ein ganzes Regiment haitianischer Generale damit auszustatten, und dessen Frackschöße flattern wie ein Banner am Fahnenmast, gemessenen Schrittes vorangehen zu dürfen, wenn sie den Saal betreten und sich auf ihre Plätze hinter dem Richtertisch begeben. Es macht ihn glücklich, wenn er mit finsterer Miene um sich blickt und einem unglückseligen Gehilfen seine erhabene Mißbilligung zu erkennen geben kann. Die schönsten Augenblicke seines Lebens aber sind die, in denen er ganz in sich gekehrt sein darf, wenn er an seinem Tisch sitzt und alle

# INDICTMENT.

COMMONWEALTH
VS.
LIZZIE ANDREW BORDEN.

## MURDER.

## Commonwealth of Massachusetts.

*BRISTOL SS. At the Superior Court begun and holden at Taunton within and for said County of Bristol, on the first Monday of November, in the year of our Lord one thousand eight hundred and ninety-two.*

The Jurors for the said Commonwealth, on their oath present,—That Lizzie Andrew Borden of Fall River in the County of Bristol, at Fall River in the County of Bristol, on the fourth day of August in the year eighteen hundred and ninety-two, in and upon one Andrew Jackson Borden, feloniously, wilfully and of her malice aforethought, an assault did make, and with a certain weapon, to wit, a sharp cutting instrument, the name and a more particular description of which is to the Jurors unknown, him, the said Andrew Jackson Borden feloniously, wilfully and of her malice aforethought, did strike, cut, beat and bruise, in and upon the head of him, the said Andrew Jackson Borden, giving to him, the said Andrew Jackson Borden, by the said striking, cutting, beating and bruising, in and upon the head of him, the said Andrew Jackson Borden, divers, to wit, ten mortal wounds, of which said mortal wounds the said Andrew Jackson Borden then and there instantly died.

And so the Jurors aforesaid, upon their oath aforesaid, do say, that the said Lizzie Andrew Borden, the said Andrew Jackson Borden, in manner and form aforesaid, then and there feloniously, wilfully and of her malice aforethought did kill and murder; against the peace of said Commonwealth and contrary to the form of the statute in such case made and provided.

A true bill.

HENRY A. BODMAN,
Foreman of the Grand Jury.

HOSEA M. KNOWLTON,
District Attorney.

Bristol ss. On this second day of December, in the year eighteen hundred and ninety-two, this indictment was returned and presented to said Superior Court by the Grand Jury, ordered to be filed, and filed; and it was further ordered by the Court that notice be given to said Lizzie Andrew Borden that said indictment will be entered forthwith upon the docket of the Superior Court in said County.

Attest:—

SIMEON BORDEN, Jr.,
Asst. Clerk.

A true copy.
Attest: Simeon Borden Clerk.

**Anklageerhebung der Anklagejury gegen Lizzie Borden (bisher unveröffentlicht)**

Blicke auf sich ruhen fühlt, dann denkt er wirkliche Gedanken, und alle drehen sich nur um ihn. Dann befindet sich der Obersheriff von Bristol County im Zustand wahrhaftigen, höchsten Friedens und äußerster Zufriedenheit.

Eine treffliche Beschreibung der Kulisse, vor der der vierte Prozeßtag begann. Wäre dies die vierte Runde eines Weltmeisterschaftskampfes im Boxen gewesen, hätten Ringrichter und Punktgericht sich mit Sicherheit auf ein Unentschieden geeinigt. Die Staatsanwaltschaft rief ihre beiden wichtigsten Zeugen auf und konnte mit beiden Punkte sammeln, aber dank ihrer vorzüglichen Deckung gelang es der Verteidigung, den Schaden auf ein Mindestmaß zu begrenzen und sogar selbst ein paar Treffer zu landen.

**Dr. Seabury Bowen, Arzt, der als erster die Leichen untersuchte**

Dr. Seabury Bowen, seit 26 Jahren als Arzt praktizierend, hatte 22 Jahre lang vis-à-vis von den Bordens gewohnt und war zwölf Jahre ihr Hausarzt gewesen. Er trat am Morgen des 8. Juni als erster in den Zeugenstand und berichtete, wie seine Frau ihn am Vormittag jenes 4. August des Vorjahres zu den Bordens geschickt hatte.

Er untersuchte die Leichen seiner beiden alten Nachbarn oberflächlich und stellte fest, daß jede Hilfe zu spät kam. Mr. Bordens Gesicht sei so entsetzlich verstümmelt gewesen, sagte er aus, daß es selbst jemandem, der das Opfer so gut kannte wie er, schwerfallen mußte, den Mann zu identifizieren.

Lizzie habe ihn gebeten, ein Telegramm an Emma zu schicken, die in Fairhaven auf Besuch weilte; er sei zu dem nur wenige Blocks entfernten Telegrafenbüro gelaufen, habe das Telegramm aufgegeben und sei wieder zu den Bordens gegangen, wo Mrs. Churchill ihn mit der Nachricht empfangen habe, daß Mrs. Bordens Leiche im oberen Stockwerk gefunden worden sei.

Bezirksstaatsanwalt Moody fragte ihn, was Lizzie bei seinem ersten Besuch für ein Kleid getragen habe. Bei der Untersuchung hatte er erklärt: «Das kann ich gar nicht so leicht beantworten. Wenn ich ein ähnliches Kleid sähe, könnte ich wahrscheinlich sagen, so eins war es, aber beschreiben kann ich es nicht. Es war ziemlich fad, nicht viel Buntes dran, darum ist es mir auch nicht weiter aufgefallen. Eine Art Hauskleid aus Kaliko, würde ich sagen.

Moody versuchte verzweifelt, Bowen zu entlocken, was er unter «fad» verstand, aber der brave Doktor blieb stur. Er habe keine Ahnung von Weiberkleidern und schon gar nicht von weibischen Farben und Mustern.

Im Kreuzverhör fragte Rechtsanwalt Melvin O. Adams ihn nach Lizzies Gemütszustand. Die anwesenden Damen, seine Frau, Mrs. Churchill und Miss Russell, sagte Bowen, hätten «mit ihren Fächern gewedelt und sich an ihr zu schaffen gemacht». Sie habe sich auf ein Sofa im Eßzimmer geworfen, und er habe den Damen schließlich gesagt, sie sollten sie auf ihr Zimmer bringen. Er habe ihr zur «Beruhigung der Nerven» ein Mittel gegeben, das Bromkoffein heiße, und ihr noch eine Dosis davon für später dagelassen.

> *Gab es später noch eine Gelegenheit, bei der Sie ihr etwas gegen den seelischen Kummer und zur Beruhigung der Nerven verschreiben mußten?*
> Ja, Sir,
> *Wann war das?*
> Am Freitag.

*War es dasselbe Rezept oder Mittel wie beim erstenmal?*
Es war etwas anderes.
*Was?*
Morphiumsulfat.
*Wie hoch war die Dosis?*
Ein Achtelgran.
*Wann einzunehmen?*
Freitag abend zum Schlafengehen.
*Haben Sie ihr am nächsten Tag ein anderes Mittel gegeben?*
Das nicht, aber ich habe die Dosis verdoppelt.
*Das war am Samstag?*
Am Samstag.
*Haben Sie die Dosierung am Sonntag beibehalten?*
Ja, Sir.
*Haben Sie sie am Montag beibehalten?*
Ja, Sir.
*Und am Dienstag?*
Ja, Sir.
*Wie lange hat sie das Mittel genommen?*
Sie hat es die ganze Zeit weitergenommen, als sie auf der Polizeiwache war.
*Nach ihrer Verhaftung, richtig?*
Und davor.
*Mit anderen Worten, sie hat es die ganze Zeit genommen, bis zu ihrer Verhaftung, bei der Untersuchung und als sie auf der Polizeiwache saß?*
Ja, Sir.
*Beeinträchtigt eine doppelte Dosis Morphium zur Linderung seelischen Kummers und zur Beruhigung der Nerven nicht auch das Gedächtnis, nimmt man die Dinge dadurch nicht anders wahr, und kann man davon nicht Halluzinationen bekommen?*
Doch, Sir.

Ein Raunen ging durch den Gerichtssaal, und Robinson wies die Geschworenen in seiner Zusammenfassung darauf hin, daß Lizzie bei sämtlichen Vernehmungen durch die Polizei ebenso wie bei ihren

Aussagen während der Untersuchung unter dem stark sedierenden Einfluß dieses Opiumderivats gestanden hatte.

Nein, sagte Bowen, Blutflecken habe er an Lizzie nicht gesehen, und er hätte reichlich Gelegenheit gehabt, sie zu bemerken, wenn welche dagewesen wären.

Als nächste wurde die Witwe Adelaide Churchill aufgerufen. Sie sei gerade vom Einkaufen gekommen, als sie Bridget gesehen habe, die «kreidebleich und mit raschen Schritten» über die Straße gelaufen sei zu Dr. Bowens Haus. Sie habe ihre Einkäufe abgestellt und aus dem Küchenfenster geschaut, um zu sehen, was los sei.

Sie habe Lizzie am Türpfosten lehnen sehen, die junge Fran habe erregt und bestürzt gewirkt. Die Witwe habe hinübergerufen: «Was ist denn los?»

«O bitte, Mrs. Churchill, kommen Sie rüber», habe Lizzie gerufen. «Jemand hat Vater getötet!» Man ließ Adelaide Churchill erzählen, wie der Vormittag verlaufen war, und dann fragte man sie, was Lizzie für ein Kleid getragen habe.

*Würden Sie uns bitte das Kleid beschreiben, das sie anhatte, als Sie bei ihr waren?*

Die Grundfarbe war wohl Hellblau-Weiß. Es muß aus Kaliko oder Kambrik gewesen sein; hellblau-weiß mit dunklem, marineblauem Rautenmuster bedruckt.
*Ist dies das Kleid, das sie an dem Morgen anhatte? (Man zeigte ihr das dunkelblaue Kleid, das Lizzie der Polizei gegeben hatte.)*
Es sieht nicht so aus.
*Ist es das?*
Das ist nicht das Kleid, das ich beschrieben habe.

Ein Punkt für die Anklage.

Als nächste kam Alice Russell an die Reihe, die seit vielen Jahren mit den Bordens befreundet gewesen war und jetzt als Belastungszeugin auftrat. Sie war von sich aus zur Polizei gegangen und hatte gesagt, sie habe gesehen, wie Lizzie am Sonntag abend nach dem Doppelmord einen Rock verbrannt habe. Prompt hatte Knowlton daraufhin vor der Presse erklärt, durch Miss Russells Aussage bei dem Prozeß werde Lizzie überführt werden. Jetzt rief Moody sie in den Zeugenstand, damit sie dieses Versprechen einlöste.

Der Kolumnist Joe Howard schildert sie als «sehr groß, eckig und dünn, die Stirn hoch und die Augen blaßblau, und ihr Mund sieht aus, als wären ‹Prisma› und ‹prüde› die Worte, die am häufigsten über ihre Lippen kommen. Die Arme verschränkt, verleiht sie ihren Antworten Nachdruck, indem sie unablässig leise mit einem Bombasinfächer klappert.»

Zuerst erzählte sie, wie Lizzie sie am Abend vor dem Doppelmord besuchte; Miss Borden habe einen verstörten und niedergeschlagenen Eindruck gemacht und gesagt, sie fürchte um das Leben ihres Vaters und um ihr eigenes. Dann wurde die Zeugin gefragt, ob sie das Kleid beschreiben könne, das Lizzie am Vormittag darauf getragen hatte?

Sie antwortete knapp: «Beim besten Willen nicht.» Und dann war das hochbrisante Thema der Kleiderverbrennung an der Reihe. Was sie genau gesehen habe, sollte sie sagen.

«Ich ging in die Küche und sah Miss Lizzie am anderen Ende des Herdes stehen. Ich sah, wie Miss Emma am Spülstein stand. Miss Lizzie war am Herd und hatte einen Rock in der Hand, und ihre Schwester drehte sich um und fragte: ‹Was tust du da?› Und Lizzie sagte: ‹Ich verbrenne das alte Ding. Es ist mit Farbe bespritzt.›» Miss Russell sei aus der Küche gegangen und habe noch gesagt: «Paß nur auf, Lizzie, daß dich keiner dabei sieht.»

Wieder ein Punkt für die Anklage.

Aber...

Eine Maxime, die jeder Juraprofessor seinen Studenten von der ersten Vorlesung an einhämmert, lautet: Stelle nie einem Zeugen eine Frage, wenn du nicht schon vorher weißt, was er darauf antwortet. Diese Regel vergaß Moody zu beherzigen, als er Robinson beim Kreuzverhör ins Wort fiel:

*Miss Russell, würden Sie uns bitte sagen, was für ein Kleidungsstück – würden Sie uns das Kleidungsstück beschreiben, das, wie Sie in Ihrer Zeugenaussage angegeben haben, am Sonntag vormittag verbrannt wurde?*
Ein billiges Fähnchen aus Bedfordcord.
*Und die Farbe?*
Hellblauer Grund mit einem dunklen Muster darauf – kleingemustert.
*Wissen Sie, wann sie es bekommen hat?*
Ich bin mir nicht ganz sicher.
*Ungefähr?*
Um Frühlingsanfang.
*Hat sie Sie in irgendeiner Form darauf aufmerksam gemacht, als sie es bekam?*
Sie hat mir erzählt, daß sie diesen Bedfordcord hat und daß die Schneiderin da war, und eines Abends, als ich zu ihr rüberkam, hatte sie es an und machte mich darauf aufmerksam, und ich sagte: «Ach, das ist ja der Bedfordcord.» Das war das einzige Mal, daß ich es davor gesehen hatte.
*Bevor es verbrannt wurde?*
Ja, Sir.
*Um das noch einmal klarzustellen, nachdem Sie das Kleidungsstück im Frühjahr bei Miss Lizzie Borden gesehen und mit ihr darüber gesprochen hatten, haben Sie es bis zu jenem Sonntag vormittag nach dem Mord nicht mehr gesehen?*
Ich kann mich nicht erinnern, es in der Zwischenzeit noch einmal gesehen zu haben, ich bin ziemlich sicher, daß ich es in der Zwischenzeit nicht noch einmal gesehen habe – ganz bestimmt nicht.

Moody nahm wieder Platz; es war ihm offenbar entgangen, daß er seine Zeugin eigenhändig zum Umfallen gebracht hatte. Mit seinen Zusatzfragen wischte er einen der wichtigsten Punkte der Anklage vom Tisch, nämlich daß Lizzie an jenem Sonntag das Kleidungsstück verbrannt habe, das sie angeblich am Donnerstag vormittag trug.

Miss Russell hatte erklärt, beim besten Willen nicht beschreiben zu können, was Lizzie am Vormittag des Mordtages angehabt habe. Im

Gegensatz dazu gab sie eine sehr genaue Beschreibung des Kleidungsstücks, das die Angeklagte im Küchenherd verbrannt hatte. Es war das Kleid aus Bedfordcord, und sie erklärte viermal nachdrücklich, daß sie es zwischen dem Frühlingstag, als Lizzie es zum erstenmal trug, und dem Sonntag morgen, als sie es verbrannte, nicht mehr gesehen habe. Damit bezeugte sie, daß sie es am Vormittag des Mordtages *nicht* gesehen hatte und daß dies *nicht* das Kleid war, das Lizzie an jenem Vormittag trug!

Robinson brauchte die Geschworenen nicht einmal darauf hinzuweisen, daß Miss Russell nicht von einem «Kleid», sondern von einem «Rock» gesprochen hatte, den Lizzie verbrannte.

Ein dicker Punkt für die Verteidigung.

Aufschlußreich ist auch, wie der stellvertretende Polizeichef John Fleet auf die Geschworenen wirkte. Liest man zu den nüchternen Prozeßakten die Bemerkungen, die viele der Reporter über ihn machten, dann kommt einem der Mann aggressiv, ja sogar arrogant vor. Er war eindeutig der einzige Zeuge, mit dem Robinson wirklich zu kämpfen hatte. Man kann schwerlich behaupten, daß Fleet diesen Kampf gewonnen hat, denn immerhin bestehen berechtigte Zweifel nicht nur an der Wahrheit, sondern auch an der Exaktheit seiner Aussagen.

Vor allem aber grub er sich, wie man so sagt, selber das Wasser ab. Er hatte sämtliche Durchsuchungsaktionen der Polizei von Fall River geleitet, die das Haus der Bordens, die Scheune und das ganze Anwesen am Donnerstag, Freitag und Samstag mehrfach auf den Kopf gestellt hatte. Jetzt sollte er den Geschworenen erklären, warum keine blutbefleckten Kleidungsstücke gefunden worden waren und warum es fünf Tage gedauert hatte, bis man sich darüber einigen konnte, welches die Tatwaffe war. Bekanntlich hatte Lizzie das Haus nach Bekanntwerden des Doppelmordes nicht mehr verlassen, und von der Ermordung der Bordens bis zu dem Moment, als die Polizei den ersten Anruf erhielt, waren nur wenige Minuten verstrichen, wo also hatte Lizzie die Kleider und das Beil gelassen, wenn sie die Täterin war? Wann sollte sie Zeit gehabt haben für den Mord und alles, was passiert sein mußte, bevor der Anruf auf der Polizeistation einging?

Der Ex-Gouverneur ging so geschickt mit diesen beiden Zeugen um, daß jeder junge Anwalt etwas daraus lernen kann. Zwar hatten sowohl Assistant Marshal Fleet als auch Miss Russell gegen Lizzie Partei ergriffen, doch waren beide ihrem Temperament nach sehr verschieden. In der Regel darf man Belastungszeugen niemals provozieren, weil sie sonst spontan Dinge sagen könnten, die der Verteidigung nicht in ihr Konzept passen. Als der mit allen Wassern gewaschene Robinson Lizzies frühere Freundin verhörte, hielt er sich sehr sorgfältig an diesen Grundsatz. Bei Fleet aber verstieß er in geradezu klassischer Weise dagegen. Ihm war bekannt, daß Miss Russell einige Zeit nach dem Doppelmord von sich aus zu dem Schluß gelangt war, Lizzie müsse schuldig sein. Deshalb faßte er sie mit Samthandschuhen an und verstand es, den Geschworenen den Eindruck zu vermitteln, daß das, was sie zu sagen hatte, keinerlei Bedeutung habe, sie selbst aber in dem Gefühl zu bestätigen, dies sei der wichtigste Augenblick ihres Lebens.

Fleet war ein Gegner von anderm Schrot und Korn, ein Berufspolizist, dem es um die Ehre seines Standes ging. Robinson stachelte ihn bewußt auf, so daß die Jury sehen konnte, wie feindselig und voreingenommen er Lizzie gegenüber war.

Er war bereits um Viertel vor zwölf am Tatort eingetroffen, sprach aber erst mit Lizzie, nachdem sie sich auf ihr Zimmer zurückgezogen hatte. Sie hatte ihm die inzwischen allseits bekannten Abläufe geschildert. Sie hatte Fleet von ihrem Gang in die Scheune erzählt und davon, daß Morse die Nacht zuvor Gast im Hause gewesen war. Sie glaube nicht, daß er etwas mit dem Doppelmord zu tun habe, hatte sie ausgesagt, ebensowenig denke sie, daß Bridget darin verwickelt sei. Wäre Lizzie die Täterin gewesen, hätte sie allen Grund gehabt, den Verdacht auf Morse und Bridget zu lenken. Daß sie das nicht tat, scheint den stellvertretenden Polizeichef nicht beeindruckt zu haben. Aufgehorcht hatte er allerdings, als Lizzie sagte, Mrs. Borden sei nicht ihre Mutter, sondern ihre Stiefmutter. Offensichtlich war es diese vielleicht neutral, vielleicht auch abfällig gemeinte Bemerkung, die Fleet von Lizzies Schuld überzeugt und fortan sein ganzes Handeln bestimmt hat. Er hatte keine Zeit gehabt, auf Lizzies Trauer Rücksicht zu nehmen, sondern die sofortige Durchsuchung ihres

Zimmers angeordnet. Assistiert von Minnehan und Wilson, hatte er sich an die Arbeit gemacht, aber nichts gefunden.

Er sei daraufhin in den Keller gegangen und habe sich dort an der Suche beteiligt. Officer Mullaly habe ihm zwei Äxte und die Beile gezeigt, die Bridget ihm gegeben hatte. Außer diesen vier Waffen, so Fleet, habe er auf einem Bord eine Kiste entdeckt, und darin habe man jene Beilklinge gefunden, die später als angebliche Tatwaffe identifiziert wurde. Mit dieser Aussage begab sich der stellvertretende Polizeichef eindeutig in Widerspruch zu allen anderen Zeugen, die bestätigten, daß Bridget es war, die die Kiste heruntergeholt und sie Mullaly gezeigt hatte. Und dies war nicht der einzige Punkt, in dem Fleets Schilderung der Ereignisse dem widersprach, was andere berichtet hatten.

Das Beil war seiner Beschreibung nach «dick mit Staub oder Asche bedeckt». Gleich darauf sagte er, es sei kein Staub gewesen, sondern Asche. Der Stiel sei abgebrochen gewesen, und die Bruchstelle habe ziemlich frisch ausgesehen. Zu diesem Zeitpunkt hatte er offenkundig nicht geglaubt, daß es die Mordwaffe sei, denn er ließ es in der Kiste und stellte diese wieder auf das Bord. Die zwei Äxte und beide Beile wurden zu Laboruntersuchungen nach Harvard geschickt. Da sich an keinem dieser Beweisstücke Blutspuren fanden, kam als Tatwaffe nur die Beilklinge in Frage, die daraufhin von der Polizei zum Mordinstrument erklärt wurde.

Es folgte eine Reihe peinlicher Fragen die Hausdurchsuchungen betreffend. Die Durchsuchung von Haus, Scheune und Anwesen hatte nahezu den ganzen Donnerstag nachmittag in Anspruch genommen. Am Freitag waren fünf Leute an der Durchsuchung beteiligt gewesen: Fleet, Marshal Hilliard, Captain Desmond, der Polizeiarzt Dr. Dolan und Detective Seaver von der Polizei des Staates Massachusetts. Jennings hatte darauf bestanden, ebenfalls anwesend zu sein und aufzupassen, daß nicht gemauschelt wurde. Das Haus des Bordens war nicht sehr groß und hatte nur wenige Stellen, wo man Kleiderbündel oder Mordwaffen verstecken konnte. Die Durchsuchung am Freitag dauerte fünf Stunden, und am Samstag machte sich dieselbe Mannschaft noch einmal ebenso lange dort zu schaffen.

Fleet, sichtlich darauf bedacht, die Inkompetenz der Polizei zu vertuschen, erwähnte die Durchsuchungen von Donnerstag nachmittag und Freitag überhaupt nicht. Er tat so, als wäre der Tatort am Samstag erstmals durchsucht worden.

Er räumte ein, oben in der Scheune eine Korbtruhe mit «Blei und Eisen» gefunden zu haben, woraus man Senker machen konnte. Er ging darauf nicht weiter ein, obwohl Lizzie in ihrer Aussage bei der Untersuchung genau dieses Behältnis erwähnt hatte. Es war eindeutig, daß er auf Dinge, die Lizzie entlasten konnten, keinen Wert legte.

Er erklärte zunächst, man habe das Haus am Samstag nur oberflächlich durchsucht, womit er den Eindruck, daß die Polizei geschludert hatte, im Grunde nur bekräftigte. Denn schließlich wäre es, ehe man irgend jemanden beschuldigen konnte, zwingend notwendig gewesen, die Waffe und blutbefleckte Kleidungsstücke zu finden. Robinson blieb beharrlich bei diesem Punkt und brachte Fleet endlich so weit, daß er eine Kehrtwendung vollzog und zugab, die Durchsuchung sei sorgfältig und gründlich gewesen.

Als Robinson ihn fragte, wie gründlich die Durchsuchung gewesen sei, erklärte er zunächst, er habe sich die einzelnen Kleidungsstücke nicht genau angesehen. Aber der Verteidiger ließ nicht eher locker, als bis er genau schilderte, wie er die Räume nacheinander durchgekämmt hatte. Zu guter Letzt mußte Fleet eingestehen, daß er jedes einzelne Kleidungsstück herausgenommen, es zunächst von außen untersucht und dann umgekrempelt hatte. Blutflecke hatte er nicht gefunden.

Auch in bezug auf die Beilklinge brachte Robinson den Zeugen arg in Bedrängnis. Der stellvertretende Polizeichef hatte sowohl bei der Untersuchung als auch in seiner direkten Zeugenaussage behauptet, sie sei mit Asche bedeckt gewesen, die jemand, nachdem er sie abgewaschen hatte, darüber gestäubt habe, um den Eindruck zu erwecken, daß sie längere Zeit nicht benutzt worden sei. Robinson zwang ihn zuzugeben, daß sich im Keller ein Haufen Asche befand, der groß genug war, um fünfzig Körbe damit zu füllen, und daß auch der Staub auf den anderen Dingen in der Kiste von dieser Asche herrühren konnte.

Schwer zu sagen, inwieweit sich die Geschworenen darüber im klaren waren, daß es Fleet bei den Ermittlungen ausschließlich darum gegangen war, Lizzie Bordens Schuld nachzuweisen. Daß er seine Aussage entsprechend seinen Überzeugungen manipuliert hat, dürfte ihnen jedenfalls nicht entgangen sein. Und das Beil, das man im Keller der Bordens gefunden hatte, war mittlerweile viel berühmter als George Washingtons Beilchen.*

Seit dem ersten Prozeßtag weidete auf dem Platz neben dem Gerichtsgebäude eine Kuh, die mit ihrem klagenden Muhen selbst die belastendsten Zeugenaussagen unterbrach und sich über die drückende Hitze, den Mangel an frischem Grün oder das Fehlen einer melkenden Hand beschwerte. Robinson war fertig mit Fleet und ging wieder an seinen Platz. Und wie um das Ende jenes vierten Tages zu verkünden, gab diese Kuh auch jetzt ein langgezogenes, wehmütiges «Muuuuh!» von sich.

Sheriff Wright klopfte mit einem Bleistift auf seinen Tisch und verlangte Ruhe. Die Richter drehten sich mißvergnügt nach ihm um, und das Publikum brach in schallendes Gelächter aus.

Es war eine Viertelstunde nach siebzehn Uhr, und die Verhandlung wurde auf den nächsten Tag vertagt.

Der *Day*, eine in New London, Connecticut, erscheinende Zeitung, kommentierte:

> Zwar befindet sich der Prozeß gegen Lizzie Borden noch in seiner Anfangsphase, doch ist schon jetzt deutlich, daß die Angeklagte nicht fürchten muß, verurteilt zu werden. Dank Ex-Gouverneur Robinson ist das Netz der Indizien, an dem die Staatsanwaltschaft monatelang geknüpft hat, bereits an mehreren Stellen durchlöchert.

* George Washington (1732–1799), 1. Präsident der Vereinigten Staaten. Zum Beweis seiner Integrität und Wahrheitsliebe wird eine Anekdote erzählt, die in Amerika jedes Kind kennt: Als Knabe soll Washington heimlich einen Kirschbaum im Garten seines Vaters gefällt haben. Von seinem Vater zur Rede gestellt, antwortete er mit dem berühmt gewordenen Satz: «Ich kann nicht lügen. Ich hab's getan mit meinem Beilchen» (A. d. Ü.).

Und die Zeitung *Telegram* aus Worcester, Massachusetts, mahnte:

> Wenn die Staatsanwaltschaft beweisen kann, daß die Verhaftung dieser jungen Frau gerechtfertigt war, dann sollte sie es schleunigst tun.

## 11 Das Unglücksbeil

**Das Beil ohne Stiel, das als Mordwaffe präsentiert wurde**

Die Schlagzeile der *New York Times* vom 10. Juni liefert eine Kurzfassung der Ereignisse des fünften Verhandlungstages:

> **Einbruch für die Staatsanwaltschaft – Polizeizeugen widersprechen einander im Fall Borden – Zeuge schwört, angeblich fehlendes Stück vom Stiel des Beils in der Kiste gesehen zu haben, in der das Beil gefunden wurde**

Oder, um es mit Joe Howards Worten zu sagen:

Der fünfte Tag des Prozesses um Leben und Tod der Lizzie Borden war gekennzeichnet durch die dramatischste Sensation, die dieses Verfahren bislang erlebt hat. Einer der stärksten Fäden jenes Netzes, das die Spinne der Justiz um die Angeklagte gesponnen hat, riß durch einen völlig unerwarteten Schlag, so daß plötzlich das ganze Gespinst nach einer Seite durchhängt. Die Zeugen der Staatsanwaltschaft machten widersprüchliche Angaben. Hatte der eine sich bei seiner Aussage an die getroffenen Absprachen gehalten, so verblüffte uns nun ein anderer mit einer sensationellen Enthüllung. Im Anschluß daran wurde der erste Zeuge nochmals aufgerufen und mußte bestätigen, daß seine Aussage eindeutig nicht der Wahrheit entsprach.

Der nächste Zeuge nach Fleet war Captain Philip Harrington, er wurde an jenem fünften Prozeßtag als erster aufgerufen. Am Mordtag noch ein einfacher Streifenpolizist, hatte er inzwischen sämtliche anderen Ränge übersprungen und es zum Captain gebracht. Der *Globe* aus Fall River betrachtete ihn als Quelle für «interne Informationen», zumal er dem Blatt seine Stories exklusiv ausplauderte.

Seine Schilderung dessen, was sich ab Viertel nach zwölf, als er am Tatort eingetroffen war, abgespielt hatte, war minutiös bis hin zu den Angaben darüber, mit welcher Hand er die jeweiligen Türen geöffnet und wo die einzelnen Personen gestanden (beziehungsweise gesessen) hatten, als er mit ihnen redete.

Je nachdem, welche Darstellung korrekt ist, war er der vierte oder fünfte, der Lizzie befragt hatte. Sie erzählte ihm, wie ihr Vater vom Postamt zurückgekommen war, sich einen Augenblick im Eßzimmer hingesetzt und sich schließlich im Wohnzimmer aufs Sofa gelegt hatte, und berichtete, daß sie in die Scheune gegangen und 20 Minuten dort geblieben sei. In dieser Zeit habe sie weder jemanden gesehen noch etwas gehört.

Unten in der Küche habe er Dr. Bowen getroffen, der mit einem beschriebenen Blatt Papier in der Hand am Herd gestanden habe. In einer Ecke des Blattes habe er den Namen «Emma» erkennen können, aber Bowen warf den Zettel ins Feuer. Als er den Doktor gefragt habe, was das für ein Papier sei, habe dieser gesagt, es sei nichts von Belang

– eine persönliche Mitteilung, die er in seiner Jackentasche gehabt habe, daß seine Tochter irgendwohin gehen wolle.

Robinson, der fürchtete, es könnte der Eindruck entstehen, daß Bowen den verschwundenen Brief verbrannt hatte, erhob Einspruch: «Ich kann nicht zulassen, daß das zu Protokoll genommen wird, es sei denn, Sie (Knowlton) bestätigen mir, daß die Angelegenheit in keiner Weise etwas mit dem Fall zu tun hat.» Knowlton gab ihm recht.

Der Verteidiger hat bei einer Gerichtsverhandlung in erster Linie die Aufgabe, die Glaubwürdigkeit der Zeugen der Anklage zu erschüttern. Gelingt es ihm, die Stimmigkeit eines Teils der Aussage in Zweifel zu ziehen, dann beginnen die Geschworenen automatisch, ihre Skepsis auf die Korrektheit oder den Wahrheitsgehalt der Aussage insgesamt auszudehnen. Robinson fand in dieser Situation eine solche Unstimmigkeit.

Im direkten Verhör hatte der Captain angegeben, daß sämtliche Fenster der Scheune geschlossen gewesen seien. Beim Kreuzverhör konfrontierte Robinson ihn mit seiner vor dem Bezirksgericht abgegebenen Aussage, wonach eines der Fenster offen gestanden habe. Harrington, völlig irritiert, widerrief sogleich und räumte ein, ein Fenster sei offen gewesen. Wieder ein Punkt für die Verteidigung – kein wichtiger im Hinblick auf deren Beweisführung, aber dennoch ein lohnender, der mithalf, den Geschworenen klarzumachen, daß sie nicht alles, was während der Verhandlung gesagt wurde, für bare Münze nehmen konnten.

Einmal auf der Siegerstraße, ließ Robinson nicht locker und brachte Harrington so weit, zu schwören, er habe genau gesehen, daß Andrews Schuhe zum Schnüren gewesen seien. Robinson zeigte ihm eines der Polizeifotos, auf dem zu sehen war, daß das Opfer keine Schnürschuhe, sondern Zugstiefel mit Gummi an den Seiten trug. Worauf Harrington blasiert erklärte: «Das Foto ist falsch.»

Kopfschüttelnd ließ Robinson ihn stehen. Die beiden nächsten Zeugen boten ihm noch mehr und bessere Gelegenheit, an ihrer Glaubwürdigkeit zu rütteln.

Als Officer Michael Mullaly in den Zeugenstand trat, deutete nichts darauf hin, daß der Mann ein Pulverfaß war, das im nächsten Moment hochgehen würde. Er war jünger als die meisten anderen

Polizisten, mager, adrett und körperlich in hervorragender Verfassung – ein Polizist, wie man ihn gern vor der eigenen Haustür auf und ab gehen sieht.

Er habe Lizzie als erstes nach den Wertsachen gefragt, die Andrew bei sich hatte. Er solle nach einer silbernen Taschenuhr mit Kette, einer Brieftasche mit Geld sowie einem kleinen goldenen Ring an seinem kleinen Finger schauen, habe sie ihm gesagt. Die Überprüfung habe ergeben, daß nichts davon fehlte. Damit war Raub als Motiv eindeutig ausgeschlossen.

Dann habe er Lizzie gefragt, ob es im Haus Äxte und Beile gebe. Sie habe das bejaht und Bridget gerufen, die ihm zeigen sollte, wo beides aufbewahrt wurde. Bridget habe ihn in den Keller geführt und ihm zwei Beile mit Nagelklaue und zwei Äxte gezeigt. Dann habe sie aus einer Nische im Kamin eine Kiste heruntergeholt und ihm noch eine Beilklinge gezeigt. Ein paar Minuten später sei Fleet heruntergekommen, und Mullaly habe ihm die gefundenen Waffen gezeigt. Er habe dann das ganze Haus durchsucht und weder andere Waffen noch irgendwelche Blutspuren gefunden.

Nachdem Fleet behauptet hatte, *er* sei derjenige gewesen, der die Kiste mit der Beilklinge gefunden habe, war es für Robinson ein gefundenes Fressen, Mullaly ins Kreuzverhör zu nehmen und ihn wiederholen zu lassen, daß Bridget und nicht Fleet ihn auf die Kiste hingewiesen hatte. Für den Verteidiger war das eine Gelegenheit mehr, den Geschworenen vor Augen zu führen, daß Polizeizeugen nicht unfehlbar waren, und eine weitere Chance, Fleet sein schroffes Auftreten im Zeugenstand heimzuzahlen. Doch was Mullaly dann von sich gab, war weitaus wertvoller als diese beiden kleinen Genugtuungen.

Aufgefordert den Inhalt der Kiste zu beschreiben, die Bridget ihm gezeigt hatte, sagte Mullaly aus, es seien verschiedene Metallteile darin gewesen, ein Türknauf, etliche Scharniere sowie der Stiel zu der Beilklinge.

«Mr. Fleet nahm nicht nur die Klinge heraus, sondern auch den Stiel.» Mullalys Worte schlugen ein wie eine Bombe.

«Was?» schrie Robinson.

«Außer dem Holzstück im Stielloch des Beils war noch ein weiteres Stück da», sagte Mullaly.

*Ein weiteres Stück was?*
Stiel.
*Wo ist es jetzt?*
Ich weiß nicht.
*War es ein Stück von demselben Stiel?*
Es war ein Stück, das zu dem da paßte. (Er zeigte auf das Stück Stiel, das an dem Beil war.)
*Der Rest des Stieles?*
Es war ein Stück mit einer frischen Bruchstelle.
*Das andere Stück?*
Ja, Sir.
*War es der Stiel zu dem Beil?*
Ich würde sagen, es war ein Beilstiel.
*Und haben Sie ihn aus der Kiste genommen?*
Nein.
*Haben Sie gesehen, daß er herausgenommen wurde?*
Ja.
*Wer nahm ihn heraus?*
Mr. Fleet.
*Und Sie waren dabei?*
Ich war dabei.
*Außer Ihnen noch jemand?*
Nicht, daß ich wüßte.
*Hat Mr. Fleet ihn auch wieder zurückgelegt?*
Ja.

Lesen wir, wie Joe Howard diesen dramatischen Augenblick schildert:

Man kann sich vorstellen, wie den Staatsanwälten zumute war. Reglos wie Statuen saßen sie auf ihren Stühlen. Gouverneur Robinson befahl dem Zeugen, sich nicht von der Stelle zu rühren, bis man Fleet gefunden habe. Er sollte keine Gelegenheit bekommen, dem stellvertretenden Polizeichef von seiner Aussage Mitteilung zu machen. Mr. Jennings schritt augenblicklich zur Tat. Er ließ seinen Kanzleigehilfen unten an der Treppe Stellung beziehen und aufpassen, daß niemand mit Fleet sprach. Oben an der Treppe postierte er einen mit allen Wassern gewaschenen Detective aus Cambridge, damit Mullaly nur ja kein Wort mit seinem Vorgesetzten reden konnte. Im selben Moment schlich sich ein im Saal befindlicher Freund der Polizei von seinem Platz auf der Zeugenbank fort und ging unbemerkt hinaus auf den Korridor.

Dem Hauptankläger, Bezirksstaatsanwalt Knowlton, entging nicht das Blitzen in den Augen des Ex-Gouverneurs.

«Wo ist der Stiel?» fragte der Gouverneur.

«Ich weiß nicht», sagte Mr. Knowlton. Und nach weiterer gezielter Befragung erklärte er mit völlig tonloser Stimme: «Das höre ich jetzt zum erstenmal.»

Aber bald hatte Mr. Knowlton, den man am besten als einen Mann mit rundem Kopf und kräftiger Cromwellstatur beschreiben kann, Stimme und Fassung wiedergefunden. Er schlug vor, das Gericht möge einen Officer nach dem Haus der Bordens schicken und nachsehen lassen, ob der Stiel noch dort sei, wogegen Mr. Robinson jedoch Einspruch erhob.

Darauf Mr. Knowlton: «Ich schlage das nur um der Gerechtigkeit willen vor.»

Und der Ex-Gouverneur: «Auch ich will Gerechtigkeit, aber nicht auf diese Weise.»

Robinson bat darum, Fleet unverzüglich noch einmal aufrufen zu dürfen, und die Richter willigten ein. Mullaly wurde aufgefordert, den Zeugenstand vorübergehend zu verlassen, damit Fleet seine Aussage machen konnte. Knowlton wollte ihn als erster befragen, aber das Gericht ließ Robinson den Vortritt.

*Würden Sie uns bitte noch einmal erzählen, was sie seinerzeit gefunden haben, als sie sich die Kiste ansahen?*
Ich fand darin eine Beilklinge mit abgebrochenem Stiel, außerdem einige andere Werkzeuge und verschiedene Dinge aus Eisen. Ich weiß nicht genau, was das für Sachen waren.
*Und den Stiel, also das abgebrochene Stück, haben Sie nicht gefunden?*
Nein, Sir.

*Das haben Sie nicht gesehen, richtig?*
Richtig, Sir.
*Sie haben es nicht gesehen?*
Nein, Sir.
*Hat Mr. Mullaly es aus der Kiste genommen?*
Nicht, daß ich wüßte.
*Sie haben sich den Inhalt aber doch genau angeschaut, so daß Sie es hätten sehen müssen, wenn es dagewesen wäre?*
Ja, Sir.
*Sie sind sich also vollkommen sicher, nicht wahr?*
Worüber?
*Daß Sie das andere Stück des Stiels, das zu diesem hier paßt, nicht gefunden haben.*
Absolut, Sir.
*Sie haben weder in oder neben der Kiste noch in deren Nähe ein Stück Holz mit einer frischen Bruchstelle gesehen?*
Nein, Sir, das weiß ich mit Sicherheit. Ich habe nichts dergleichen gesehen.

Ein Raunen ging durch die Zuschauerreihen. Die Geschworenen wechselten Blicke. Jedem war klar, daß Fleet gerade einen Meineid geschworen hatte.

Natürlich ist ein Augenzeuge auch nur ein Mensch, und ein Mensch kann sich irren, aber dieses Beil galt als wichtigstes Beweisstück, und darum war es ausgeschlossen, daß die Polizei irgend etwas, was dieses Beweisstück anging, und mochte es noch so belanglos sein, übersehen oder zufällig vergessen haben konnte. Bei der Untersuchung und während der Vorverhandlung war behauptet worden, eines der beiden anderen Beile oder aber eine der Äxte sei die Tatwaffe. Und erst, nachdem das Labor in Harvard festgestellt hatte, daß keines dieser Werkzeuge in Frage kam, hatte man sich auf das Beil ohne Stiel besonnen. Und um die Sache vollends auf die Spitze zu treiben, verlangte man jetzt praktisch von den Geschworenen, zu glauben, Mullalys Behauptung, er habe den Stiel gefunden, entspringe lediglich seiner *Phantasie*.

Nach Ansicht der Verteidigung spielte der Stiel für die Tätertheorie eine entscheidende Rolle. Sie meinte, eine Beilklinge allein, ohne Stiel, könne, zumal in den Händen einer Frau, die nicht bemerkenswert kräftig gebaut sei, schwerlich ernsthaft als tödliche Waffe in Betracht kommen.

**Lizzies Nachbarin Adelaide Churchill**

Es blieb den Zuschauern und vor allem den Geschworenen überlassen, sich ihre Gedanken darüber zu machen, welche Bedeutung der fehlende Stiel haben mochte und warum jemand ihn um die Tatzeit herum abgebrochen hatte – falls dem wirklich so war. Die Polizei wollte den Eindruck erwecken, daß irgendwer ihn abgebrochen und sich seiner entledigt hatte, weil er voller Blutflecke war, die sich nicht so leicht abwaschen ließen. Das erklärte indes nicht, warum an dem Stück Holz, das noch im Stielloch steckte, kein Blut war. Aus den Verletzungen, die die insgesamt 28 Schläge verursacht hatten, mußte das Blut nur so herausgespritzt sein. Falls also der Stil blutig war, hätte auch dessen oberer Teil es sein müssen, der ja den Wunden am nächsten gewesen wäre.

Adelaide Churchill hatte steif und fest behauptet, das Kleid, welches Lizzie der Polizei übergeben hatte, sei nicht mit dem identisch gewesen, das sie trug, als Adelaide am Vormittag des Mordtages zu ihr hinübergerannt gekommen war. Wäre diese Aussage unwidersprochen geblieben, hätte sie der Verteidigung schwer schaden können. Deshalb wurde Mrs. Churchill an diesem Nachmittag abermals in den Zeugenstand gerufen und befragt. Robinson bat sie zu erzählen, was Bridget angehabt hatte, und Adelaide antwortete im Brustton tiefster Überzeugung, das Dienstmädchen habe ein Kleid aus hellem Kaliko getragen.

Bridget selbst hatte gesagt, sie habe ein Kleid in dunklem Indigoblau angehabt. Robinson las der Zeugin Bridgets diesbezügliche Aussage vor, doch die sah ihren Irrtum ebensowenig ein wie Harrington den seinen bezüglich der Schnürsenkel. Sie blieb dabei, daß Bridgets Kleid aus hellem Kaliko gewesen sei.

Keine Frage, wenn Adelaide sich bei Bridgets Kleid geirrt hatte, konnte sie sich auch bei dem von Lizzie geirrt haben.

Nach den widersprüchlichen Aussagen zu dem Beilstiel und der nunmehr zweifelhaft gewordenen Beschreibung von Lizzis Kleid hoffte die Anklage, mit Hilfe von Lieutenant Francis L. Edson wieder Tritt fassen zu können. Edson war einer der sechs Männer, die das Haus der Bordens am Montag nach dem Befund des Labors in Harvard noch einmal auf den Kopf gestellt hatten. Doch unterstützte seine Darstellung der Ereignisse jenes Montags im Endeffekt nicht die Anklage, sondern wiederum die Verteidigung.

Die Polizei hatte Lizzie von Anfang an nicht geglaubt, daß sie sich, als Andrew getötet wurde, in der Scheune aufgehalten hatte. Gelang es der Anklage, die Geschworenen davon zu überzeugen, daß Lizzie in diesem Punkt log, konnte man unterstellen, daß sie zum Zeitpunkt seines Todes im Haus war und die Möglichkeit hatte, die Tat zu begehen. Das wäre eines von den berühmten drei *M* – *Motiv*, *Mittel*, *Möglichkeit* – gewesen, die gegeben sein müssen, damit jemand verurteilt werden kann.

Er sei losgeschickt worden, um die Beilklinge zu holen, sagte Edson aus. Er habe auch eine Korbtruhe mit allerlei Krimskrams aus der Scheune geholt und sie zur Untersuchung und Inventarisierung auf die Polizeistation gebracht. Robinson entlockte ihm beim Kreuzverhör eine detaillierte Aufstellung der Dinge, die sich in der Korbtruhe befunden hatten: gewalztes Blei, ein Türknauf und ein Sammelsurium von Metallstücken. Es war eindeutig die Korbtruhe, die Lizzie bei der Untersuchung geschildert hatte, und das bestätigte ihre Aussage, wonach sie oben in der Scheune in genau dieser Truhe herumgestöbert hatte.

Auch Officer William Medley lenkte die Aufmerksamkeit des Gerichts auf den Speicher der Scheune. Er sollte beschreiben, was er bei seiner Durchsuchung der Scheune bemerkt hatte, und seine Angaben waren klar und detailliert. In den folgenden Passagen redet Medley vom Boden der *Scheune*, meint aber den Boden des *Speichers*:

«Ich stieg hinauf, bis ich auf der dritten oder vierten Stufe von oben war, und als ich dort war, befand sich ein Teil meines Körpers über dem Boden – ungefähr auf einer Höhe mit dem Boden –, und ich schaute mich in der Scheune um, ob es irgendwelche Anzeichen dafür gab, daß etwas durcheinandergebracht worden war. Ich konnte nicht bemerken, daß irgend etwas tatsächlich oder scheinbar durcheinandergebracht worden war, und dann hab ich mich tief hinuntergebückt, um zu sehen, ob ich auf dem Boden der Scheune irgendwelche Spuren entdecken kann, die jemand dort gemacht hat. Ich tat das, indem ich mich hinunterbückte und den Blick bis ganz nach hinten über den Boden der Scheune schweifen ließ. Ich habe keine Spuren gesehen, und dann habe ich die Hand ausgestreckt, um zu sehen, ob der Abdruck sich auf dem Boden der Scheune abzeichnet, und das tat ich, indem ich die Hand auf den Boden gelegt habe – und ich stellte fest, daß sie sich auf dem Boden der Scheune abzeichnete.

*Sagen Sie uns, was auf dem Boden war. Worin hat sich Ihre Hand abgezeichnet?*

Wahrscheinlich eine Schicht Heustaub oder anderer Staub.
*Wie deutlich konnten Sie die Abdrücke, die Ihre Hände hinterlassend hatten, erkennen?*
Als ich danach suchte, sah ich sie ziemlich deutlich.
*Fahren Sie fort, und schildern Sie uns genau, was Sie getan haben.*
Ich bin dann ganz nach oben gegangen und machte vier oder fünf Schritte bis zum hintersten Teil der Scheune, zu dem Teil, der der Treppe am nächsten ist, dann bin ich wieder vorgegangen und hab geguckt, ob ich die Fußabdrücke sehen kann, und ich sah sie.
*Wie haben Sie geguckt, um festzustellen, ob Sie die Fußabdrücke, die Sie hinterlassen hatten, sehen können?*
Zuerst einmal, indem ich mich bückte und den Blick über den Boden der Scheune schweifen ließ, und da konnte ich sie genau sehen.
*Haben Sie in dem Staub außer den Fußabdrücken, die Sie selbst gemacht hatten, noch andere gesehen?*
Nein, Sir.

Medleys Aussage konnte für die Verteidigung verheerende Auswirkungen haben.

Die Anklage dürfte vor allem darüber entzückt gewesen sein, was Medley auf dem Speicher *nicht* gefunden hatte. Was das Kleid und das Beil anging, so hatten die Staatsanwälte bereits schwere Punktverluste hinnehmen müssen, diese Schlacht jedoch hatten sie scheinbar gewonnen. Aber wir sollten die Schilderung, die Medley gab, und die Akribie, mit der er alles, was er getan hatte, ausmalte, gut im Gedächtnis behalten. Denn was am sechsten Tag noch wie ein stabiler Sieg für die Anklage aussah, erschien, als die Verteidigung auf diesen Punkt zurückkam, in völlig anderem Licht.

Noch einmal ging es um die Frage, wer die Beilklinge gefunden hatte und was damit geschehen war. Inzwischen war sich keiner mehr sicher, nicht die Polizei und erst recht nicht die Geschworenen.

Medley erklärte mit fester Stimme, er habe die Klinge an jenem Montag genommen, sie sorgfältig in *braunes* Packpapier eingewickelt und zu Marshal Hilliard gebracht. Von Robinson dazu angestachelt, demonstrierte er ganz genau, wie: Er benutzte dazu ein Stück Packpapier, das ihm der zuvorkommende Ex-Gouverneur reichte.

Als nächster trat Captain Dennis Desmond in den Zeugenstand und schilderte, wie *er* das Beil gefunden und sorgfältig in *Zeitungspapier* eingewickelt habe, und dann demonstrierte er ganz genau, wie: Er benutzte dazu ein Stück Zeitungspapier, das ihm der zuvorkommende Ex-Gouverneur reichte.

Ob er zum Einwickeln den *Boston Globe* oder das *Providence Journal* genommen hatte, wußte Captain Dennis Desmond nicht mehr. Aber es war schon komisch, wie da zwei Polizisten mit ernsten Gesichtern, beide unter Eid, feierlich schworen, etwas getan zu haben, das nur einer von beiden getan haben konnte. Es war vielleicht der einzige komische Augenblick in dem ganzen Verfahren. Schwer zu sagen, ob die Geschworenen die Sache als bewußten Meineid werteten oder nur als harmlose Aufschneiderei.

Richtig ernst wurde die Angelegenheit, als das Gericht im Begriff war, sich auf den Montag zu vertagen, und die Anklage den Vorschlag einbrachte, dann die Aussage zu verlesen, die Lizzie bei der «Untersuchung» gemacht hatte. Natürlich war Robinson damit nicht einverstanden. Man einigte sich auf eine schriftliche Erklärung, die alle wesentlichen Punkte enthielt. Diese besagte in Kurzfassung folgendes:

1. Daß die vorliegenden Äußerungen Zeugenaussagen seien, die die Angeklagte in einem Gerichtsverfahren unter Eid gemacht habe.
2. Daß die Beschuldigte sich zu diesem Zeitpunkt nicht in Haft befunden habe, sondern drei Tage, bevor sie diese Zeugenaussagen gemacht habe, davon in Kenntnis gesetzt worden sei, daß sie der Tat verdächtigt werde; von da an hätten das Haus und die darin befindliche Beschuldigte unter ständiger Polizeibewachung gestanden, bis es zur Festnahme der Beschuldigten gekommen sei.
3. Sie sei ordentlich vorgeladen worden.
4. Vor ihrer Aussage habe sie darum gebeten, daß ihr Anwalt zugegen sei, was abgelehnt wurde.
5. Nach ihrer Aussage habe sie das Gerichtsgebäude nicht verlassen dürfen, sondern sei festgenommen worden.
6. Bereits vor der besagten Untersuchung sei Haftbefehl gegen sie erlassen, jedoch nicht vollstreckt worden.

7. Sie sei vor ihrer Zeugenaussage nicht darüber belehrt worden, daß sie nichts sagen müsse, was sie belastete.

Dann war Sonntag. Als das Gericht am Montag erneut zusammentrat, drehte sich alles um diesen Punkt. Zweifellos war beiden Parteien klar, daß die Entscheidung des Gerichts darüber, ob Lizzies Zeugenaussage gegen sie verwendet werden durfte oder nicht, zugleich die Vorentscheidung darüber bedeutete, wer als Sieger aus dem Prozeß hervorgehen würde.

# 12 Was man in Harvard vertuscht hat

**Dr. William Dolan, Amtsarzt von Fall River**

Joe Howard schrieb an diesem Wochenende in gewohnter Opulenz: «Eine Woche voller sensationeller Entwicklungen liegt hinter uns, voller nervlicher und körperlicher Zerreißproben, vor allem aber eine Woche, in der unser sittliches Empfinden auf eine harte Probe gestellt worden ist. Man kann ohne Übertreibung sagen, daß alle, die mit dem Fall zu tun haben, das Hohe Gericht hinter dem Richtertisch nicht ausgenommen, herzlich froh waren, als am Samstag die Stunde der Vertagung nahte und viele endlich die Möglichkeit hatten, nach Hause zu gehen und ihre überbeanspruchten Kräfte durch einen Ruhetag zu erfrischen.»

Erfrischung und Erholung hatten wohl vor allem die zwölf Männer auf der Geschworenenbank nötig. Was manche von ihnen anfangs für eine willkommene Abwechslung gehalten haben mochten, hatte sich für alle Beteiligten zu einem veritablen Alptraum ausgewachsen.

Ein Reporter beschreibt ihre Qualen:

Morgens um sechs Uhr Aufstehen, Frühstück um sieben, dann der Weg zum Gericht, wo um neun die Verhandlung beginnt und sie bis mittags um eins auf ihrer Eichenbank sitzen müssen, danach in sengender Hitze zum wortlosen Mittagessen ins Hotel und dann im Gänsemarsch, wie eine Preßpatrouille, zurück in den Gerichtssaal, wo die gelehrte Bruderschaft hinter dem Richtertisch bis siebzehn Uhr ihr Juristenkauderwelsch auf sie niederprasseln läßt, danach in Marschkolonne wieder ins Hotel zum Abendessen, und um zwanzig Uhr sperrt man sie, die schwören mußten, daß sie sich nicht über die Ereignisse austauschen, in ihre Zimmer ein. Andere Erfrischungen, Alkohol oder dergleichen sind nicht gestattet. Ihre Antwort darauf: ein Cribbage-Brett und drei Haufen abgegriffener Spielkarten.

Und dazu noch die unbeschreibliche Hitze von fast 40 Grad Celsius in dem krachend vollen Gerichtssaal, in dem sich 50 Mann mehr drängten, als er eigentlich faßte, in den, sobald ein Fenster geöffnet wurde, das langgezogene Muhen der Gerichtskuh dröhnte und wo es nicht einmal einen Deckenventilator gab, der die übelriechende Luft bewegt hätte.

Es war der siebente Verhandlungstag.

Die Verteidigung behauptete, Lizzie habe bei ihrer dreitägigen Vernehmung während der sogenannten Untersuchung faktisch unter Arrest gestanden und sei vernommen worden, ohne Aufklärung darüber, daß jede ihrer Äußerungen gegen sie verwendet werden könne. Heute würde man sagen, niemand hatte ihr ihre Rechte vorgelesen.

Knowlton saß zwar am Tisch der Anklagevertretung, schwieg sich aber nach wie vor aus. Er ließ William H. Moody reden. Dieser erklärte, die «Untersuchung» sei zu Recht als solche bezeichnet und nach geltenden Recht durchgeführt worden. Gegen Robinsons Beschwerde, daß man Lizzies Anwalt davon ausgeschlossen hatte, wandte Moody ein, die Justiz des Staates Massachusetts schreibe vor, daß Untersuchungen «nicht öffentlich» zu sein hätten und «unter Ausschluß der Öffentlichkeit» abgehalten werden müßten. Daraus ergab sich allerdings die Frage, ob die als «inoffizielle Befragung von

Zeugen» angekündigte Prozedur nun in letzter Instanz eine «Untersuchung» war oder nicht.

Der entscheidende Punkt sei jetzt, so der Staatsanwalt, «ob etwas an dem Verfahren es rechtfertigt, die dort von ihr abgegebenen Erklärungen aus dem Grundsatz auszuschließen, wonach alles, was ein Beklagter tut oder erklärt, gegen ihn verwendet werden kann».

*Was* Lizzie ausgesagt habe, führte er aus, sei nicht wesentlich und kein Geständnis. Außerdem bestünde ein Unterschied zwischen einem Geständnis und Äußerungen, die als Schuldbeweise angesehen werden könnten. Zwar besagten das Gesetz des Staates Massachusetts sowie die 5. Zusatzklausel zu den Grundrechten der Vereinigten Staaten ausdrücklich, daß niemand zu Aussagen gezwungen werden dürfe, die ihn selbst belasteten, doch sei Lizzie nicht gezwungen worden; sie habe ihre Erklärungen vielmehr freiwillig abgegeben. Kurzum: «... wenn jemand, der bei der Untersuchung der Ursachen des Todes einer Person unter Verdacht steht und davon in Kenntnis gesetzt worden ist, daß er zum genannten Zeitpunkt unter Verdacht steht, der Vorladung durch die Staatsanwaltschaft Folge leistet und bei einer solchen Untersuchung freiwillig vor Gericht als Zeuge erscheint, so sind, falls der Betreffende verhaftet wird, seine bei der Untersuchung gemachten Äußerungen als gerichtsverwertbar zu betrachten.»

Robinson konterte mit einer Breitseite. Er legte zunächst die Fakten in konzentrierter Form dar:

1. Am 4. August geschah der Doppelmord.
2. Vom 9. bis 11. August machte die Beklagte ihre Zeugenaussage.
3. Am 6. August wurde die Beklagte durch den Bürgermeister beschuldigt, die Tat begangen zu haben.
4. Vom 6. August bis zu ihrer Verhaftung stand die Beklagte unter polizeilicher Beobachtung. «Das Haus war umstellt», sie wußte, daß sie von Polizisten eingekreist war.
5. Am oder vor dem 9. August wurde die Beklagte vorgeladen, bei der «Untersuchung» auszusagen.
6. Die Beklagte verlangte einen Anwalt – abgelehnt.
7. Die Beklagte wurde nicht ordnungsgemäß belehrt.

8. Bereits am 8. August, also *vor* ihrer Aussage, war gegen sie Haftbefehl erlassen worden.
9. Nach Beendigung ihrer Aussagen wurde die Beklagte verhaftet.

«Mit anderen Worten», sagte Robinson, «die Praktik, deren man sich bedient hat, bestand darin, sie buchstäblich durch den Polizeichef von Fall River in Gewahrsam nehmen zu lassen, so daß sie keinerlei Rückzugsmöglichkeit, keinerlei Spielraum und nicht die geringste Freizügigkeit hatte. Man hatte ihr faktisch die Hand auf die Schulter gelegt – ihr, einer Frau, die nicht fortlaufen konnte – und sie keinen Augenblick allein gelassen, man war jede Sekunde um sie herum, und man war ermächtigt, sie jeden Moment festzunehmen; das waren die Umstände, unter denen sie bei dieser Untersuchung erscheinen und aussagen mußte.

Vom Polizeichef vorgeführt, und von keinem Rechtsbeistand darüber unterrichtet, daß sie nicht auszusagen brauchte, wenn sie nicht wollte, wurde sie drei glühend heiße Tage lang in die Zange genommen, ohne etwas von der folgenschweren Tatsache zu ahnen, daß der Polizeichef den Haftbefehl gegen sie bereits in der Tasche hatte.

Die Polizei sagte sich, wir behalten den Haftbefehl in der Tasche und holen aus ihr heraus, was sich herausholen läßt, und später werfen wir dieses Stück Papier weg und besorgen uns einen neuen, und mit dem verhaften wir sie dann.»

Das sei schlimmer gewesen, erklärte Robinson, als irgendein verbranntes Kleidungsstück.

«Und das ging über drei Tage so, ohne daß einer von denen, die dazu berechtigt, oder besser gesagt, *verpflichtet* gewesen wären, sie darauf hinwies, daß sie Rechte hatte. Einen Anwalt hatte man ihr verweigert, weder das Gericht noch der Bezierksstaatsanwalt hatten es der Mühe wert gefunden, ihr mitzuteilen, daß sie nicht verpflichtet war, Aussagen zu machen, die sie selbst belasteten. Sie stand ganz allein da, eine wehrlose Frau, in solcher Lage.

Wenn *das* Freiheit ist, dann gnade Gott dem Staate Massachusetts!»

Wieder einmal war Robinson zu Höchstform aufgelaufen. Moody

hatte eine Dreiviertelstunde lang gesprochen und auf zum Teil historische Präzedenzfälle verwiesen. Robinson aber sprach bereits in den ersten fünf Minuten seiner Gegenargumentation die emotionale Seite an, appellierte an das Gerechtigkeitsempfinden seiner Zuhörer und folgte dann in seinen weiteren Ausführungen konsequent diesem roten Faden.

Moody wußte darauf nur zu erwidern, daß Robinson zwar glänzend argumentiert, sich aber nicht an geltendes Recht gehalten habe.

Um Viertel nach elf verkündete der vorsitzende Richter die Mittagspause, und um 20 Minuten vor eins wurde die Verhandlung fortgesetzt.

Als alle Beteiligten wieder Platz genommen hatten, erklärte der Vorsitzende, das Gericht habe nicht zu interessieren, wie die Untersuchung durchgeführt worden sei, hier gehe es ausschließlich darum, ob die dort gemachten Aussagen gerichtsverwertbar seien.

«Nach dem Gewohnheitsrecht», fuhr er fort, «werden Aussagen solcher Art mit Argwohn betrachtet. Die Äußerungen einer Person, die eines Verbrechens beschuldigt wird, dürfen nur dann gegen dieselbe verwendet werden, wenn zweifelsfrei erwiesen ist, daß diese Äußerungen freiwillig gemacht wurden.

Nach dem Gewohnheitsrecht ist der *Inhalt* wichtiger als die Form. Die sich daraus ergebenden Konsequenzen dürfen nicht dadurch umgangen werden, daß die formale Festnahme vermieden wird, indem sich der Zeuge zum Zeitpunkt einer solchen Aussage praktisch in Gewahrsam befindet. Aus den übereinstimmend vorgetragenen Fakten und dem ansonsten vorliegenden Beweismaterial ist klar ersichtlich, daß die Angeklagte zur Zeit ihrer Zeugenaussage, was diesen Punkt betrifft, praktisch genauso in Gewahrsam war, als wenn man sie offiziell festgenommen hätte. Ohne näher auf die übrigen Tatbestände eingehen zu wollen, durch die sich dieser Fall von anderen, auf die sich die Staatsanwaltschaft beruft, unterscheidet, sind wir uns darin einig, daß diese Erwägung entscheidend ist und die Aussage als nicht gerichtsverwertbar abgelehnt wird.»

Die *New York Times* vermeldete diese Entscheidung am nächsten Tag in ihren Schlagzeilen:

**Großer Sieg für Lizzie Borden – Geschworene dürfen ihre Aussagen bei der Untersuchung nicht zur Kenntnis nehmen – Glänzende Argumentation von Ex-Gouverneur Robinson zugunsten der Angeklagten**

Die Verteidigung errang heute einen entscheidenden Sieg, als das Gericht entschied, die Aussagen, die Lizzie Borden während der kurz nach der Ermordung ihres Vaters und ihrer Stiefmutter in Fall River durchgeführten Untersuchung gemacht hat, aus der Beweisaufnahme auszuschließen. Die Anklage hat bereits mehrere Einbrüche erlebt, doch noch keinen so schweren wie diese Entscheidung bezüglich der Äußerungen der Beschuldigten bei der Untersuchung. Mit dieser Entscheidung ist Lizzie dem Tage, da sie ein freier Mensch sein wird, ein großes Stück näher gekommen.

In der Nachmittagssitzung des siebenten Verhandlungstages trat William A. Dolan, der Polizeiarzt von Fall River, als Kronzeuge der Anklage in den Zeugenstand.

Er beschrieb mit grausiger Detailgenauigkeit die verschiedenen Wunden an den Köpfen der beiden Opfer sowie die am Tage der Beisetzung auf dem Oak-Grove-Friedhof vorgenommene Dekapitierung der Leichen. Er hatte Gipsabgüsse der Köpfe mitgebracht, die als Beweisstücke anerkannt wurden.

«Es war ein schwerer Tag für die Angeklagte», schrieb ein Reporter der *New York Times*. Erst jetzt habe sie erfahren, was sich während des Beerdigungsgottesdienstes hinter den Kulissen ereignet hatte. Sie sei in Tränen ausgebrochen, und man habe sie an einem bestimmten Punkt aus dem Saal führen müssen.

Dolan berichtete, er sei zufällig unmittelbar, nachdem Andrews Leiche entdeckt worden war, am Haus der Bordens vorbeigekommen und hineingerufen worden. Die Leiche sei von Dr. Bowen bereits zuvor mit einem Laken zugedeckt worden. Er habe festgestellt, daß Andrews Hände noch warm waren und aus den Wunden an Kopf und Gesicht hellrotes Blut sickerte. Er sei dann nach oben gegangen und habe sich Abbys Leiche angesehen, ihren Kopf und ihre Hände angefaßt und festgestellt, daß sie viel kälter waren als Andrews.

Weil von einer möglichen Vergiftung die Rede gewesen sei, habe er die Mägen beider Leichen entfernt und Proben der am Morgen und am Vortag angelieferten Milch entnommen. Er sei mit den Polizisten in den Keller gegangen, wo man ihm zwei Äxte und zwei Beile gezeigt habe. All diese Gegenstände seien zur Untersuchung an die Medizinische Fakultät der Harvard-Universität geschickt worden.

An einem der beiden Beile hätten zwei Haare geklebt, und an den Äxten seien Flecke gewesen, die wie Blut ausgesehen hätten.

Dann zeigte er einen Gipsabguß von Andrews Kopf, an dem die einzelnen Verletzungen mit blauer Tinte markiert waren.

> *Wie viele Wunden haben Sie an seinem Kopf festgestellt?*
> Zehn Fleischwunden.
> *Und in welchem Maße war Mr. Bordens Schädel insgesamt zerschmettert?*
> Von vor dem Ohr, angefangen knapp vier Zentimeter vor dem Ohr, bis knapp vier Zentimeter hinter dem Ohr war der Knochen ganz und gar zerschmettert.

Fast eine Stunde lang nahm Dolan bei jeder einzelnen Wunde an den Gipsschädeln von Andrew und Abby Maß, numerierte die an den Leichen gefundenen Blutflecken und listete sie nach ihrer Größe geordnet auf. Der Inhalt der Mägen sowie die Färbung des Blutes an den Wunden hätten ihn, so der Arzt, zu der Ansicht kommen lassen, daß Abby als erste gestorben sei, etwa eineinhalb bis zwei Stunden, bevor Andrew ein ähnliches Schicksal ereilte.

Auf die Frage, ob eine Frau von normaler Körperkraft die soeben von ihm beschriebenen Wunden an beiden Leichen mit einem Beil habe verursachen können, antwortete er mit Ja.

Im Kreuzverhör ging Rechtsanwalt Adams in die Offensive und las Dr. Dolan seine Aussage bei der Vorverhandlung vor:

> *Sind Sie der Ansicht, daß diese Schnittwunden durch das Beil verursacht sein können, welches Sie gesehen haben?*
> Ja, Sir.
> *Die Wunden in beiden Fällen?*

Ja, Sir.
Adams fragte Dolan, ob er an dieser Aussage etwas ändern wolle.
Ja, Sir, das möchte ich.
*Nämlich?*
Das heißt, *vorausgesetzt*, die Schneide dieser Axt hat ein bestimmtes Maß – eine bestimmte Länge.
*Haben Sie sie denn seinerzeit nicht gemessen?*
Nein, Sir.

Das Eingeständnis, daß er das Beil ohne Stiel als Mordwaffe identifiziert hatte, ohne das einzig Notwendige getan und die Klinge gemessen zu haben, ließ alle Anwesenden aufhorchen. Es war so absurd, daß es seine Wirkung auf die Geschworenen nicht verfehlte. Überdies gab Dolan wenig später zu, daß einige Wunden rund zwölfeinhalb Zentimeter lang gewesen seien, also fast vier Zentimeter länger als die Klinge des als Tatwaffe angegebenen Beils.

Als die Verhandlung am achten Tag fortgesetzt wurde, trat Dr. Dolan nochmals in den Zeugenstand, um seine Aussage zu Ende zu bringen. Diesmal hatte er nicht nur einen Gipsabguß von Andrews Schädel, sondern den echten Kopf mitgebracht. Der zu Tode erschrockenen Lizzie wurde gnädigerweise gestattet, auf dem Korridor zu warten, bis die Vorführung abgeschlossen war.

Das unerforschlichste von all den Rätseln, die uns die Borden-Morde aufgeben, offenbarte sich gleich bei den ersten Fragen, die Rechtsanwalt Adams Dr. Dolan stellte. Es ging darum, wie die Schläge beschaffen waren, mit denen man Andrew und Abby den Schädel zertrümmert hatte.

*Sie glauben, der Angreifer hat das Instrument von links nach rechts geschwungen, richtig?*
Ja, Sir.
*Und all diese Wunden rühren nachweislich von Schlägen her, die von links nach rechts geführt wurden?*
Ja, Sir.
*Das heißt, von einem Linkshänder?*
Ja, von einem Linkshänder.

Lizzie war Rechtshänderin.

Die Befragung wandte sich an dieser Stelle einem anderen Gegenstand zu, und die Sache kam in keinem Verhör oder Kreuzverhör je wieder zur Sprache. Auch Robinson ging in seinem Schlußplädoyer nicht darauf ein.

Wenn man diesen Punkt weiterverfolgt hätte, wäre Lizzie mit an Sicherheit grenzender Wahrscheinlichkeit rehabilitiert gewesen. Auch in keiner der zahlreichen Beschreibungen der Borden-Morde ist diese sensationelle Aussage erwähnt oder gar erörtert worden, aber die Verhandlungsprotokolle sind eindeutig, und ein Fehler des Stenografen ist ausgeschlossen, da die Frage wiederholt wurde.

Schwer zu sagen, weshalb die Verteidigung sich mit diesem ominösen linkshändigen Mörder nicht weiter befaßt hat. Und dabei kann man sich so gut vorstellen, wie Robinson die Anklage der Lächerlichkeit preisgegeben hätte, indem er den Geschworenen einen Rechtshänder vorgespielt hätte, der ungeschickt mit der Linken ein Beil schwingt, und ihnen auf diese Weise gezeigt hätte, wie absurd es war, sich den Tathergang so vorzustellen!

Bei einer abermaligen Befragung unternahm die Anklage gewaltige Anstrengungen, um zu erklären, wie eine Beilklinge, deren Schneide neun Zentimeter maß, fünf Zentimeter lange Wunden verursachen konnte. Das komme, so Dolan, weil die Schneide nicht in voller Länge eingedrungen sei. Darauf fragte man ihn, wie denn aber eine neun Zentimeter lange Schneide eine Wunde von elfeinhalb Zentimetern verursachen konnte? Weil sie hineingerutscht beziehungsweise hineingestoßen sei, erklärte der Mediziner.

Soweit war die Sache klar, aber nur, bis Adams beim erneuten Kreuzverhör seine erste Frage stellte. Sie lautete: «Wenn man eine Wunde von, sagen wir, zweieinhalb, fünf, siebeneinhalb, zehn oder zwölfeinhalb Zentimetern Länge sieht, kann man kaum beurteilen, wie lang die Schneide war, die sie verursacht hat, oder?» Dolan darauf: «Nein, Sir.»

Als nächster Zeuge wurde Dr. Edward Stickney Wood aufgerufen, der als Arzt und Chemiker die in Harvard durchgeführten gerichtsmedizinischen Untersuchungen geleitet hatte. Man möchte gern glauben, daß Dr. Dolan die Sohlen brannten und er froh war, seinem Nachfolger Platz machen zu dürfen. Wood war ein stattlicher, robuster Mann mit rotem Gesicht und grauem Haar und sah aus wie ein Offizier, dem der jahrelange Dienst in der Prärie die Haut gegerbt hatte.

Knowlton hatte es vom ersten Prozeßtag an Moody überlassen, die Anklage zu vertreten. Er hatte zwar die ganze Woche auf seinem dem Hauptankläger vorbehaltenen Stuhl am Tisch der Staatsanwälte gesessen, sich aber, abgesehen von gelegentlichen vertraulichen Bemerkungen, die er mit Moody austauschte, nicht in die Verhandlung eingemischt. Er war den Befragungen und Kreuzverhören interessiert und aufmerksam gefolgt, doch es war nicht zu übersehen gewesen, daß sein Feuer nur recht mäßig brannte. Mit gutem Grund erhob er sich nun, um das, was jetzt kam, selber in die Hand zu nehmen.

Vier Tage vor Prozeßbeginn hatte er einen Brief von Dr. Frank Draper erhalten, der gemeinsam mit Dr. Dolan die Autopsie der beiden Leichen auf dem Oak-Grove-Friedhof vorgenommen hatte. Draper, der in Harvard Medizin studiert hatte, übte seinen Beruf seit 24 Jahren aus. Er zählte zu den Polizeiärzten von Suffolk County, das heißt von Boston. Außerdem war er Professor für forensische, oder, wie man es früher nannte, gerichtliche Medizin an der Medizinischen Fakultät der Harvard-Universität. Als Polizeiarzt in Boston hatte er schon an die dreieinhalbtausend Leichen gesehen, bei denen der Verdacht auf Mord oder Selbstmord bestand. Als Zeuge vor Gericht auszusagen war also beileibe nichts Neues für ihn.

Am 31. Mai hatte Draper sich mit Dr. David W. Cheever beraten und dann einen vier Seiten langen Brief an den Staatsanwalt geschrieben, in dem er diesem mitteilte, was er und sein Kollege aussagen wollten, falls man sie als Zeugen vorlud. Auch Dr. Cheever, hieß es in dem Schreiben, habe sein Medizinstudium zum Teil in Harvard absolviert und dann in Paris weitergeführt. Seit 23 Jahren lehre er an seiner alten Alma mater und sei seit 21 Jahren Professor für Chirurgie. Überdies sei er als Arzt im städtischen Krankenhaus in Boston tätig. Er selbst und Cheever seien sich vollkommen einig, was folgende Fakten angehe:

The other discovery is still more important; on one of the cuts in Mrs. Borden's skull, near the right ear, there is a very small but unmistakable deposit of the gilt metal with which hatchets are ornamented when they leave the factory; this deposit (Dr. Cheever confirmed the observation fully) means that the hatchet used in killing Mrs. Borden was a <u>new</u> hatchet, not long out of the store. Perhaps this is not new information, either to you or Dr. Dolan; it was new to me and seemed important enough to justify immediate conveyance to you. The shining deposit can be seen with the naked eye; it is plainly visible with the use of a lens, when once its situation is indicated.

Very truly Yours
F. W. Draper.

Mr. Knowlton.

**Auszug aus dem Brief, in dem Dr. Francis W. Draper dem Bezirksstaatsanwalt Knowlton mitteilt, daß das Beil ohne Stiel nicht die Mordwaffe sein kann**

1. Daß Todesursache und Todesart in beiden Fällen die gleichen seien, nämlich Schädelfraktur und Hirnverletzung durch Schläge auf den Kopf.
2. Daß als Tatwaffe nur ein scharfkantiger, ziemlich schwerer Gegenstand in Betracht komme, beispielsweise ein Beil.
3. Daß die Kante der Tatwaffe etwa 8,75 Zentimeter lang sei.
4. Daß Mrs. Borden durch Schläge von hinten getötet worden sei, bei denen der Angreifer breitbeinig über ihrem Körper gestanden habe.
5. Daß Mr. Borden durch Schläge getötet worden sei, die ihm der Angreifer, vom Kopfende des Sofas aus, unmittelbar in der Tür stehend, versetzt habe.
6. Daß der Angreifer entweder Rechtshänder gewesen sei und die rechte Hand benutzt habe, oder daß er, falls er beide Hände benutzt habe, die linke vorn beziehungsweise vor der rechten um den Stiel gelegt habe.
7. Daß Mrs. Borden als erste gestorben sei und man aus den vorhandenen Fakten wie Verdauungsstadium, Körpertemperatur und Beschaffenheit des Blutes in beiden Fällen mit hoher Wahrscheinlichkeit schlußfolgern könne, daß zwischen den beiden Morden etwa eine Stunde vergangen sei.
8. Daß der Tod in beiden Fällen nicht sofort eingetreten sei.
9. Daß die körperlichen Kräfte einer Frau ausreichen konnten, um die Schläge auszuführen, vorausgesetzt, sie habe die Kraft einer normalen Erwachsenen.

«Ich schreibe Ihnen dies», fuhr Dr. Draper fort, «um Sie vor allem von zwei wichtigen Entdeckungen in Kenntnis zu setzen, auf die ich bei einer sorgfältigen Untersuchung der beiden Schädel gestoßen bin. Bei Mr. Bordens Schädel habe ich festgestellt, daß der Schlag unmittelbar vor dem Ohr seine Spuren an der Schädelbasis in der Höhlung hinterlassen hat.»

Jener Schlag, schrieb er weiter, habe die Halsschlagader direkt durchtrennt und müsse zwangsläufig zu einer Blutung geführt haben, in deren Folge sofort der Tod eingetreten sei.

Alles schön und recht, wird Knowlton gedacht haben, als er diese

Zusammenfassung las. Nichts Unerwartetes. Doch was dann kam, schlug ein wie eine Bombe:

«Die andere Entdeckung ist noch wichtiger. An einer der Schnittwunden an Mrs. Bordens Schädel befindet sich eine sehr geringfügige, aber eindeutig identifizierbare Ablagerung jenes goldfarbenen Metalls, mit dem Beile verziert sind, wenn sie die Fabrik verlassen. Diese Ablagerung (Dr. Cheever hat die Wahrnehmung voll und ganz bestätigt) bedeutet, daß das Beil, mit dem Mrs. Borden getötet wurde, *neu* war, so gut wie ladenneu.»

Die glänzende Ablagerung, erklärte Draper weiter, sei mit einem Vergrößerungsglas, eigentlich sogar mit bloßem Auge zu sehen. Das hat wohl für Knowlton das Faß zum Überlaufen gebracht. Wie er bereits in seinem Brief an Generalstaatsanwalt Pillsbury zugegeben hatte, stand die Anklage gegen Lizzie auf mehr als wackligen Füßen; die Chancen, sie zu verurteilen, standen mehr als schlecht. Und jetzt kam in letzter Minute ein Schreiben von zwei unantastbaren Autoritäten, Sachverständigen, die Knowlton selbst hinzugezogen hatte, in dem ihm mitgeteilt wurde, daß das Beil, auf das sich die gesamte Argumentation von Polizei und Staatsanwaltschaft stützte, daß dieses alte, stumpfe, rostige Beil keineswegs die Tatwaffe war!

Wenn er zuließ, daß Draper und Cheever im Zeugenstand über ihre Entdeckungen berichteten, gab es keinen Grund mehr, den Prozeß noch weiter fortzusetzen. Schon mit dem Versuch, das Kleid als Beweisstück anzubringen, war die Anklage eindeutig gescheitert. Dann hatte man vergebens darauf gesetzt, einen Streit um eine unbedeutende Immobilie, der vor fünf Jahren stattgefunden hatte, als Tatmotiv präsentieren zu können. Wenn jetzt auch noch das Beil in Zweifel gezogen wurde, dann blieb der Staatsanwaltschaft nur noch ein einziger Anhaltspunkt, nämlich, daß Lizzie irgendwann aufgehört hatte, zu Abby «Mutter» zu sagen.

Diese Gedanken müssen dem ebenso cleveren wie realistischen Ankläger durch den Kopf geschossen sein, als er an die Schranke des Zeugenstandes trat, um Dr. Edward S. Wood zu befragen. Es ging jetzt um die in Harvard durchgeführte Untersuchung der Leichen, der Kleidung und der vermuteten Tatwaffen. Knowlton wollte um jeden

Preis verhindern, daß Wood auf Drapers und Cheevers Entdeckung zu sprechen kam.

Wood gab an, seit 16 Jahren als Professor für Chemie an der Harvard-Universität zu lehren. Er hatte sich auf Gifte und Blutflecken spezialisiert und war bereits bei einigen hundert ähnlichen Prozessen als Sachverständiger aufgetreten.

Er habe die beiden Milchkannen untersucht, sagte er, und in keiner Giftspuren gefunden. Nach seinem Dafürhalten sei Abby nicht nur, wie Dr. Dolan geschätzt hatte, 90 Minuten, sondern doppelt so lange, nämlich annähernd drei Stunden, vor Andrew gestorben. Dann kam die Rede auf die Beile, Äxte und Kleidungsstücke, die er ebenfalls untersucht hatte, und seine Antworten fielen durchweg negativ aus.

Das Beil mit der Nagelklaue habe am Stiel, an der Wange und an der Schneide etliche Flecken gehabt, die allesamt wie Blutflecken ausgesehen hätten, aber die chemische und mikroskopische Untersuchung habe absolut negative Resultate erbracht. An beiden Äxten seien Flecken gewesen, die von Blut herzurühren schienen, aber auch hier seien die Untersuchungsergebnisse negativ gewesen.

Knowlton hoffte, zumindest auf seine nächste Frage eine positive Antwort zu bekommen: «Haben Sie eine Untersuchung vorgenommen, die Ihnen gestattet zu sagen, ob es nach menschlichem Ermessen möglich ist, daß dieses Beil dazu benutzt wurde, die von Ihnen beschriebenen Wunden herbeizuführen? Und weiter: Kann man es gleich darauf abgespült haben, so daß dies der Grund ist, weshalb keine Blutspuren daran zu finden waren?»

Wood erwiderte darauf, wegen der Einbuchtung zwischen Klinge und Stiel wäre es mit einem raschen Abspülen nicht getan gewesen. Damit war auch das von der Anklage zusammengezimmerte Bild von einer Lizzie, die hastig das Blut vom Beil spült und dieses dann in Asche taucht, um es verstaubt aussehen zu lassen, empfindlich beschädigt. Und die Annahme, daß sie zehn bis 15 Minuten mit Beilschrubben verbracht haben könnte, war schlichtweg unhaltbar.

Bei den Haaren, fuhr der Sachverständige fort, die als «von dem Beil genommen» ausgewiesen seien, handele es sich eindeutig um Tierhaare, wahrscheinlich von einer Kuh.

An dem Rock, den Lizzie angehabt habe, sei ein brauner «Schmierfleck» gewesen, der wie Blut aussah, aber keines gewesen sei. Weiter unten habe es noch einen gegeben, ebenfalls kein Blut. Es *sei in der Tat* ein einzelner Blutfleck gefunden worden, ungefähr von der Größe eines Stecknadelkopfes und etwa 20 Zentimeter oberhalb des Saumes. Dieser habe die Merkmale menschlichen Blutes aufgewiesen. An ihren Schuhen und Strümpfen sei nichts gefunden worden.

Beim Kreuzverhör fragte Adams den Zeugen, ob er ausschließen könne, daß es sich bei dem stecknadelkopfgroßen Blutfleck auf Lizzies Unterrock um Menstruationsblut gehandelt habe. Wood entgegnete, das könne er nicht ausschließen, es sei durchaus möglich.

Dann wollte Adams wissen, ob dieser Blutfleck ausreichend groß sei, um mit Sicherheit sagen zu können, daß es sich um menschliches Blut handelt. Die Antwort des Professors war kryptisch: «Wenn er überhaupt ausreichend ist, dann ja.» Aber vielleicht war all das ohnedies belanglos. Die Anklage hatte wenig Aussicht, glaubhaft machen zu können, daß dieses winzige Sprenkelchen von dem Gemetzel herrührte, zumal Spritzer vom Blut der Opfer sich vorn und nicht hinten an ihrer Kleidung hätten befinden müssen. Die Staatsanwaltschaft hat deshalb gar nicht erst den Versuch unternommen, nachzuweisen, daß dieses Sprenkelchen mit der Blutgruppe eines oder beider Opfer identisch war, sondern es bei der Wendung «Merkmale menschlichen Blutes» belassen. Die lapidare Antwort auf die Frage, ob das Blut eher von außen oder eher von innen an das Kleidungsstück gekommen sei, lautete, daß es von außen «deutlicher» sei, was allerdings eine ganz andere Sache ist. Soviel zu diesem mikrometerhaften Blutsprenkel.

Schließlich wandte sich die Befragung dem wesentlichen Thema der Blutspritzer an den Wänden und Möbelstücken in der unmittelbaren Umgebung der beiden Leichen zu. Nachdem der Sachverständige der Staatsanwaltschaft selbst ausgesagt hatte, daß weder an Lizzis Körper noch an ihrer Kleidung Blutspuren aufzufinden waren, hielt es die Verteidigung für besonders wichtig, die Größe und Beschaffenheit dieser anderen Blutspritzer sowie ihre Abstände voneinander zu fixieren. Als Knowlton den Zeugen dazu nochmals befragte, versuchte er die Bedeutung dieses Punktes herunterzuspielen:

*Können sie sich aus eigener Erfahrung zu der Frage äußern, wie das Blut bei Schlägen fließt, die denen, die Sie hier beschrieben bekommen haben, entsprechen?*
Ja, Sir.
*Was können sie ganz allgemein dazu sagen?*
Es kann in alle Richtungen fließen, aber es muß nicht unbedingt in jede Richtung fließen.
*Das heißt, es gibt keine Regel?*
Nein, Sir.
*Wie ist das eigentlich? Fließt es oder kommt es herausgeschossen?*
Es fließt. Wenn ein stumpfer Gegenstand auf eine Blutlache trifft, spritzt das Blut natürlich in die entsprechende Richtung, allerdings spielen dabei auch gewisse Zufälle eine Rolle.
*Gibt es eine Möglichkeit, vorherzusagen, ob oder ob nicht beziehungsweise in welchem Umfang eine Fläche in der Nähe der Wunden Spritzer abbekommt?*
Nein.

Man darf nicht vergessen, daß Wood ein Zeuge der Anklage war und deshalb seine Aussagen mehr oder weniger so formulierte, daß sie deren Anliegen unterstützten. Rein technisch waren die Antworten, die er Knowlton gab, korrekt, aber objektiv kann man sie beim besten Willen nicht nennen.

Wood, der sich sowohl mit Blutflecken als auch mit der menschlichen Anatomie bestens auskannte, wußte natürlich, daß bei beiden Opfern die Aorta durchtrennt war. In dieser Hauptschlagader herrscht hoher Druck, und wenn sie durchtrennt wird, *fließt* das Blut nicht heraus, sondern es *kommt geschossen*, es *sprudelt*. Es ist mehr als wahrscheinlich, daß jemand, der in unmittelbarer Nähe steht, von dem Strahl getroffen wird. Darum versuchte Adams, genauere Antworten aus Wood herauszuholen:

*Angenommen, der Angreifer stand hinter Mr. Borden, als jener diese Wunden zugefügt bekam und empfing. Haben Sie sich eine Meinung darüber gebildet, ob er in nennenswertem Ausmaß mit Blut bespritzt worden wäre?*

Ich habe mir gedacht, eigentlich müßte er mit Blut bespritzt worden sein, aber ich glaube nicht, daß es zwangsläufig und unumgänglich so gewesen sein muß.
*Diese Meinung haben Sie auch zum Ausdruck gebracht, nicht wahr?*
Ja.
*Und Sie äußern diese Meinung eingedenk der Blutflecke, die Sie an den Wänden und an der Tür zum Salon gesehen haben?*
Ich bitte um Verzeihung. Ich möchte meine eben gemachte Aussage korrigieren. Ihre Frage bezog sich darauf, daß der Angreifer hinter ihm stand, am Kopf.
*Ich wüßte nicht, wie er es da hätte vermeiden können, bespritzt zu werden.*

Das hörte sich schon anders an. Aber Adams ließ nicht locker:

*Welcher Teil des Körpers hätte diese Spritzer abbekommen?*
Der oberhalb des Kopfendes befindliche oder von da aufwärts. (Er zeigte mit den Händen.)
*Von der Gürtellinie aufwärts?*
Ja, Sir.
*Angenommen, Mrs. Bordens Angreifer stand über ihr, während sie mit dem Gesicht nach unten auf dem Boden lag, und eingedenk der Blutspritzer, die Sie sahen, haben Sie sich eine Meinung darüber gebildet, ob Mrs. Bordens Angreifer mit Blut bespritzt war?*
Ich wüßte nicht, wie er es dort hätte vermeiden sollen, bespritzt zu werden.
*Welcher Teil seines Körpers hätte die Spritzer Ihrer Meinung nach abbekommen?*
Vom unteren Teil des Körpers an aufwärts.

Demnach wäre der Angreifer, als er Mr. Borden abschlachtete, *von der Gürtellinie aufwärts* mit Blut bespritzt worden, und bei Abby *von der Gürtellinie abwärts*. Womit der von der Anklage berufene Sachverständige klargestellt hatte, daß der Täter von oben bis unten in Blut gebadet gewesen sein mußte, nur hatte keiner der Zeugen, die

Lizzie am Vormittag des Mordtages gesehen hatten, an ihrer Kleidung, auf ihrem Gesicht, an ihren Händen oder in ihrem «tadellos frisierten» Haar Blut bemerkt. Höchst zufrieden kehrten Robinson und Adams auf ihre Plätze zurück.

Der nächste Zeuge war Dr. Draper. Er benutzte zunächst Gipsabdrücke der beiden Schädel, und äußerte sich anhand der darauf eingetragenen Markierungen zu Lage und Beschaffenheit der Wunden.

Lizzie saß auf der Anklagebank und senkte den Kopf so tief, daß er fast völlig hinter dem Rücken des Ex-Gouverneurs verschwand. Knowlton jedoch genügten die Gipsabdrücke nicht. Er bitte das Gericht um Entschuldigung, erklärte er, müsse aber darauf bestehen, daß dem Zeugen für seine weiteren Aussagen der echte Schädel zur Verfügung gestellt werde. Joe Howard schildert die makabre Szene:

> Es war Mr. Bordens Schädel. Er war in ein weißes Taschentuch eingewickelt und glich einem Blumenstrauß, wie ein Mann ihn seiner Liebsten bringt. Als Podest für den Schädel wurde auf dem Tisch vor den Geschworenen ein hoher Stapel Gesetzesbücher aufgetürmt. Der Professor wickelte den Schädel aus und wollte ihn auf diesen Haufen Bücherwissen stellen, hatte aber plötzlich den Unterkiefer einzeln in der Hand. Als der Doktor sich anschickte, ihn wieder an seinem angestammten Platz unterzubringen, und zu diesem Behufe den übrigen Schädel anhob, bewegte er die beiden Teile dergestalt, daß der Mund auf und wieder zu klappte wie die schweigenden Kiefer eines Geistes. Die Zuschauer fragten sich beim Anblick dieses klappenden Kiefers, was der Mund wohl sagen würde, könnte er sprechen.

Satz für Satz beschrieb der Sachverständige auf Knowltons Geheiß in allen Einzelheiten jede Einkerbung an dem Schädel, erklärte, welchen Schaden sie verursacht hatte, gab an, wie breit und wie lang sie war. Immerhin war man zartfühlend genug, Lizzie, die einer Ohnmacht nahe war, aus dem Saal zu führen und ihr einen Platz anzuweisen, von dem aus sie nicht zu sehen war, aber alles hören konnte, sofern sie es wollte.

Schwer zu sagen und sinnlos, darüber zu spekulieren, mit welchen

Argumenten Knowlton seinen Zeugen bewogen hatte, von seiner Aussage abzugehen, daß die Tatwaffe ein neues Beil mit goldfarbener Verzierung sei, von der bei dem ersten Schlag etwas zurückgeblieben war. Daß er mit seiner gegenteiligen Aussage die Wahrheit vertuscht hat, daran besteht kein Zweifel. Knowlton fragte ihn geradeheraus:

> *(Zeigt ihm die Beilklinge ohne Stiel.) Sind Sie imstande zu sagen, ob die Wunden von dieser Beilklinge herrühren können?*
> Ich glaube schon.

Und bei einer späteren Befragung wollte Knowlton noch einmal versichert haben, «ob die Wunden, die Sie festgestellt haben, Ihrer Meinung nach von diesem Beil herrühren könnten?» Drapers Antwort lautete: «Meiner Meinung nach könnten sie das.»

Dr. Cheever, der nach Draper in den Zeugenstand trat, bekam dieselbe Frage gestellt. Er erwiderte: «Dieses Beil (die Klinge des Beils ohne Stiel in der Hand haltend) könnte solche Wunden verursacht haben.»

Sicher, keiner der beiden Doktoren ist in juristischem Sinne meineidig geworden. Auf die zwei Fragen, die Knowlton ihm stellt, hatte Draper geantwortet, das Beil «könnte» diese Wunden verursacht haben. Er hat nicht gesagt, es «hat» sie verursacht. Das gleiche gilt für Dr. Cheevers Aussage. Möglicherweise war Knowlton auf den Einfall gekommen, seine Fragen so zu formulieren, daß die beiden Sachverständigen nicht meineidig werden mußten. Sollte das tatsächlich der Ausweg aus dem Dilemma gewesen sein, den der Staatsanwalt sich ausgedacht hatte, dann hätten sich die beiden Harvard-Professoren mindestens ebenso schuldig gemacht. Denn in diesem Fall hätten sie zwar nicht direkt verbrecherisch gehandelt, aber doch eine Unterlassungssünde begangen, indem sie Beweise, die ihnen bekannt waren, verheimlichten. Wie auch immer, diese Manipulation gereicht weder der altehrwürdigen Harvard-Universität noch dem Staat, den Knowlton als Staatsanwalt vertrat, zur Ehre.

Es ging auf 17 Uhr, als Dr. Cheever den Zeugenstand verließ. Für die Anklage endete der achte Verhandlungstag mit einem totalen Fiasko; die Sitzung wurde geschlossen.

# 13 Die Anklage verzichtet auf weitere Zeugen

**Eli Bence, Apotheker, der behauptete, Lizzie habe bei ihm Blausäure kaufen wollen**

14. Juni – Der neunte Tag – Temperatur: 37 Grad Celsius bei steigender Luftfeuchtigkeit.

Auch an diesem Tag war der Gerichtssaal in New Bedford bis auf den letzten Platz besetzt. Erstaunlicherweise saßen vornehmlich Frauen im Publikum. Das hatte es bis dahin noch in keinem seriösen neuenglischen Gericht gegeben. Und diese Frauen, die gekommen waren, um jenes Drama aus nächster Nähe zu erleben, waren nicht etwa pflichtvergessene Hausfrauen oder Ladenmädchen, die den Nervenkitzel suchten. Überwiegend waren es gutgekleidete Matronen aus der Oberschicht; sie trugen Seide und weiche Baumwollstoffe, und ihre Hüte waren die reinsten Wagenräder und stammten von den besseren Bostoner Putzmacherinnen.

Zwei Dinge, die mit dem Prozeß nur mittelbar etwas zu tun hatten, erregten inzwischen das Interesse der Allgemeinheit. Zum einen Lizzies Zustand. Nachdem sie damals am Eröffnungstag bei der detaillierten Beschreibung der Kopfverletzungen der Opfer einen Ohnmachtsanfall erlitten hatte, war sie noch zweimal ohnmächtig geworden. Sie mußte aus dem Saal gebracht werden, als Andrews Schädel vorgeführt wurde; ein anderes Mal ertrug sie die drückende Hitze nicht. Es wurde spekuliert, ob Lizzie überhaupt in der Lage war, in dem stickigen Gerichtssaal auszuharren und sich diese Horror-Show bis zu Ende anzusehen, oder ob der Prozeß notfalls ohne sie weitergehen konnte.

Zum zweiten hatte am Vortag, als die Jury sich nochmals die grausigen Fotos von Andrews zerhacktem Gesicht ansehen mußte, der Geschworene Louis B. Hodges aus Taunton auf seinem Platz zu schwanken begonnen und wäre um ein Haar umgefallen, was sein Banknachbar allerdings gerade noch verhindern konnte. Ein anderer Geschworener fächelte ihm heftig Luft zu, und ein dritter brachte ihm ein Glas Wasser, das Hodges auch zu trinken versuchte. Richter Mason ordnete eine fünfminütige Pause an; der Geschworene wurde auf den Korridor gebracht, wo ihn seine Kollegen mit Riechsalz und Zuspruch wieder auf die Beine stellten. Nach der Pause kam er in den Saal zurück und verfolgte die restlichen sechs Stunden lang sichtlich schwach und zittrig die Zeugenvernehmung. Aus diesem Vorfall ergab sich die Frage, ob der Prozeß eigentlich rechtsgültig war, wenn nur elf der Geschworenen die Qualen bis zu Ende aushielten.

Pünktlich um neun trat Ruhe im Saal ein. Auch die Gerichtskuh muhte nicht mehr. Sheriff Wright verneinte die Frage eines Reporters, ob er eine Aktie daran habe, daß die Kuh verschwunden war.

Marshal Rufus Hilliard, seines Zeichens Polizeichef von Fall River, wurde vereidigt und trat in den Zeugenstand. Am Vormittag des 4. August, berichtete er, habe ihm jemand telefonisch mitgeteilt, daß bei den Bordens im Haus irgend etwas nicht in Ordnung sei; er habe zuerst Officer Allen dorthin geschickt und kurz darauf die Polizisten Doherty, Mullaly, Medley und Wilson sowie seinen Stellvertreter John Fleet. Er selber sei erst am Nachmittag zu dem Haus gegangen.

Ja, an der ganztägigen Durchsuchung am Samstag habe er teilgenommen; das Haus sei dabei vom Keller bis zum Dachboden gründlich durchsucht worden. Nein, mit Lizzie habe er nicht gesprochen, habe aber das Kleid mitgenommen, das sie am Mordtag trug.

Der nächste Zeuge war Bürgermeister John W. Coughlin, der am

Samstag abend gemeinsam mit dem Polizeichef die Bordens aufgesucht hatte. Er schilderte die Menschenmenge, die sich rund um das Haus versammelt hatte und Gehsteig und Straßen blockierte. Es sei schwierig gewesen, erzählte er, mit dem Wagen zu dem Haus vorzudringen, ohne jemanden zu überfahren. Sie hätten es aber schließlich doch geschafft und die Familie zu einer Unterredung in den Salon gebeten. Lizzie sei dabeigewesen, außerdem Emma und John Morse. Es sei ein trauriger Moment gewesen.

«Ich habe eine Bitte an die Familie», habe er gesagt, «und zwar möchte ich Sie bitten, einige Tage das Haus nicht zu verlassen, denn ich glaube, das ist für alle Beteiligten das beste.»

Lizzie habe darauf sofort das Wort genommen und gefragt: «Warum? Wird etwa jemand hier in diesem Hause verdächtigt?»

Mit Bezug auf die Tatsache, daß John Morse am Vorabend der aufgebrachten Menge nur knapp entronnen war, habe der Bürgermeister geantwortet: «Nun, vielleicht kann Mr. Morse Ihnen diese Frage besser als ich beantworten, denn nach dem, was er gestern abend erlebt hat, dürfte er wohl zu dem Schluß gekommen sein, daß jemand in diesem Hause verdächtigt wird.»

Lizzie habe gleich erkannt, daß das eine Ausrede war. «Sagen Sie mir die Wahrheit», habe sie gefordert. Der Bürgermeister habe darauf geschwiegen, und Lizzie verlangte noch einmal: «Sagen Sie mir die Wahrheit.» Offenbar wollte sie wissen, ob sie selbst es war, die man verdächtigte, oder ihr Onkel John.

Und was der Bürgermeister dann sagte, war für Rechtsanwalt Robinson ein gefundenes Fressen. Er habe erwidert: «Nun ja, Miss Borden, es tut mir leid, Ihnen diese Antwort geben zu müssen, aber ich muß Ihre Frage bejahen. Sie werden verdächtigt.»

Lizzie darauf: «Ich bin bereit zu gehen, jetzt oder wann auch immer.» Emma habe zum Abschied gesagt: «Bitte, tun Sie alles, was in Ihren Kräften steht, damit dieser Mord aufgeklärt wird.»

Beim Kreuzverhör fragte Robinson den widerstrebenden Bürgermeister nach sämtlichen Einzelheiten. Coughlins Antworten waren defensiv und ausweichend, doch der Ex-Gouverneur ließ sich davon nicht beirren.

*Wenn ich es richtig verstanden habe, sagten Sie, Sie haben im Salon das Wort geführt?*
Ich glaube schon.
*Der Polizeichef hat nicht ins Gespräch eingegriffen?*
Das könnte ich nicht beschwören.
*Erinnern Sie sich, ob er eingegriffen hat?*
Es kann sein, daß er das, was ich wegen der Bitte, im Haus zu bleiben, sagte, bekräftigt hat. Ich kann mich nicht erinnern, daß er sich irgendwie ausführlicher äußerte.
*Aber Sie rieten der Familie, Haus und Anwesen nicht zu verlassen?*
Ja, Sir, das war ich.
*Und darauf sagte Miss Lizzie: «Warum? Wird etwa jemand in diesem Hause verdächtigt?»*
Soweit ich mich entsinnen kann.
*Sie ergriff sofort das Wort und wandte sich ernsthaft und prompt an Sie, richtig?*
Sie gab diese Äußerung von sich.
*Würden Sie bitte meine Frage beantworten?*

Der Vorsitzende darauf: Er soll antworten.

*Sie haben sie doch verstanden (die Frage)?*
Ja, Sir.
*Also, würden Sie bitte antworten?*
Sie ergriff sofort das Wort, etwas erregt, würde ich sagen.
*Ah ja?*
Ja, Sir.
*Was sagten Sie zu ihr?*
Als sie mich fragte, ob jemand im Haus verdächtigt wird, habe ich erwidert, daß Mr. Morse diese Frage besser beantworten könne, denn nach dem, was er am Abend zuvor erlebt habe, dürfte er wohl zu dem Schluß gekommen sein, daß dem so sei.
*Und was war dann?*
Lizzie sagte: «Sagen Sie mir die Wahrheit.»
*Das hat Lizzie gesagt?*

Ja, Sir, und sie hat es noch einmal wiederholt, wenn ich mich recht entsinne.
*Bevor Sie geantwortet haben?*
Ja, Sir.
*Was sagten Sie darauf?*
Ich sagte: «Es tut mir leid, Miss Borden, aber ich muß Ihre Frage bejahen. Sie werden verdächtigt.»
*Und was hat sie gesagt?*
Sie sagte, wie ich mich jetzt entsinne: «Ich bin bereit, jetzt zu gehen.»
*«Oder wann auch immer», sagte sie das nicht?*
Das weiß ich nicht mehr, kann sein, daß sie es sagte.
*Sie ergriff das Wort, ernsthaft und prompt, nicht wahr?*
Das kommt darauf an, was sie unter «ernsthaft» und «prompt» verstehen.
*Ich meine die Bedeutung, in der Sie diese Worte kennen.*
Sie antwortete auf eine Weise, die man als ernsthaft und prompt bezeichnen kann. Jedenfalls ohne zu zögern.
*Das heißt also prompt, ohne zu zögern, richtig? Das verstehen Sie darunter, nicht wahr?*
Ja, Sir, das verstehe ich darunter.
*Und hat sie ernsthaft gesprochen?*
Nun, ich würde nicht sagen, daß sie nicht ernsthaft gesprochen hat.
*Was heißt das?*
Ich möchte sagen, ich würde nicht sagen, daß sie nicht ernsthaft gesprochen hat.
*Ich weiß, daß Sie das sagen. Aber hat sie denn nun ernsthaft gesprochen?*
Nun, ich möchte sagen, ja. Was die Promptheit der Frage angeht, so hat sie ernsthaft gesprochen.
*Sie kennen den Unterschied zwischen Promptheit und Ernsthaftigkeit?*
Promptheit ist etwas anderes als Ernsthaftigkeit.
*Eingedenk dieses Unterschieds würden Sie sagen, Sie hat Ihnen geantwortet, und zwar ernsthaft?*
Das hat sie getan, soweit ich...

*Was heißt das?*
Soweit ich es nach ihrem Verhalten beurteilen kann, war sie ernsthaft.
*Danach habe ich Sie doch gefragt, prompt und ernsthaft.*

Durch die Brust ins Auge nennt man so etwas wohl.

Den nachgeborenen Historikern wäre es natürlich lieber, wenn Robinson Bürgermeister Coughlin damals direkt gefragt hätte, warum er und nicht Hilliard als Polizeichef bei dieser Zusammenkunft das Wort führte. Denn als Bürgermeister hatte er in einer Angelegenheit, die eindeutig in die Zuständigkeit der Polizei fiel, überhaupt nichts zu bestellen, schon gar nicht, wenn der oberste Gesetzeshüter der Stadt mit im Raum war und sich bedeckt hielt. Aber diese Frage wird wohl ewig unbeantwortet bleiben.

Hannah Reagan war Aufseherin in der Polizeistation von Fall River, wo Lizzie zehn Tage lang eingesperrt war. Sie war die nächste Zeugin der Anklage und sollte eine Geschichte erzählen, mit der man hoffte, Zweifel an Lizzies Unschuld wecken zu können.

Am 24. August war Emma, wie schon so oft nach Lizzies Festnahme, auf die Polizeistation gekommen, um ihre Schwester zu besuchen. Man ließ sie in die Zelle, und Hannah ging unterdessen auf die Toilette, die etwa einen Meter zwanzig entfernt war. Von dort aus soll sie angeblich ein Gespräch zwischen den Schwestern mitangehört haben, das sie als «sehr laute Unterhaltung» bezeichnet haben soll, und just in dem Moment wieder an der Zellentür gewesen sein, als Lizzie gesagt haben soll: «Emma, du glaubst mich nicht mehr, nicht wahr?» Emma soll geantwortet haben: «Nein, Lizzie, das stimmt nicht.» Darauf Lizzie: «Doch, und ich werde dir zeigen, daß ich nicht einen Zoll weiche.» Lizzie soll sich dann abgewandt haben, und angeblich fiel während der Besuchszeit kein weiteres Wort mehr zwischen den Schwestern.

Tatsächlich hat Emma weder in den Tagen zwischen dem Doppelmord und jenem Morgen noch zu irgendeinem anderen Zeitpunkt in den 30 Jahren, die sie noch zu leben hatte, etwas getan oder gesagt, das Lizzies Unschuld in Frage gestellt hätte. Auch ist zweifelhaft, daß

Lizzie, die gebildet war und über eine geradezu poetische Ausdrucksweise verfügte, gesagt haben sollte: «du glaubst *mich* nicht mehr». Dunkel ist auch, was sie mit diesem scharfen «ich werde dir zeigen, daß ich nicht einen Zoll weiche» gemeint haben sollte.

Minuten später bekam die Presse Wind von diesem Dialog, und ebenso geschwind erklärte Hannah, daß er nicht der Wahrheit entspreche. Sicherheitshalber hatte Rechtsanwalt Jennings eine Erklärung aufgesetzt, in der bestätigt wurde, daß die Geschichte frei erfunden war, und Reverend Buck bat die Aufseherin, das Schriftstück zu unterschreiben. Es lautete:

«Ich bestätige hiermit, daß ich auf eine Äußerung aufmerksam gemacht wurde, die ich angeblich mit Bezug auf einen Streit zwischen Lizzie und ihrer Schwester Emma gemacht haben soll und bei dem Lizzie zu Emma gesagt haben soll: ‹Du glaubst *mir* nicht mehr› etc., und daß ich ausdrücklich und entschieden bestreite, daß ein solches Gespräch stattgefunden hat, und ich ferner bestreite, daß ich jemals etwas gehört habe, das als Streit zwischen den beiden Schwestern ausgelegt werden könnte.»

Sie war zur Unterschrift bereit gewesen, doch inzwischen hatte sich die Sache bis zu Hilliard herumgesprochen, und der schritt ein. Das Ganze hatte immerhin im *Globe* gestanden, und ob es Lizzie schadete, war dem Marshal gleichgültig. Er dachte nicht daran, ein Dementi zu fordern. Als Reverend Buck ihm die Erklärung zeigte, hatte er die Aufseherin angeherrscht: «Gehen Sie gefälligst auf Ihr Zimmer, darum kümmere *ich* mich; und Sie, Reverend Buck, kümmern sich besser um Ihre eigenen Angelegenheiten.»

Damit war die Sache erledigt. Ob sie die Geschworenen in irgendeiner Weise beeinflußt hat, läßt sich nicht sagen. Es ist allerdings nicht sehr wahrscheinlich, denn die Geschichte mit dem Streit an sich war schon vage genug, und nachdem Hannah sie auch noch abgestritten hatte – ob nun mit oder ohne Unterschrift –, war völlig unklar, ob dieser Streit überhaupt stattgefunden hatte und, wenn ja, was er bedeutete.

Der nächste Punkt auf der Tagesordnung der Anklage betraf das Gift. Man hoffte, beweisen zu können, daß Lizzie am Tag vor dem Doppelmord versucht hatte, für zehn Cent Blausäure zu kaufen. So wollte man zeigen, daß sie sich mit dem Gedanken trug, Andrew und Abby zu töten.

Der Apotheker Eli Bence wurde aufgerufen. Er sollte erzählen, was er über den Vorfall wußte, aber Robinson war sogleich mit seinem Einspruch zur Stelle. Der vorsitzende Richter schickte die Geschworenen und Mr. Bence aus dem Saal, um sich die Argumente der beiden Parteien anzuhören. Er wußte, daß ihn eine längere Debatte erwartete.

Als erster sprach Staatsanwalt Moody: «Vielleicht sollte ich zunächst erklären, was es mit dem Zeugen, den wir präsentieren wollen, auf sich hat», sagte er. Bence sei bereits seit 13 Jahren Apotheker, doch habe bei ihm noch nie vorher ein Kunde Blausäure verlangt. (Es fällt schwer, das zu glauben, denn immerhin hatte er welche vorrätig.) Am 3. August sei Lizzie in seine Apotheke gekommen und habe für zehn Cent Blausäure verlangt und behauptet, sie wolle damit das Sealcape reinigen, das sie trage. Bence habe ihr mitgeteilt, daß Blausäure nur auf ärztliches Rezept verkauft werde, worauf sie gegangen sei.

Robinson stand auf und erhob Einspruch gegen Bences Aussage:

«Aufgrund der Aussage von Professor Wood ist doch wohl erwiesen», sagte er, «daß eine Untersuchung des Mageninhalts der Verstorbenen keinerlei Giftspuren oder anderweitige Auffälligkeiten zutage gebracht hat. Jedenfalls mit Sicherheit keine Blausäure. Das wurde eindeutig und rundweg ausgeschlossen. Es besteht also keine nachweisliche Beziehung zu dem Angriff auf das Leben dieser beiden Verstorbenen. Tatsächlich beweist die Zeugenaussage doch nur, angenommen, es gelingt der Anklage, das in dieser Diskussion vorerst zu beweisen, daß sie Blausäure kaufen wollte, und zwar unter genau den hier von der Anklage vorgetragenen Umständen. In diesem Prozeß wird ihr vorgeworfen, diese beiden Menschen mit einem scharfen Gegenstand erschlagen beziehungsweise getötet zu haben, den Mord zum Beispiel mit einer Axt begangen zu haben. Weiter nichts. Diesen Vorwurf, wenn er denn überhaupt begründet ist, aber jetzt hier über dieses legitime Verfahren hinaus weiter ausdehnen zu wollen, käme einem Versuch gleich, ihr ein Tötungsverbrechen vorzuwerfen, das mit einem völlig anderen Mittel verübt worden wäre und wofür sie hier nicht vor Gericht steht.»

Überdies, fuhr er fort, müsse erst einmal bewiesen werden, daß irgendeine Handlung der Angeklagten ihrem Wesen nach dazu dienen könnte, sie der Tat zu überführen, derentwegen sie angeklagt sei. Die Tatsache, selbst wenn sie erwiesen wäre, daß Lizzie versucht habe, Blausäure zu kaufen, ein Produkt, das man legal erwerben könne, zeige nicht, daß sie eine andere Handlung ausgeführt habe, die ein Verbrechen sein könnte. Robinson fragte, ob denn diese Tatsache etwa dazu diene zu beweisen, daß die Angeklagte diese beiden Menschen mit einer Axt getötet hat. Aber nur darum gehe es in diesem Prozeß.

Moody begann seine Widerlegung, indem er Robinson zunächst beipflichtete. Wenn Lizzie in der Tat versucht haben sollte, Blausäure zu kaufen, so stünde dies in keinem direkten Zusammenhang zu Morden, die mit Beil oder Axt begangen worden seien. Allerdings könne es den Vorwurf der Anklage erhärten, die Tat sei aus freiem Willen und mit Vorbedacht begangen worden. Die Staatsanwaltschaft vertrete die Auffassung, die Übelkeit, von der die Familie Borden am Montag befallen worden sei, habe Lizzie auf den Gedanken gebracht, daß Gift ein gutes Mittel wäre, sich Andrews und Abbys zu entledigen. Sie habe daraufhin am Mittwoch versucht, Blausäure zu erstehen. Als ihr das nicht gelungen sei, habe sie sich für das Beil entschieden.

Wie schon bei dem Disput über die Gerichtsverwertbarkeit von Lizzies Aussage bei der Untersuchung, zitierte die Anklage dann zwei ermüdende Stunden lang einen Präzedenzfall nach dem anderen, räumte dabei allerdings immer wieder ein, daß der jeweilige Fall eigentlich nicht mit dem hier zur Debatte stehenden vergleichbar sei. Moody schloß mit den Worten: «Ich kann mir keine relevantere Handlung vorstellen, nichts, was mehr dazu dienen könnte, zu beweisen, daß die Angeklagte die Absicht gehabt hat, jemandem Schaden zuzufügen, als den Versuch, in den Besitz eines der tödlichsten Gifte, die der Menschheit bekannt sind, zu gelangen.»

Robinson wandte sich erneut an die drei Richter und verwies darauf, daß in den Protokollen nichts enthalten sei, was vor dem 4. August auf eine Mordabsicht von seiten Lizzies hindeute, abgesehen von ihrer Bemerkung, daß Abby nicht ihre Mutter sei, was der Wahrheit entspreche.

«Nicht etwa», erklärte er, «daß sie gesagt hätte: ‹Ich habe die Absicht, noch vor dem Wochenende jemanden zu töten›, oder: ‹Ich hege Mordgedanken im Herzen.›» Die Staatsanwaltschaft gebe ja selber zu, die Aussage des Apothekers enthalte nichts, was beweise, daß Lizzie Böses im Sinn gehabt hätte.

«Ich gebe Ihnen recht», rief Robinson, «wenn ein Mensch sich entschließt, eine verbrecherische Handlung zu begehen, also Gewalt in einer bestimmten Richtung auszuüben, dann können Sie daraus die logische Schlußfolgerung ziehen. Aber wenn er eine unschuldige Handlung durchführt, dann können wir nicht *nach vorn* weisen und sagen: ‹Du hattest die Absicht, etwas zu tun, was du zum gegebenen Zeitpunkt, soweit sich beweisen läßt, mitnichten zu tun beabsichtigt hast.› Würde das Hohe Gericht etwa auch nur einen Augenblick hier sitzen und zuhören, wenn jemand zum Beispiel behaupten wollte, sie habe irgendwann in der Vergangenheit versucht, Dr. Bowen zu erschießen, um auf diese Weise zu beweisen, daß sie die Absicht hatte, Mr. und Mrs. Borden zu ermorden? Nein, selbst dann nicht, wenn sie es eine Stunde vorher getan hätte. Das würde man als ein anderes, eigenständiges Verbrechen behandeln.»

Die Richter zogen sich bis 16 Uhr 30 zur Beratung zurück.

«Das Gericht ist der Ansicht», verkündete der Vorsitzende dann, «daß die vorbereitete Aussage gerichtsverwertbar ist, vorausgesetzt, sie gelangt zum Vortrag.» In für Laien verständlichen Worten hieß das, die Richter wollten sich anhören, was der Zeuge der Staatsanwaltschaft zu sagen hatte, und dann entscheiden, ob die Geschworenen es ebenfalls zu hören bekamen.

So endete der neunte Verhandlungstag für die Anklage eher optimistisch, und das Gericht vertagte sich.

Wie die Dinge lagen, mußte irgendein phantasiebegabter Reporter früher oder später auf den Einfall kommen, die junge Frau aus Fall River, die dort auf der Anklagebank saß, mit den Hexen von Salem zu vergleichen, zumal das bewußte Salem auch in Massachusetts liegt. Und richtig, am zehnten Tag passierte es, und der Verfasser des Artikels im *Boston Globe* war niemand anders als der Amtsnachfolger des seligen Mr. Trickey:

> Es wäre interessant, einmal genau zu wissen, wie sich eigentlich die puritanischen Jungfrauen verhalten haben, als ihnen der Prozeß gemacht wurde und sie vor den Hexenverbrennern standen, sie, die wußten, wie hoffnungslos ihre Lage war, die die unerschütterliche Strenge ihrer Richter spürten, die allen Mitgefühls, aller Freundschaft beraubt waren, die man in die Enge trieb und jedes ihrer Worte, jeden ihrer Blicke zu einem Beweis ihrer Schuld verzerrte.
>
> Ob sie nicht mit der Zeit stoisch und gefühllos und gleichgültig selbst gegen das Ärgste geworden sind? So stellen ihre Widersacher auch das allgemeine Verhalten der Lizzie Borden dar. Seit zehn Monaten befindet sich sich in der Gewalt des Polizeichefs von Fall River und seiner Polizei. Wenn man sie nicht hängt, werden diese Leute meinen, die zehn Monate hätten sich nicht gelohnt und jedes andere Gesetz als ihr eigenes sei mehr als untauglich. Die puritanische Jungfrau, die hier vor Gericht steht, benimmt sich wohl wie ein Mädchen, das nichts zu erwarten hat – sie ist hart geworden gegenüber Unfreundlichkeit und Argwohn.

Als das Gericht am 14. Juni zum zehnten Verhandlungstag zusammentrat, wurden die Zeugen Charles H. Lawton, Nathaniel Hathaway und Henry H. Tillson aufgerufen. Lawton war Apotheker, Hathaway Chemiker und Tillson handelte mit Damenpelzen. Sie sprachen über die Verwendung von Blausäure zur Pelzreinigung und zum Töten von Menschen sowie über ihre Eigenschaften als Insektizid.

Als sie fertig waren, kam es vor dem Richtertisch zu einer Unterredung zwischen Anwälten und Richtern. Sie ist nicht im Protokoll festgehalten, es gibt also keine Mitschrift von diesem im Flüsterton geführten Gespräch, doch die Entscheidung, die die drei Richter anschließend bekanntgaben, machte am folgenden Tag in allen Zeitungen Schlagzeilen.

Die Staatsanwaltschaft, hieß es, sei nicht in der Lage gewesen, die Beweisaufnahme in dem Rahmen zu halten, auf den sie sich mit der Verteidigung geeinigt habe, deshalb würden sämtliche Aussagen zur Frage des Gifts als nicht gerichtsverwertbar abgelehnt. Dazu noch einmal der *Boston Globe*:

> Dieser Beschluß ließ sie in Tränen ausbrechen – in einen Weinkrampf der Freude, der Dankbarkeit und jäher Erleichterung, der ihren Körper schüttelte. Sie hatte gelernt, sich gegen Feindseligkeit und Unfreundlichkeit zu wappnen, Mitleid und tätige Freundlichkeit indes waren so neu für sie, daß sie in diesem Augenblick ihre Fassung verlor.

Damit war die dritte Säule der Anklage zusammengebrochen, und man kann sich denken, daß Knowlton sehr gern mit Generalstaatsanwalt Pillsbury getauscht hätte, der sich in diesem Moment am Strand von Florida sonnte. Knowlton erhob sich. «Die Staatsanwaltschaft verzichtet auf weitere Zeugen», sagte er.

Das kam für alle im Saal überraschend; nur die drei Richter blieben ungerührt auf ihren Plätzen sitzen. Im Publikum jedoch herrschte Aufruhr, was, wie man wohl annehmen darf, zum Teil damit zusammenhing, daß die Leute vermuteten, die Verteidigung würde jetzt die sofortige Einstellung des Verfahrens fordern, und die Zeit des schaurig-schönen Nervenkitzels wäre vorbei. Die Geschworenen saßen ebenfalls wie vom Donner gerührt, und viele von ihnen hofften sicherlich, auch ihre Gefangenschaft werde bald ein Ende haben. Lizzie strahlte, ihr rasches Wedeln mit dem Fächer zeigte, wie aufgeregt sie war.

Immer wieder hatten Gerüchte die Runde gemacht, daß die Verteidigung sich nicht darauf einlassen werde, die von der Staatsanwaltschaft vorgebrachten Behauptungen zu widerlegen. Jetzt hatten zumindest die Zuschauer im Gerichtssaal das Gefühl, daß die Argumente der Anklage dahingeschmolzen waren wie Butter in der Sonne, die vom Himmel brannte. Die Presse rechnete damit, daß der

Prozeß entweder wegen Mangels an Beweisen eingestellt wurde oder es die bisher umfassendste Rehabilitierung aufgrund von Indizien gab.

Die Reporter stürzten aus dem Saal, um ihren Zeitungen die Nachricht zu übermittlen. Die Stenografen hasteten die Treppe hinunter in ihre engen Stuben, um das amtliche Protokoll zu tippen.

Die Kette aus Hand in Hand arbeitenden Stenografen und Tippdamen, die die Protokolle des Borden-Prozesses zu Papier brachten, hätte Henry Ford zur Anregung für seine Montagefließbänder dienen können. Die Stenografen, ein ganzer Troß von Männern, wechselten sich alle fünf Minuten ab. Der jeweils Diensthabende saß an einem Tisch gegenüber dem Zeugenstand. Sobald er seine Zeit absolviert hatte, trat ein anderer an seine Seite, drängte ihn sanft vom Stuhl und übernahm den Bleistift wie einen Stafettenstab beim olympischen Staffellauf. Daraufhin raste der Diensthabende aus dem Saal, spurtete die Treppe hinunter und reichte seinen Stenoblock einem der jungen Mädchen aus der Batterie der Tippdamen. Inzwischen war schon ein dritter Stenograf auf der Treppe, diesmal nach oben in den Gerichtssaal. Das System war so effektiv, daß bereits eine Stunde, nachdem ein Zeuge ausgesagt hatte, die Anwälte beider Parteien und die Richter eine maschinengeschriebene, ordentlich gebundene und geheftete Abschrift vor sich liegen hatten.

Nach der Aufregung an jenem zehnten Verhandlungstag war es Sheriff Wright mittlerweile gelungen, Ruhe und Ordnung im Saal wiederherzustellen. Doch bevor die Anhörung der Zeugen der Verteidigung begann, hielt Andrew Jennings sein Eröffnungsplädoyer. Er war ein lebhafter, nervöser, resoluter, kleiner, schlanker, leicht erregbarer Mann mit sorgenvollem Gesicht. Er begann mit einer persönlichen Bemerkung:

«Ein Opfer der Mordtat, über die hier verhandelt wird», sagte er, «war viele Jahre lang mein Klient und mein persönlicher Freund. Ich kannte ihn von Kindheit an, und ebenso lange kenne ich seine jüngste Tochter, und ich möchte Sie an dieser Stelle bitten, wenn ich mehr Gefühle zeigen sollte, als Sie es vielleicht für ein Eröffnungsplädoyer der Verteidigung bei diesem Fall für notwendig erachten, halten Sie es bitte diesem Umstand zugute. Auch der Anwalt, Herr Obmann, meine Herren Geschworenen, ist nur ein Mensch und legt sein Menschsein nicht ab, wenn er die Robe anlegt.

Das Leben und die Literatur liefern uns zahlreiche unerhörte Beispiele für Verbrechen, die die Gefühle der Menschen erschüttert und ihrem Verstand Rätsel aufgegeben haben, aber ich glaube, noch nie gab es einen Fall, der rätselhafter war als der, über den Sie jetzt zu befinden haben.»

Es gehe, so Jennings, um ein Verbrechen, das die ganze zivilisierte Welt schockiert habe. Die Brutalität der Verletzungen, die Unverschämtheit in der Wahl von Zeit und Ort sowie die Anklage gegen die jüngste Tochter des Opfers ließen darauf schließen, daß dies die Tat ‹eines Wahnsinnigen oder eines Teufels› sei.

Die Herzen der Menschen, fuhr er fort, verlangten, daß jemand für das Verbrechen bestraft werde. «Aber, Herr Obmann, meine Herren Geschworenen, wie stark Ihr Wunsch, daß jemand bestraft werden möge, auch sein mag, Sie wollen den Schuldigen bestraft sehen, nicht aber einen Unschuldigen.» Das Gesetz des Staates Massachusetts, erklärte er, «schlägt um jeden, der dieses oder eines anderen Verbrechens angeklagt ist, den schützenden Kreis der Annahme seiner oder ihrer Unschuld und erlaubt keinem Geschworenen und keiner Jury, in diesen Kreis einzudringen, solange nicht alle erforderlichen Bedingungen erfüllt sind. Solange nicht der nach menschlichem Ermessen über jeden Zweifel erhabene Beweis dessen erbracht ist, daß er oder sie schuldig ist, darf diese Linie nicht übertreten und dem Beschuldigten nicht das Leben genommen werden.

Es gibt in diesem Fall von Anfang bis Ende keinen einzigen direkten Beweis gegen Lizzie Andrew Borden. Es gibt nicht einen Blutfleck, keine Waffe, die in irgendeiner Weise, Form oder Art mit ihr in Verbindung zu bringen wäre. Niemand hat gesehen, daß ihre Hand sie berührt, ihr Auge sie gesehen oder ihr Ohr sie gehört hätte. Es gibt, sage ich, keinen noch so winzigen direkten Beweis in dem Verfahren, der sie mit diesem Verbrechen in Verbindung brächte. Die ganze Anklage stützt sich einzig und allein auf Indizien.»

Systematisch arbeitete Jennings dann die drei sprichwörtlichen Bedingungen ab, die notwendig sind, um in einem Indizienprozeß einen Schuldbeweis zu führen: *Motiv*, *Mittel*, *Möglichkeit*.

«Es gibt absolut kein Motiv, weshalb die Angeklagte dieses Verbrechen begangen haben sollte», sagte er und erinnerte die Geschworenen an Bridgets Aussage über die friedliche Atmosphäre im Hause und den höflichen Umgang der Familienmitglieder untereinander.

«Man hat Ihnen zwar ein Motiv angegeben, aus welchem sie ihre Stiefmutter getötet haben soll, aber absolut keines, weshalb sie ihren Vater umgebracht haben könnte. Absolut keines; es sei denn, man wollte die meines Erachtens lächerliche Behauptung aufstellen, daß sie, nachdem sie die Mutter getötet hat, eine bis anderthalb Stunden wartete zu dem ausdrücklichen Zweck, ihren eigenen Vater zu töten, mit dem sie nachweislich nicht die geringste Streitigkeit oder Meinungsverschiedenheit gehabt hat.»

Zu den Mitteln sagte Jennings: «Das Blut, das an den Äxten gewesen sein soll, die man anfangs in diesem Fall so sorgsam gehütet hat, hat sich in nichts aufgelöst wie Nebel in der Morgensonne. Das Beil mit der Nagelklaue, von dem Dr. Dolan bei der Anhörung in Fall River so sicher glaubte, mit ihm sei die Tat begangen worden, so sicher, daß er sogar den Abdruck gesehen haben wollte, den die Klinge mit der Nagelklaue am Kopf von Mr. Borden hinterlassen habe, dieses Beil spielt keine Rolle mehr. Was die Waffe angeht, meine ich, so muß die Staatsanwaltschaft das Instrument, mit dem die Tat verübt wurde, entweder herbeischaffen und, wenn sie es herbeigeschafft hat, den direkten Zusammenhang desselben mit der Beschuldigten nachweisen, oder sie muß uns irgendeine vernünftige Erklärung für das Verschwinden dieses Instruments liefern.»

Und zu der Möglichkeit: «Ich möchte Ihre Aufmerksamkeit an dieser Stelle auf folgendes lenken: Bei all den Nachforschungen und Ermittlungen, die zum Aufenthalt und zum Tun von Mr. Andrew J. Borden an jenem Morgen angestellt wurden, hat sich keine lebende Seele gefunden, die hier in diesen Zeugenstand getreten wäre und ausgesagt hätte, sie habe Andrew J. Borden aus seinem Hause fortgehen sehen. Auf dem Weg von seinem Haus bis zur Union Savings Bank war er vollkommen unsichtbar. Und wenn er unsichtbar war, sollte das dann nicht auch einer Person möglich gewesen sein, die aus diesem Haus flüchtete, angenommen, sie ging in aller Ruhe fort?»

Er versprach ferner, die Verteidigung werde beweisen, daß Lizzies

Aussage, sie sei in der Scheune gewesen, der Wahrheit entsprach; auch für die Verbrennung des Kleidungsstücks werde man zu gegebener Zeit eine Erklärung liefern.

Die erste Zeugin der Verteidigung war Sarah Hart. Sie war am Vormittag des Mordtages gegen zehn Minuten vor zehn mit ihrer Schwägerin am Haus der Bordens vorbeigekommen und gab an, einen jungen Mann beobachtet zu haben, der, den Kopf in die linke Hand und den Ellbogen auf den Torpfosten gestützt, am Gartentor stand. Sie sei stehengeblieben und habe etwa fünf Minuten mit ihrem Neffen geplaudert, der zufällig des Wegs gekommen sei, und als sie fortgegangen sei, habe der Fremde noch immer dort gestanden.

Charles Sawyer, den Officer Allen gleich, als der Alarm gekommen war, als Türwächter eingesetzt hatte, sagte aus, Lizzie habe in einem Schaukelstuhl gesessen, und Miss Russell, Mrs. Churchill und Bridget hätten sich um sie gekümmert. Er sei die ganze Zeit in ihrer Nähe gewesen und habe weder auf ihrem Kopf, im Haar oder am Gesicht noch an ihren Händen und ihrer Kleidung Blutflecken bemerkt.

Als nächster wurde Mark Chace aufgerufen, der erzählte, er habe zur Tatzeit einen merkwürdigen Mann in einem vor dem Haus der Bordens geparkten Einspänner sitzen sehen.

Dr. Benjamin Handy bestätigte die Aussage von Mrs. Hart. Auch er hatte einen jungen Mann gesehen, der sich merkwürdig benommen habe, so merkwürdig, daß er mit seinem Wagen angehalten und kehrtgemacht habe, um den Fremden zu beobachten. Er habe ausgesehen, als sei er innerlich aufgewühlt gewesen, sei immer wieder stehengeblieben und dann weitergegangen. Ein Verhalten, wie dieser Mann es an den Tag gelegt habe, sagte der Zeuge, sei ihm sein Lebtag noch nicht auf offener Straße begegnet.

Charles N. Gifford reihte sich ein in die Schar der Zeugen, die merkwürdige Individuen in der Nähe des Haus der Bordens gesehen haben wollten. Er beschrieb einen 180 bis 190 Pfund schweren Mann, der am Abend vor der Tat auf der Seitentreppe gesessen habe. Er habe einen tief ins Gesicht gezogenen Strohhut aufgehabt.

Als Walter P. Stevens in den Zeugenstand trat, wurde klar, weshalb Robinson nicht die Fassung verloren hatte, als Officer Medley seinerzeit in allen Einzelheiten geschildert hatte, wie er auf den Speicher der Scheune gestiegen sei, seine Blicke über den Boden habe schweifen lassen und dort keine Fußspuren gefunden habe. Schlußfolgerung: Lizzie könne an jenem Vormittag nicht dort oben gewesen sein. Mr. Stevens war Reporter der in Fall River erscheinenden Zeitung *News*. Er war gerade auf der Polizeistation, als Officer Allen gerannt kam, um Verstärkung zu holen. Stevens war darauf im Laufschritt zum Haus der Bordens geeilt. Bestrebt, Informationen einzuholen, war er genau zu der Zeit, als Officer Medley im Haus eintraf, nach draußen in die Scheune gegangen. Er sei nicht auf den Speicher gestiegen, sagte er aus, habe aber, während er sich unten aufhielt, drei Leute die Treppe hochgehen und auf dem Speicher herumlaufen gehört – *vor* Medley.

Das Sahnehäubchen auf dem Kuchen der Verteidigung aber war «Ich und Brownie». Die Zeugenaussage des zwölfjährigen Thomas E. Barlow sorgte für einen der wenigen heiteren Momente bei dem Prozeß. Tommy war «Ich», und sein gleichaltriger Spielgefährte Everett Brown war «Brownie».

Fortwährend sein «Ich und Brownie« wiederholend, erzählte der Junge, wie beide auf dem Gehsteig gespielt hatten und just in dem Moment vor dem Haus der Bordens angelangt waren, als der erste «Mord!»-Schrei erscholl. In der Hoffnung, ein großes Abenteuer zu erleben, waren «ich und Brownie», nachdem Zerberus Sawyer sie weggescheucht hatte, in die Scheune gegangen, ganz von dem Gedanken beseelt, den Mörder zu fangen, der sich im Stroh versteckte. «Ich und Brownie» seien auf den Speicher gestiegen, berichtete Tommy, hätten ein bißchen herumgestöbert und gespielt, aber keinen Mörder gefunden. All das, bevor Officer Medley überhaupt auftauchte.

Im Kreuzverhör gab sich Knowlton alle Mühe, den Jungen zu verunsichern, was die Uhrzeit betraf, zu der «ich und Brownie» sich auf dem Speicher aufgehalten hatten, aber «ich und Brownie» wußten schließlich, wann die Schule aus war. Und das war jeden Tag um Punkt elf. Und welcher Zwölfjährige würde sich wohl in der Zeit irren, wenn man ihn fragt, wann die Schularbeiten erledigt sind und er spielen gehen darf?

Ein dicker Pluspunkt für die Verteidigung. Es gab fünf oder sechs

Leute, die oben auf dem Speicher gewesen waren, bevor Medley seinen Blick über den Boden schweifen ließ und nichts gesehen hatte. Rechtsanwalt Jennings hatte in seinem Eröffnungsplädoyer gesagt, Medleys Gang auf den Speicher sei ein «Hirngespinst – eine Ausgeburt seiner Phantasie».

Es war mehr. Die Anklage mußte unter allen Umständen Lizzies Alibi entkräften, daß sie sich, als Andrew getötet wurde, im Schuppen aufhielt. Daß Officer Medley sich ganz einfach geirrt hat, ist ausgeschlossen – dazu war seine Schilderung viel zu detailliert und akribisch. Medley hatte, genau wie vor ihm Fleet, einen Meineid geschworen.

Übrigens war dies nicht die erste Zeugenaussage, die Medley gefälscht hatte. Bei den Ermittlungen hatte er Fleet gegenüber erklärt, von Charles O. Cook, einem von Andrews Immobilienmaklern, erfahren zu haben, Andrew hätte zwei Tage vor dem Mord gesagt, er müsse nun endlich darangehen, sein Testament zu machen. Bei der Vorverhandlung bestritt Cook mit aller Entschiedenheit, jemals etwas Derartiges behauptet zu haben.

Dann rief Robinson Thomas F. Hickey, einen Reporter des *Boston Globe*, auf und bat ihn zu erzählen, was er über die Sache mit Hannah Reagan und den Streit zwischen Lizzie und Emma wußte. Der Zeuge berichtete, er habe Hannah unmittelbar, nachdem die Geschichte im *Globe* in Fall River erschienen war, aufgesucht. «Wie ich sehe, haben Sie dafür gesorgt, daß Sie in die Zeitung kommen», habe er tadelnd zu ihr gesagt. «Ja», habe Hannah erwidert, «aber sie müssen alles zurücknehmen.»

Als Hickey sie nach dem Streit fragte, habe sie gesagt, daß es keinen Streit gegeben habe. «Ich fragte sie, ob sie tatsächlich die Worte der Schwestern wiederholt habe, fragte sie, ob an dem Bericht irgend etwas Wahres sei, und sie sagte: ‹Absolut gar nichts›.»

Der nächste Paukenschlag der Verteidigung war die Aussage von Hyman Lubinsky, einem russischen Einwanderer, der die englische Sprache nur in ihren Grundbegriffen beherrschte. An jenem schicksalhaften Donnerstag um kurz vor elf hatte er sein Pferd angespannt und war mit seinem Eiswagen losgezogen. Umständlich drückte er aus, er sei sich ganz sicher, den Stall zwischen fünf nach elf und zehn nach elf verlassen zu haben und nur wenige Minuten später am Haus der Bordens vorbeigefahren zu sein.

«Ich sah», sagte er, «wie die Dame aus der Scheune kam und direkt zu der Treppe hinten am Haus ging. Sie hatte ein dunkles Kleid an.»

Er habe den Bordens schon oft Eiskrem geliefert, erklärte er, und die Dame, die er gesehen habe, sei nicht Bridget gewesen, denn die kenne er. Seine Aussage stimmte auf die Minute mit der Zeit überein, zu der Lizzie, wie sie sagte, aus der Scheune zurück ins Haus gegangen war. Er hatte mehreren Polizisten von seiner Wahrnehmung berichtet, auch Officer Medley, aber die Polizei hatte offensichtlich kein Interesse an seiner Geschichte. Rechtsanwalt Jennings' Leute jedoch hatten ihn aufgespürt und als Zeugen geladen.

Knowlton hatte im Kreuzverhör keine Geduld, auf Lubinskys Sprachschwierigkeiten Rücksicht zu nehmen. Mehrmals während der Befragung beschwerte sich der Mann: «Sie fragen mich zu schnell.» Ein Reporter der *Sun* aus New York schrieb: «Nie hat ein Anwalt sich mehr Mühe gegeben, einen Zeugen zu verwirren, als Mr. Knowlton bei diesem Verhör. Er ging zwischen dem Zeugenstand und seinem eigenen Tisch auf und ab und bombardierte den Mann förmlich mit seinen Fragen. Er war nervös und ärgerlich und sprach in schimpfendem Ton.» Dennoch sei es dem Ankläger nicht gelungen, Lubinskys Aussage umzustoßen.

# 14 Die Verteidigung verzichtet auf weitere Zeugen

Emma Lenora Borden

An dem Tag, da die Anhörung der Zeugen der Anklage abgeschlossen war, ließ auch die sengende Hitze nach, die sich auf Zuschauer und Prozeßbeteiligte gleichermaßen lähmend ausgewirkt hatte. Über Nacht fiel die Temperatur um ganze 20 Grad – von 33 Grad Celsius am Donnerstag abend auf frische 13 am Freitag morgen. Das war für alle eine Wohltat.

Am elften Prozeßtag folgten weitere Zeugen, die Hannah Reagans Geschichte vom Streit der Schwestern bestritten.

Mrs. Marianne Holmes, die Frau des Bankiers Charles Holmes, gab an, die Aufseherin kurz nach der Veröffentlichung der Story danach befragt zu haben. Mrs. Reagan habe ihr gesagt, die Sache sei nicht wahr, sie habe keinen Streit zwischen Emma und Lizzie mitangehört. Sie sei bereit gewesen, eine diesbezügliche Erklärung zu unterschreiben, aber Marshal Hilliard habe ihr gesagt, sie solle es nicht tun. Wenn sie es doch täte, geschähe das gegen seine ausdrückliche Anordnung. Offenbar aus Angst, daß sie, wenn sie sich dem Polizeichef widersetzte, ihre Arbeit verlöre, habe sie das von Jennings verfaßte und ihr von Reverend Buck vorgelegte Schriftstück nicht unterschrieben. Der Ehemann der Zeugin, Charles Holmes, bestätigte diese Aussage. Die ganze Geschichte sei eine Lüge, erklärte er. Das bekräftigten auch der Reporter John R. Caldwell und Mrs. Mary E. Brigham.

Schwer zu sagen, was an dieser Streit-Story der blühenden Phantasie von *Globe*-Reporter Edwin H. Porter entsprungen war und was die Polizei hinzugefügt hatte; die Geschworenen jedenfalls mußten das Ganze nach den Aussagen verläßlicher Zeugen für äußerst vage halten, und glaubwürdig war es nur für Lizzies Feinde.

Die Starzeugin des elften Verhandlungstages war Emma Borden. Sie war damals 42 Jahre alt, und das sah man ihr an; sie sah wahrhaftig aus wie eine züchtige altjüngferliche neuenglische Lehrerin. Sie war überaus sorgfältig und ganz in Schwarz gekleidet – unverkennbar durch und durch eine Borden. Kein einziges Mal schwankte ihr zarter Körper im Zeugenstand, kein einziges Mal senkte sie den offenen, klaren Blick, kein einziges Mal bebten ihre fest aufeinandergepreßten Lippen. Sie stand da, ganz Selbstbeherrschung, gab auf alle Fragen wohlüberlegt und entschieden Antwort und stellte sich dem geschickten Knowlton im Kreuzverhör wenn auch nicht trotzig, so doch fest entschlossen, dafür zu sorgen, daß der Sinn ihrer wohlabgewogenen Worte richtig verstanden wurde.

Andrew war in Fall River natürlich allgemein bekannt gewesen, und je nachdem, wie man zu ihm stand, hatte man ihn geachtet, gefürchtet oder gehaßt. Abby hatte fast wie eine Eremitin gelebt. Abgesehen von ihren Ausflügen auf den Markt und von gelegentlichen Kirchgängen, war sie kaum vor die Tür gekommen. Sie hatte weder in Wohltätigkeitsvereinen mitgearbeitet noch sonst am gesellschaftlichen Leben der Stadt teilgenommen.

Lizzie war das geselligste Familienmitglied. Über Emmas Aktivitäten außerhalb der eigenen vier Wände war und ist wenig bekannt. Es ist jedoch recht aufschlußreich, daß von Lizzie Dutzende Fotos existieren, die meisten davon übrigens in professionellen Ateliers aufgenommen, von Emma hingegen nur zwei. Fast möchte man meinen, ihr Lebensziel habe darin bestanden, nicht aufzufallen.

Als Entlastungszeugin aber trat sie energisch und entschieden auf. Sie sprach klar und ohne zu zögern. Ihr Auftritt vor Gericht war vielleicht der größte Augenblick ihres Lebens. Jennings bemühte sich sogleich herauszuarbeiten, daß Erbschaftsangelegenheiten nicht das Motiv für den Doppelmord waren.

Emma legte Dokumente vor, die belegten, daß Lizzie Sparguthaben in Höhe von 170 Dollar bei der B. M. D. Durfee Bank, 2000 Dollar bei der Massasoit Bank, 500 Dollar bei der Union Savings und 141 Dollar bei der Fall River Five Cents Savings besaß. Hinzu kamen mehrere Aktienanteile. Nach den Verhältnissen von 1892 zu urteilen, war das für eine junge Frau geradezu ein Vermögen.

Dann kam Jennings auf die herzliche Beziehung zwischen Lizzie und ihrem Vater zu sprechen:

*Hat Ihr Vater einen Ring am Finger getragen, Miss Emma?*
Ja, Sir.
*War das das einzige Schmuckstück, das er trug?*
Ja, das einzige.
*Wissen Sie, von wem er den Ring bekommen hat?*
Von meiner Schwester Lizzie.
*Wie lange vor seinem Tod?*
Ich würde sagen, zehn oder 15 Jahre.
*Wissen Sie, ob sie ihn getragen hat, bevor sie ihn ihm gab?*
Ja, Sir.
*Hat er ihn ständig getragen, nachdem er ihn bekommen hatte?*
Ja, Sir.
*Wissen Sie, ob er ihn am Finger hatte, als er begraben wurde?*
Ja.

Dann ging es um das bewußte Kleidungsstück und die Suche danach. Die erste Frage bezog sich darauf, wie viele Kleidungsstücke sich in den verschiedenen Kleiderschränken befanden.

Etwa 18 oder 19.
*Und wem gehörten diese Kleider?*
Alle mir und meiner Schwester, bis auf eines, das Mrs. Borden gehörte.
*Wie viele dieser Kleider waren blau oder vorherrschend blau?*
Zehn.
*Wem gehörten sie?*
Zwei davon gehörten mir und acht meiner Schwester.
*Waren Sie am Samstag nachmittag bei der Durchsuchung zugegen?*
Ja, Sir.
*Hat Dr. Dolan Ihnen gegenüber etwas darüber gesagt, welchen Charakter die vorgenommene Durchsuchung hatte, und wenn ja, was?*
Er sagte mir, die Durchsuchung sei so gründlich gewesen, wie eine Durchsuchung eben sein könne, nur, daß man nicht die Tapeten von den Wänden gerissen und die Teppiche hochgehoben habe.
*Haben Sie oder, soweit Ihnen bekannt ist, Miss Lizzie zu irgendeiner Zeit Einwände gegen die Durchsuchung irgendeines Teils des Hauses erhoben?*
Nicht im mindesten.
*Haben Sie die Polizei auf irgendeine Ihnen mögliche Weise unterstützt?*
Indem wir ihnen sagten, sie sollen kommen, sooft sie wollen und suchen, so gründlich sie können.

Dann beschrieb sie das Kleidungsstück aus blauem Bedfordcord, das Lizzie verbrannt hatte. Die Grundfarbe, sagte sie, sei ein sehr helles Blau gewesen, darauf ein Muster aus zwei bis zweieinhalb Zentimeter großen dunklen Figuren. Es sei ein ganz einfaches Kleid aus billigem Stoff gewesen, von dem die Elle zwölfeinhalb, höchstens 15 Cent gekostet habe.

Genäht worden war es, wie damals üblich, bei den Bordens zu Hause, und zwar in jenem Gästezimmer, in dem man Abby erschlagen hatte. Kurz nachdem dieses Kleid genäht worden war, kamen Maler ins Haus, tünchten die Innenwände und verputzten die äußeren.

*Wissen Sie etwas darüber, ob das Kleid damals Farbe abbekommen hat?*
Ja, das hat es.
*Wo waren diese Farbflecke?*
Ich würde sagen, vorn und an der Seite, nach hinten zu, und ein paar auch von innen.
*Wie alt war das Kleid da?*
Nun, ich glaube, zwei Wochen, vielleicht sogar weniger.
*Und wissen Sie vielleicht, wo dieses Kleid am Samstag bei der Durchsuchung war?*
Ich habe es in der Kleiderkammer gegenüber der vorderen Haustür hängen sehen.
*Wie kam es, daß Sie es zu dieser Zeit dort hängen sahen?*
Ich ging hinein, um das Kleid aufzuhängen, das ich tagsüber angehabt hatte, und es war kein freier Nagel da, und da habe ich nach einem Nagel gesucht und das Kleid bemerkt.
*Sprachen Sie aufgrund der Tatsache, daß Sie keinen Nagel fanden, mit Ihrer Schwester über das Kleid?*
Ja.
*Was sagten Sie zu ihr?*
Ich sagte: «Du hast ja dieses alte Kleid noch immer nicht weggeworfen. Wieso eigentlich nicht?»
*In welchem Zustand war das Kleid zu der Zeit?*
Es war sehr schmutzig, sehr verschmutzt und schrecklich ausgeblichen.
*Wann haben Sie dieses Cordkleid dann wiedergesehen?*
Am Sonntag morgen, ich glaube, so gegen neun Uhr.
*Würden Sie dem Gericht bitte erzählen, was Sie an dem Morgen in der Küche gesehen oder gehört haben?*
Ich war gerade dabei, Geschirr zu spülen, als ich die Stimme meiner Schwester hörte, und als ich mich umdrehte, sah ich sie vor dem Ofenblech stehen, zwischen Ofenblech und Eßzimmertür. Sie hatte dieses Kleid überm Arm und hat gesagt: «Ich glaube, ich verbrenne dieses alte Kleid.» Ich sagte: «Warum nicht?» oder «Das solltest du wirklich tun» oder «Das würde ich an deiner Stelle auch tun» oder so etwas. Ich weiß die genauen Worte nicht mehr. Und dann habe ich

> mich wieder umgedreht und weiter Geschirr gespült und habe nicht zugeschaut, wie sie es verbrannt hat, und mich überhaupt nicht weiter mit ihr beschäftigt zu dieser Zeit.

*In welchem Zustand waren die Küchentüren und -fenster zu dieser Zeit?*

Sie waren alle weit offen, die Fliegentüren standen offen, und die Fensterläden waren auch geöffnet.

*Waren die Polizisten zu dieser Zeit anwesend?*

Sie waren im Garten.

Jennings versuchte, dem Gericht klarzumachen, daß es bei den Bordens keinen Lumpensack für alte Kleider und derlei Dinge gab. Er war allerdings nicht gerade erpicht darauf, daß Emma auch den Grund dafür preisgab, nämlich, daß Andrew gar nicht daran dachte, die Entsorgung von Abfall zu bezahlen, den man genausogut verbrennen konnte. Knowlton erhob Einspruch, der angenommen wurde.

Alice Russell, eine Freundin von Emma, war anwesend, als Lizzie das Kleid verbrannte. Am darauffolgenden Tag, es war der Montag, erzählte sie Emma, Detective Hanscom habe sie gefragt, ob noch alle Kleider, die am Mordtag da waren, vorhanden seien. Sie habe das bejaht, hatte sie Emma erzählt, und Emma hatte sie gefragt, warum sie das getan hatte. «Daß Lizzie das Kleid verbrannt hat, war das Schlimmste, was sie tun konnte», hatte Miss Russell geantwortet. «Warum hast du mir das nicht gesagt, bevor ich es verbrannt habe?» hatte Lizzie gefragt. «Warum hast du mich nicht davon abgehalten?» Emma hatte Miss Russell erklärt, sie solle Hanscom von dem verbrannten Kleid erzählen und ihm auch erzählen, daß die Borden-Schwestern ihr das aufgetragen hätten.

Dann fragte Jennings sie nach dem angeblichen Streit mit Lizzie:

> *Miss Emma, erinnern Sie sich an eine Geschichte, die Mrs. Reagan über einen Streit zwischen Ihnen und Ihrer Schwester erzählt hat?*

Ja, Sir.

*War ich derjenige, der Sie auf diese Angelegenheit aufmerksam gemacht hat?*

Ja.
*Wie lange danach, wissen Sie das noch?*
Am nächsten Morgen.
*Nun, Miss Emma, an jenem Morgen, hatten Sie da eine Unterhaltung mit Miss Lizzie, bei der diese sagte: «Emma, du glaubst mir nicht mehr, nicht wahr?»*
Nein.
*Und haben Sie darauf erwidert: «Nein, Lizzie, das stimmt nicht.» Und sie darauf: «Doch, und ich werde dir zeigen, daß ich nicht einen Zoll weiche.» Hat es solch eine Unterhaltung gegeben?*
Nein.
*Auch nichts Ähnliches?*
Nichts.
*Weder an jenem noch an einem anderen Morgen?*
Zu keiner Zeit. Zu absolut keiner Zeit.
*Gab es im Zimmer der Aufseherin überhaupt jemals Streit zwischen Ihnen und Ihrer Schwester, solange diese sich dort befand?*
Nein.

Knowlton befragte Emma im Kreuzverhör nach der Transaktion, die die angebliche Zwietracht zwischen den alten Bordens und den Töchtern gesät haben sollte, nämlich dem Erwerb eines Hauses für Abbys Halbschwester, Mrs. Whitehead.

Mrs. Whitehead besaß eine Hälfte des von ihr bewohnten Hauses, die andere Hälfte hatte Abby gehört. Abby befürchtete, daß ihre Schwester im Alter kein Dach über dem Kopf haben könnte, und drängte Andrew deshalb, Mrs. Whitehead die Hälfte, die ihr gehörte, abzukaufen und sie ihr zu schenken. Der Preis belief sich auf anderthalbtausend Dollar.

*Gab es deswegen Streit in der Familie?*
Ja.
*Zwischen wem?*
Zwischen meinem Vater und Mrs. Borden und zwischen meiner Schwester und mir.
*Auch zwischen Ihnen, Ihrer Schwester und Ihrer Stiefmutter?*

Ja, Sir.
*Hatten Sie etwas daran zu beanstanden?*
Ja, Sir.
*Und hatte Lizzie etwas daran zu beanstanden?*
Ja, Sir.
*Und hat Ihr Vater dann aufgrund Ihrer Beanstandungen auch Ihnen beiden Geld gegeben oder etwas gekauft?*
Ich glaube nicht, daß er es aufgrund unserer Beanstandungen getan hat.
*Hat er Ihnen, nachdem Sie Ihre Beanstandungen vorgebracht hatten, Geld gegeben?*
Ja, Sir.
*Wieviel?*
Großvaters Haus in der Ferry Street.
*Und gab es Klagen darüber, daß das kein Äquivalent sei?*
Nein, Sir. Es war mehr als ein Äquivalent.

Emmas Antwort auf die nächste Frage muß Knowlton überrascht und erschüttert haben. Die Anklage hatte ihre Vorwürfe gegen Lizzie darauf gegründet, daß letztere angeblich einen Groll gegen ihre Stiefmutter hegte. Aus Emmas Aussage ging das Gegenteil hervor. Demnach hatte Lizzie der Frau ihres Vaters verziehen, wohingegen diese nachtragend geblieben war.

*War das Verhältnis zwischen Ihnen, Lizzie und Mrs. Borden nach diesem Vorfall genauso herzlich wie vorher?*
Zwischen meiner Schwester und Mrs. Borden schon.
*Es war also alles genau wie immer?*
Ich denke schon.
*Und von Ihrer Seite aus?*
Ich glaube nicht.

Noch eine volle weitere Stunde hielt sich Knowlton bei diesem Thema auf; er las Emma nochmals die Aussagen vor, die sie bei der Untersuchung und im Zuge der vorherigen Ermittlungen gemacht hatte. Und da er sie nicht widerlegen konnte, mußte er sich auf die Feststellung beschränken, daß man ihre damaligen Angaben verschieden interpretieren könne. Hier im Kreuzverhör jedenfalls war sie in ihren Antworten völlig eindeutig. Lizzie hatte ein herzlicheres Verhältnis zu Abby als sie selbst.

Dann wollte Knowlton beweisen, daß das Verhältnis der Schwestern untereinander nicht gut gewesen sei. Als Beleg dafür führte er an, Emma habe früher das größere der beiden Schlafzimmer für sich gehabt, es aber dann an Lizzie abgetreten. Das war ein schwacher Versuch, dem Emma ein Ende setzte, indem sie erklärte, sie habe ihr Zimmer freiwillig mit Lizzie getauscht und den Tausch sogar selber vorgeschlagen.

Gleichermaßen ergebnislos blieb Knowltons Bemühen, Emmas Aussage über die näheren Umstände der Kleiderverbrennung zu entkräften, indem er ihr Alice Russells Behauptungen entgegenhielt. Alice hatte ausgesagt, Emma habe Lizzie gefragt, was sie mit dem Kleid vorhabe, das sie über dem Arm hatte. Das habe sie anders in Erinnerung, sagte Emma. Soweit sie sich erinnere, habe Lizzie zuerst gesprochen und gesagt: «Ich glaube, ich verbrenne dieses alte Kleid.» Auch als der Staatsanwalt ihr weiter zusetzte, blieb sie dabei, nicht zuerst gesprochen zu haben, und erklärte: «Ich sage, daß ich das nicht gesagt habe, weil ich es nicht gesagt habe.» Das Kreuzverhör entwickelte sich zu einem einzigen Gefeilsche und Gekeife, das der Anklage nichts mehr einbrachte.

Dann trat die Schneiderin Mrs. Mary A. Raymond in den Zeugenstand und sagte aus, sie habe das fragliche Kleid aus Bedfordcord während eines dreiwöchigen Aufenthalts im Hause Borden genäht. Es habe fast unmittelbar nach seiner Fertigstellung, ja sogar noch solange sie im Haus war und andere Kleider nähte, Farbflecken abbekommen. Wenn Bedfordcord verschossen sei, sagte sie, sehe er nach nichts mehr aus.

Mrs. Phoebe Bowen, die Frau von Dr. Bowen, die mit ihrem Mann auf der gegenüberliegenden Straßenseite wohnte, berichtete, wie verzweifelt Lizzie in den ersten Minuten nach dem Mord gewesen sei. Sie war sich absolut sicher, daß das Kleid, welches Lizzie der Polizei gegeben hatte, dasjenige war, das sie an jenem Morgen getragen hatte.

Die letzte Zeugin der Verteidigung war Mrs. Annie White, die als Gerichtsstenografin der Untersuchung und der Vorverhandlung beigewohnt hatte. Sie las ihre Mitschrift von Bridgets Aussage bei der Untersuchung vor. Das Dienstmädchen bezeugte damals, Lizzie habe geweint, als sie sah, daß Andrew ermordet worden war.

Ob das auf die Geschworenen Eindruck gemacht hat, ist nicht bekannt. An der Legende von der gefühlskalten, herzlosen Lizzie jedenfalls hat sich dadurch nichts geändert. Sie besteht weiter.

Am zwölften Tag erklärte auch die Verteidigung ihren Verzicht auf weitere Zeugen.

Die Prozeßberichterstattung der meisten Zeitungen war von Anfang an parteiisch, man hielt an seiner vorgefaßten Meinung über Lizzies Schuld oder Unschuld fest. Zu den wenigen Blättern, die genau und unvoreingenommen berichteten, gehörte die *New York Times*. Ihr Leitartikel an jenem zwölften Verhandlungstag bringt den Charakter des Prozesses und die Verlegenheit, in der sich die Anklage befand, auf den Punkt:

**Wird das Rätsel ewig ungelöst bleiben?**

Es ist viele Jahre her, daß ein Kriminalfall so allgemeines Interesse gefunden hat und so sehr im Gespräch war wie die Borden-Morde. Dieser Fall hat die ganze Faszination eines Rätsels, über das man tausend Spekulationen anstellen kann und über das die Meinungen ebenso auseinandergehen wie die Eigenheiten derer, die diese Meinungen formulieren. Es gibt so wenig absolute Beweise, daß ein jeder die Wahrscheinlichkeiten und Indizien nach eigenem Belieben deuten kann, und dabei kommt es nicht zuletzt darauf an, wie er im allgemeinen über die menschliche Natur denkt und wessen er diese für fähig hält. Es besteht wenig Hoffnung, daß der Prozeß in New Bedford dieses Rätsel lösen wird. Wie das Urteil lauten wird, falls es überhaupt zu einem solchen kommt, ist im Grunde gleichgültig, wenn nicht noch etwas Neues ans Tageslicht kommen sollte, wofür indes wenig spricht.

Der ganze Fall ist ein einziges Knäuel aus Wahrscheinlichem und

Unwahrscheinlichem, und es gibt wenig gesicherte Erkenntnisse über die Tatsache hinaus, daß ein Ehepaar in seinem eigenen Haus in einer belebten Straße an einem Vormittag im August ermordet wurde, als außer der Tochter und einem Dienstmädchen niemand daheim war. Es ist unglaublich genug, daß ein solches Verbrechen zu einer solchen Tageszeit und an einem solchen Ort begangen wurde. Daß aber jemand von außen in das Haus gelangt sein, die Tat begangen haben und dann unbemerkt und ohne irgendwelche Spuren zu hinterlassen entkommen sein soll, ist in höchstem Maße unglaublich. Die Polizei konnte keinerlei Beweise dafür finden, daß das Verbrechen von jemandem begangen wurde, der nicht zur Familie gehört, und die Zeugenaussagen, die die Verteidigung präsentiert hat, um zu belegen, daß das Verbrechen sich auf diese Weise abgespielt haben könnte, beweisen nichts in bezug auf das Verbrechen an sich.

Der Verdacht gegen die Tochter aber stützt sich allein darauf, daß es eine andere Erklärung einfach nicht gibt. Trotz der Indizien, die dafür sorgten, daß die Sache düster für sie aussah, gab es nicht den Schatten eines direkten Beweises gegen sie, wie es auch gegen niemand anders den Schatten eines derartigen Beweises gibt. Wenn eine Indizienkette stets nur so stark sein kann wie ihr schwächstes Glied, so haben wir hier darüber berichtet, wie man versucht hat, eine Kette aus gänzlich voneinander losgelösten Gliedern zu schmieden, eine Kette ohne jeden logischen Zusammenhang und ohne bindende Kraft. Mit beinahe demselben Recht könnte man jeden beliebigen Menschen verdächtigen, der das Unglück hat, sich in einem Haus aufzuhalten, in dem ein Mord geschehen ist, und dessen Verhältnis zu dem Opfer nicht gerade ungetrübt war. Da, abgesehen von der Tatsache des Mordes selbst, absolut nichts bewiesen ist und da es keinerlei Beweise gegen irgend jemanden gibt, dürfte dieser Fall wohl ewig ein Rätsel bleiben, es sei denn, es käme etwas Neues ans Licht, wofür es allerdings keinerlei Anzeichen gibt.

# 15 Robinson für die Verteidigung

**Andrew J. Jennings**

**E**s gibt Leute, die behaupten, Robinsons Schlußplädoyer sei eine Blamage gewesen, aber das sind vermutlich Fans von Perry Mason * oder Menschen, die meinen, die Verteidigung (beziehungsweise die Anklage) sei nur dann siegreich, wenn sie in vorvorletzter Minute ein Geständnis des Schuldigen aus dem Ärmel schüttelt oder den Prozeß zumindest in einem rhetorischen Feuerwerk enden läßt. Doch Anwälte, die zu theatralischen Mitteln greifen, sind meistens nur um stichhaltige Argumente verlegen und müssen sich deshalb durch blendende Beinarbeit aus der Affäre ziehen.

Ex-Gouverneur Robinson mußte damals schon klar sein, daß der

* Staranwalt, Held einer nach der gleichnamigen Romanserie von Erle Stanley Gardner gestalteten amerikanischen Fernsehserie (A. d. Ü.).

Staatsanwaltschaft unwiderruflich die Felle weggeschwommen waren, und vielleicht hat er sogar in Erwägung gezogen, zu fordern, daß die Anklagen fallengelassen werden. Damit hätte er zwar demonstriert, daß die Verteidigung felsenfest von Lizzies Unschuld überzeugt war, aber andererseits wäre das ein reichlich forscher und vor allem höchst riskanter Schachzug gewesen.

Die Anklage hatte keine greifbaren Beweise gegen Lizzie vorbringen können, keine Waffe, kein handfestes Motiv, keine blutbefleckten Kleidungsstücke. Sie hatte lediglich nachgewiesen, daß Lizzie eine Möglichkeit gehabt hätte, die Tat zu begehen, doch das traf theoretisch auch auf andere Personen zu. Robinsons Schlußplädoyer war ganz darauf zugeschnitten, die ohnedies bereits skeptisch gewordenen Geschworenen noch einmal auf diese Fakten hinzuweisen. In einer fast den ganzen Tag dauernden Rede ging er sie Punkt für Punkt durch.

«Im August 1892», fing er an, «geschah in Fall River eines der gemeinsten und teuflischsten Verbrechen, die Massachusetts je erlebt hat. Seine Ungeheuerlichkeit und Brutalität erschütterte jedermann, und alles war begierig zu wissen, wer derjenige war, der eine so furchtbare Tat begangen hatte. Die Dinge, die sich damals abgespielt haben, sind so entsetzlich, daß uns die Worte fehlen. Wohl niemand vermag den Schrecken jener Augenblicke zu beschreiben.

Und so drängte es uns alle miteinander auf der Stelle, von Anfang an, den zu finden, der einer solchen Ungeheuerlichkeit fähig ist, dessen Herz schwarz ist vor Verworfenheit, dessen ganzes Leben nur aus Verbrechen besteht, dessen Vergangenheit eine Prophezeihung auf solche Gegenwart ist. Einen Wahnsinnigen oder einen Teufel, sagen wir. Nicht einen Menschen, der seiner Sinne Herr ist und das Herz am rechten Fleck hat, sondern eine jener abnormen Kreaturen, die Gott erschafft oder duldet – einen Geistesgestörten oder einen Teufel.»

Damit wollte er natürlich sagen, daß Lizzie weder das eine noch das andere war.

Warum aber saß Lizzie Borden hier auf der Anklagebank?

«Auch der Mann von der Polizei ist ein menschliches Wesen, er ist auch nur ein Mensch, und wenn (er) ein Verbrechen aufzuklären versucht, ist er besessen und erfüllt von den Gedanken an die Erfahrungen, die er mit bösen Menschen gemacht hat. Wenn er einen Verbrecher sucht, ist er seines Weges durchaus nicht gewiß, manches überschätzt er, anderes unterschätzt er, und er muß eine Entscheidung fällen, damit er jemanden fassen kann, denn er steht einer Gemeinschaft gegenüber, die verlangt, daß man den Verbrecher findet und bestraft, und die ihm Vorwürfe macht, wenn er nicht, ehe es Morgen ist, irgendwen hinter Schloß und Riegel gebracht hat.

‹Was tut die Polizei?› heißt es in den Zeitungen. ‹Hören Sie mal, Herr Polizeichef, gestern ist der Doppelmord geschehen, und Sie haben den Mörder noch immer nicht hinter Schloß und Riegel? Sperren Sie gefälligst jemanden ein.›

Als Gruppe von Menschen machen diese Leute sich lächerlich, wenn sie von der Beklagten verlangen, daß sie ganz genau weiß, was sie zu einem bestimmten Zeiptunkt getan hat, daß sie über jeden Augenblick Rechenschaft ablegen kann und daß sie das Ganze drei- oder viermal mit denselben Worten erzählt, daß sie dabei nie schwankend und unsicher wird, daß sie in Tränen ausbricht oder nur ja nicht in Tränen ausbricht, daß sie bloß keine Fehler macht.»

Und dann faßte Robinson zusammen, worin eigentlich der Sinn dieses Prozesses bestand. Natürlich waren die Geschworenen genauso wie die übrige Öffentlichkeit schrecklich neugierig zu erfahren, was in der Second Street geschehen war. Robinsons Angst war offensichtlich, daß das Rätselhafte des Falles die zwölf Jurymitglieder so sehr beschäftigte, daß sie es, ähnlich wie die Öffentlichkeit, als ihre Pflicht ansahen, dieses Rätsel zu lösen, indem sie *irgend jemanden* für schuldig befanden. Und weil es Lizzie war, die vor Gericht stand, wäre sie dieser Jemand.

«Ihre Aufgabe, Gentlemen, besteht nicht darin, das Rätsel zu entwirren. Sie sind nicht hier, um das Problem zu lösen. Sie sind nicht hier, um herauszufinden, *wer* diesen Doppelmord begangen hat. Der Zweck Ihres Hierseins ist ein anderer. Sie sind schlicht und einfach und einzig und allein hier, um zu sagen, ob *diese Frau* dort auf der Anklagebank schuldig ist. Zu nichts weiter. *Nicht: Wer* hat es getan? *Nicht: Wie* wurde es getan. *Sondern: Hat sie es getan?* Weiter nichts.

Es gibt absolut keine direkten Beweise gegen Miss Borden. Niemand hat etwas gesehen, gehört oder erlebt, das sie mit der Tragödie in Verbindung bringt. Man hat uns keine Waffe gezeigt, noch hat jemand beweisen können, daß er über den Gebrauch einer solchen durch die Beschuldigte unterrichtet ist. Hätte man eine solche Waffe bei ihr gefunden, in ihrem Zimmer oder unter ihren Sachen, das wäre ein direkter Beweis. Aber davon kann nicht die Rede sein. Und das behauptet auch niemand. Es ist nicht bewiesen, daß sie je ein Instrument von der Art desjenigen benutzt hat, mit dem diese Morde verübt worden sein müssen. Es ist nicht bewiesen, daß sie je solch ein Instrument berührt, gekannt, gekauft oder besessen hat. Nach der Beweisaufnahme ist hingegen erwiesen, daß sie nicht einmal gewußt hat, wo derlei gewöhnliche Dinge im Haus aufbewahrt wurden.

Und auch die Tat selber hat sie durch keinerlei Spuren verraten. Sie hatte kein Blut an sich, und Blut spricht für sich, auch wenn es stumm ist. Es spricht gegen den Verbrecher. Sie hatte keinen einzigen Tropfen an sich, von Kopf bis Fuß, weder an ihren Kleidern noch sonstwo. Bedenken Sie das! Denken Sie nur einen Moment lang darüber nach!»

Dann verspottete er die Polizei wegen der Geschichte mit dem fehlenden Beilstiel. Ob es den überhaupt jemals gegeben habe, wollte er wissen, und, wenn ja, wo er abgeblieben sei. «In Gottes Namen», rief er, «mögen die 125 Polizisten von Fall River nur weiter diesem Stiel nachjagen, bis sie ihn irgendwo hineinrammen und ihn zu seiner Familie versammeln können!

Welchen Grund gibt es, zu sagen, diese Angeklagte sei schuldig? Mit welchem Recht wird so etwas behauptet? Lassen Sie mich die Sache durchgehen und Ihnen sagen, wie man zu der Behauptung kommt, daß sie es getan hat.

Erstens, heißt es, war sie an jenem Vormittag im Haus. Nun ja, Sie meinen vielleicht, das war ein schwerer Fehler. Aber es ist schließlich ihr Zuhause! Oder glauben Sie etwa, auf der Straße wäre sie besser aufgehoben gewesen? Ich weiß nicht, wo ich meine Tochter lieber wüßte als daheim, wo sie sich als braves Mitglied der Familie den Pflichten des Alltags widmet. Deshalb scheint mir daran noch nichts Kriminelles zu sein.

Nun mag mancher sich fragen, wo der Brief geblieben ist. Ja, auch wir wären sehr froh, wenn wir ihn sehen könnten; sehr froh. Miss Russell geht davon aus, daß Abby ihn verbrannt hat. Sehr wahrscheinlich war es so. Dieser Brief kann durchaus Teil eines Planes gegen Mrs. Borden gewesen sein. Er kann ihr mit faulen Tricks und in verbrecherischer Absicht geschickt worden sein. Wir wissen nichts darüber. Aber daß ein Brief gekommen ist, steht außer Frage.

Zu sagen, daß Lizzie in dieser Angelegenheit gelogen habe, ist eine böswillige Unterstellung, die die realen Tatsachen, wie sie in diesem Prozeß herausgearbeitet worden sind, nicht zur Kenntnis nimmt. Es ist nicht wahr, daß Lizzie in diesem Punkt gelogen hat. Wenn sie gelogen hätte, dann hätte auch Bridget gelogen, und das möchte ich nicht einen Augenblick lang behaupten.

Dann erzählt uns die Angeklagte, sie war in der Scheune, die Ermittler aber erklären uns, sie sei nicht in die Scheune gegangen. Sie erklären uns, auch das sei eine Lüge. Wenn sie nicht draußen im Garten oder in der Scheune war, dann wäre sie zu dem Zeitpunkt, als der Mord an ihrem Vater begangen wurde, im Haus gewesen. War sie nun in der Scheune oder nicht? Nun, wir haben festgestellt, daß sie tatsächlich dort war – festgestellt durch unabhängige, unbeteiligte Zeugen. Gut möglich, daß die Beobachtung eines Mannes, der zufällig auf der Straße war, dieser Frau das Leben rettet. Ein Hausierer kam vorbei, ein Eismann, den jeder in Fall River kennt. Er ist weder ein bekannter Anwalt noch ein großer Geistlicher, noch ein erfolgreicher Arzt. Er ist nur ein Hausierer, der mit Eiskrem handelt, aber er weiß, was ein Eid ist, und er sagt die Wahrheit, wenn er unter Eid steht. Er sagt, er sah, wie eine Frau – nicht Bridget, die er kannte – langsam hinten um die Ecke kam und gleich darauf die Seitentreppe hinaufstieg. Nun, und außer Bridget und Lizzie gab es zu dieser Zeit im Hause keine lebende Frau. Er wußte, daß es nicht Bridget war, denn ihr hatte er Eis verkauft, sie kannte er.

Dann erzählt man uns etwas von Zwietracht in der Familie. Nun, meine Herren, ich will mich bei diesem Punkt nicht weiter aufhalten, denn ich kann nur sagen, in dieser Frage ist der Staatsanwaltschaft ein bedauerlicher Fehler unterlaufen. Sie hat behauptet, diese Zwietracht sei das Motiv gewesen, das den verschiedenen Taten, um die es hier geht, zugrunde liege und die Angeklagte unmittelbar mit dem Mord an Mrs. Borden in Verbindung bringe, und weiter heißt es dann, nachdem sie Mrs. Borden ermordet hätte, habe Lizzie *Mr. Borden* wegen seines Besitzes ermordet, oder vielleicht sagt man uns auch, sie habe ihn ermordet, um ihr Verbrechen zu vertuschen.

Und was hat die Staatsanwaltschaft bewiesen? Sie hat bewiesen, daß Lizzie vor fünf, sechs Jahren aufgehört hat, Mrs. Borden ‹Mutter› zu nennen.

Lizzie ist heute eine Frau von 32 oder 33 Jahren; sie war 32, als diese Verbrechen geschahen. Mrs. Borden war nicht ihre leibliche Mutter, sondern ihre Stiefmutter. Mrs. Borden kam ins Haus, als Lizzie ein kleines Mädchen von zwei oder drei Jahren war, und es mag Fälle geben, in denen eine Stiefmutter in die Familie kommt und die Kinder aufzieht, und die Kinder wissen nicht, daß sie die Stiefmutter ist, und nennen sie ein Leben lang ‹Mutter›.

Mr. Fleet sagt uns nun mit dem Pathos des wahren Polizisten, Miss Borden habe ihm gegenüber geäußert: ‹Sie ist nicht meine Mutter, sie ist meine Stiefmutter.› Vielleicht hat sie das wirklich geäußert. Wir wollen annehmen, daß sie es geäußert hat, doch daran ist nichts Kriminelles, nichts, das auf ein Verbrechen hindeutet, nichts, das eine mörderische Absicht ahnen läßt.

Bridget Sullivan hat zweieindreiviertel Jahre bei der Familie gelebt und diesen Menschen nähergestanden als irgend jemand sonst. Sie hat Ihnen erzählt, wie es dort zuging, sie sagte, obwohl sie ständig mit den Bordens zu tun hatte, habe sie nie etwas Abnormes gehört. Es gab keine Streitereien. Sie hatte den Eindruck, daß in der Familie eine herzliche Atmosphäre herrschte. Und vergessen Sie nicht, daß Lizzie sich an jenem Donnerstag vormittag, an dem sie, wie man Ihnen sagt, die Absicht oder den Plan gehegt haben soll, diese beiden Menschen zu ermorden, mit Mrs. Borden unterhalten hat. Bridget Sullivan sagt: ‹Ich habe sie ruhig miteinander reden gehört, es gab keinerlei Verdruß; alles war normal.› Und das soll eine Familie gewesen sein, in der Zwietracht herrschte? Und das soll eine mörderische Gemeinschaft gewesen sein?

Emma Borden ist in den Zeugenstand getreten und hat Ihnen erzählt, wie es um die Privatsphäre der Familie bestellt war, und dann hat sie von einem fünf oder sechs Jahre zurückliegenden Streit um

Eigentumsfragen gesprochen und gesagt, daß dieser beigelegt war. Was Lizzie angeht, war alles wieder im Lot.

Da war ein alter Mann, der zwei Töchter hatte. Er pflegte keinen Schmuck, keinerlei Schmuckstücke zu tragen außer einem Ring – und dieser Ring stammte von Lizzie. Sie hatte ihn ihm viele Jahre zuvor geschenkt, als sie noch ein kleines Mädchen war, und der alte Mann hat ihn getragen und mit ins Grab genommen. Er liebte sie als sein Kind, und der Ring, der als Versprechen der Treue und der Liebe gilt, der die herzlichste Beziehung charakterisiert und symbolisiert, die wir in unserem Leben eingehen – dieser Ring hat den Bund zwischen Vater und Tochter besiegelt. Soll niemand zu sagen wagen, sie habe den Mann ermordet, der sie so sehr liebte.

Dann wird gesagt, sie habe ein Kleidungsstück verbrannt. Die Argumentation der Anklage steht und fällt mit diesem Kleidungsstück. Die Staatsanwaltschaft sagt: ‹Sie haben uns das blaue Kleid gegeben, das ich hier vor mir liegen habe. Das ist nicht das richtige Kleid.› Die Angeklagte sagt, es *ist* das richtige. Die Staatsanwaltschaft sagt: ‹Wir wollen das Kleid aus Bedfordcord, und wenn wir dieses Kleid aus Bedfordcord hätten, wäre alles geklärt, aber das Kleid aus Bedfordcord haben Sie ja verbrannt.›

Doch sehen wir uns die Sache einmal genauer an. Es gibt hier zwischen den Personen, die Lizzie gesehen haben, einen Streit darüber, was sie an jenem Morgen anhatte. Einige sagen, es sei genau dieses Kleid gewesen beziehungsweise ein dunkelblaues. Und Mrs. Churchill behauptet, es sei ein helleres Blau gewesen als dieses. Nun ja, verschiedene Menschen haben eben unterschiedliche Erinnerungen. Aber Sie haben sicher noch im Gedächtnis, daß zu der Zeit mehrere Damen anwesend waren, und auch Bridget war dort, und sie trug ein helleres Kleid, so daß diejenigen, die von einem helleren Kleid reden, dabei vielleicht Bridgets Kleid vor Augen haben. Es war nicht der Moment, um Farbvergleiche anzustellen, und nachher haben sie sich, so gut sie konnten, zu erinnern versucht.

Aber nehmen wir einmal an, das Kleid aus Bedfordcord wäre da, und Lizzie hätte es an jenem Vormittag getragen. Sämtliche Zeugen sagen, und jeder einzelne, der hier als Zeuge aufgetreten ist, sagt, solange Lizzie anwesend und mit ihnen zusammen war – mit

Mrs. Churchill, Bridget, Dr. Bowen und Mrs. Bowen und anderen –, war daran kein Tröpfchen, kein einziger Spritzer Blut. Auch an den Händen, auf dem Gesicht und im Haar, sagen sie, hatte sie kein Blut. Die Polizei ging ein und aus. Lizzie lag auf dem Sofa. Man sagt Ihnen, jenes Kleid sei voller Blut gewesen oder habe zumindest Blutflecken gehabt – aber kein Mensch hat das gesehen oder behauptet. Angenommen, sie hat es tatsächlich verbrannt. Die Zeit, die seit der Durchsuchung verstrichen war, hat ausgereicht. Es war da, und jeder konnte es sich in der Zeit ansehen. Alle haben gesagt, daß kein Blutspritzer daran war.

Und dann, nachdem Emma sich beschwert hat, kommt Lizzie an dem bewußten Sonntag morgen damit in die Küche, alle Fenster sind geöffnet, kein Fensterladen geschlossen, die Polizisten können ungehindert hineinschauen und sehen alles, was dort drinnen vor sich geht, und sie wirft es ins Feuer – wohlüberlegt und in Emmas Gegenwart und nachdem Emma zu ihr gesagt hat: ‹Das solltest du wirklich tun.›

Hätte sie, wenn das Kleid voll Blut gewesen wäre, seit Donnerstag vormittag nicht genügend Zeit gehabt, es zu verbrennen, ohne daß ihr jemand dabei zuschaut? Hätte sie nicht genügend Zeit gehabt, es beiseite zu schaffen? Und wenn sie die Absicht gehabt hätte, das Verbrechen, falls sie es begangen hätte, zu vertuschen, hätte sie dann wohl das Kleid in Gegenwart ihrer Schwester und von Miss Russell verbrannt – und ihr Vorhaben angekündigt? Das ist nach menschlichem Ermessen ausgeschlossen.

Angenommen, Lizzie Borden hat an jenem Vormittag um Viertel vor zehn ihre Mutter getötet und dann Zeit gehabt, nach unten zu kommen und ihren Vater zu begrüßen, halten Sie das für denkbar, wo sie doch vom Blut ihres ersten Opfers hätte besudelt und verschmiert sein müssen? Wenn sie breitbeinig über ihr gestanden und ihr mit mörderischen Hieben den Schädel eingeschlagen hätte, daß das Blut nach allen Seiten spritzte, an die Wände und Möbel, aufs Bett und überall hin, sollte sie da nichts abbekommen haben von diesem sprechenden Blut?

Darauf kann man natürlich antworten: ‹Gewiß, aber sie hat sich doch umgezogen, und hat dann, als sie ihren Vater tötete, entweder das alte Kleid noch einmal angezogen oder ein drittes genommen.›

Hat sie das alte nochmals angezogen? In diesem Falle hätte sie es noch einmal über ihre Wäsche und ihren Körper ziehen müssen, und dabei hätte sie sich unweigerlich die Unterkleider schmutzig gemacht. Wenn sie aber ein drittes Kleid angezogen hätte, dann hätte sie nicht nur eins, sondern *zwei* Kleider verbrennen und beiseite schaffen müssen! Aber die Staatsanwaltschaft verlangt nur eines. Alles andere ist für sie geklärt.

Bedenken Sie! Sie watete regelrecht in diesem Meer von Blut und stand da und bespritzte sich damit, als sie den ersten Mord beging, und dann zog sie dieses Kleid aus und legte es weg, bis ihr Vater heimkam, und dann zog sie sich für das zweite Blutbad an.

Ein grauenvoller Gedanke. Und ich sage Ihnen, das war weder moralisch noch physikalisch möglich.

Dann heißt es, sie habe diese beiden Menschen umgebracht, weil Mrs. Reagan – ich scheue mich fast, ihren Namen auszusprechen – ankam und Ihnen erzählte, die Schwestern hätten Streit gehabt, und Lizzie habe zu Emma gesagt: ‹Du glaubst mir nicht mehr.› Meine Herren, wenn es in diesem Fall jemanden gibt, dem wir nicht mehr glauben, dann Mrs. Hannah Reagan, und niemand anders als sie selber ist schuld, daß wir ihr nicht mehr glauben. Und ihre Glaubwürdigkeit ist so sehr dahin, daß die Staatsanwaltschaft sich nicht einmal mehr die Mühe gemacht hat, sie in den Zeugenstand zu rufen und ihre Behauptungen zu wiederholen.

Lizzie hat nicht versucht, Bridget aus dem Haus zu locken. Wenn sie vorgehabt hätte, diese Taten zu begehen, meinen Sie nicht, daß sie Bridget dann fortgeschickt hätte, um irgend etwas einzukaufen, zum Markt oder in ein Geschäft zu gehen oder was auch immer, oder ihr einen Botengang aufgetragen hätte, damit sie eine Zeitlang ungestört gewesen wäre? Statt dessen ging alles wie gewöhnlich zu, und Bridget war bei der Arbeit.»

Robinson war in Fahrt, entspannt und zuversichtlich genug, um ein Späßchen einzuflechten. Er kam zur Frage der Tatwaffe:

«Was also ist damit geschehen? Die Staatsanwaltschaft hat dazu eine Theorie oder *scheint* zumindest eine zu haben, und dann wieder scheint es, als ob sie doch keine hat. Man hat Ihnen die gesamte Waffenkammer des Hauses Borden hergeschleppt. Erstens diese beiden

Äxte. Ich lege sie wieder hin, weil sie das Siegel der Staatsanwaltschaft tragen; sie sind für unschuldig erklärt worden.

Dann nehme ich dieses hier (das einfache Beil ohne Nagelklaue) zur Hand, und wieder sagt man mir, es ist unschuldig und hat nichts mit der Sache zu tun. Ich lege es hin, und es befindet sich in guter Gesellschaft. Nun nehme ich dieses hier (das Beil mit Nagelklaue) zur Hand, und heute höre ich, es ist gleichfalls unschuldig, und darauf lege ich es hin, und es befindet sich nun in derselben guten Gesellschaft. Sehen wir weiter.

Das Beil mit der Nagelklaue ist an der Schneide elfeinviertel Zentimeter breit. Dr. Dolan sagt in seiner Zeugenaussage, es könnte das entsprechende Instrument sein, es könnte ausreichen, um all diese Wunden zu schlagen.

Dann kommt Dr. Draper und sagt, die Schneide des Instruments, das die Wunden schlug, maß nicht elfeinviertel, sondern achtdreiviertel Zentimeter.

Dr. Cheever sagt, er schätzt die Schneide auf achtdreiviertel Zentimeter. Sie könnte aber auch erheblich kleiner gewesen sein. Auch eine Schneide von siebeneinhalb Zentimetern hätte ausgereicht. Vielleicht sogar nur eine von nicht einmal ganz sieben Zentimetern. Das sind unsere *Sachverständigen,* sagt man uns. Für gewöhnlich wird bei uns niemand aufgrund von Sachverständigengutachten gehängt. Sie sind nicht verläßlich. Das sehen Sie hier. Nicht einmal die Doktoren sind sich einig, und sie können sich auch nicht einig sein, denn sie wissen es nicht.

Ja, und dann kommt dieser kleine Kerl daher, der so unschuldig ausschaut und auf den Namen Beil ohne Stiel hört – und auf dem, glaubt man zunächst, wird die Staatsanwaltschaft aber jetzt bestehen. Und ganz gleich, wer nun recht hat, ob Mr. Mullaly oder Mr. Fleet, jedenfalls hat das Ding keinen Stiel, und wir sagen, sollen sie gehen und ihn suchen, und wenn sie ihn finden, werden sie ihn hoffentlich ins British Museum bringen. Und ich hoffe, sie werden kommen und eine Vorlesung darüber halten, damit die staunende Menge erfährt, wer von den beiden ihn gefunden hat und wer nicht, und wer von den beiden gesehen hat, wie der andere ihn in die Kiste zurückgelegt hat, weil er selber ihn nicht in die Kiste zurückgelegt hat.

Nun war ja von diesem Beil bei den Ermittlungen gar nicht die Rede. Ich nehme an, die Anklage vertritt folgende Theorie: Das Beil wurde benutzt und nach der Benutzung gründlich abgewaschen, damit das ganze Blut abgeht, und danach hat die Person, die es benutzt hat, den Stiel abgebrochen. Theoretisch war dann also das ganze Blut verschwunden. Aber im Stielloch steckte dieses Stück Holz, und von Professor Wood haben Sie gehört, daß Blut in schmale Ritzen sickert. Und er hat das Stück Holz mit Jodkalium ausgekocht und sagt, nicht die winzigste Spur Blut war daran zu finden. Weil *keines daran war*, wie ich Ihnen gesagt habe. Da ist der Anklage dann weiter nichts mehr eingefallen, als schüchtern und zögernd zur Eröffnung dieses Prozesses zu erscheinen und zu sagen: ‹Hier bringen wir euch dieses Beil ohne Stiel, aber wir sagen euch nicht, ob es das bewußte Beil ist oder ob nicht.›

Die Anklage sagt, sie werde Ihnen beweisen, daß nur eine Person die Möglichkeit hatte, die Tat zu begehen. Man sagt Ihnen, daß niemand anders in Frage kommt. Emma war fort. Morse war fort. Bridget war zuerst draußen im Hof und später dann oben auf ihrem Zimmer. Man sagt Ihnen, die Angeklagte sei im Grunde mit ihren beiden Opfern im Haus eingeschlossen gewesen, alle anderen hingegen regelrecht ausgesperrt.

Die Kellertür war ohne Zweifel abgeschlossen. Die vordere Haustür hatte Lizzie wie üblich am Mittwoch abend verriegelt und am Donnerstag morgen wieder aufgesperrt. Im Hinblick darauf, ob irgendwer ins Haus gelangt ist, macht es übrigens keinen Unterschied, ob sie danach wieder zugeriegelt worden war oder nicht, denn er hätte die Tür schließlich beim Verlassen des Hauses nicht wieder von innen verriegeln können, und ein anderer hat es anscheinend nicht getan, mehr ist dazu nicht zu sagen.

Die seitliche Fliegentür war von neun bis drei Viertel elf oder um elf unverschlossen. Wenn aber diese Tür nicht abgeschlossen war, dann war Lizzie auch nicht eingeschlossen, dann waren die anderen nicht ausgesperrt.

Angenommen, der Mörder kam hin, und das Haus war an der Nordseite offen, und angenommen, er kam zu dieser Tür hinein. Wohin konnte er gehen? Da gibt es viele Möglichkeiten. Er konnte die

Treppe hinauf ins Gästezimmer gehen, er konnte in die Kleiderkammer in der Halle gehen, er konnte in die Kleiderkammer im Wohnzimmer gehen, er konnte in die Speisekammer gehen. Dieses Haus hatte genug Ecken, wo er hingehen konnte und wo jeder gemeine Dieb hingeht, wenn er eine offene Tür findet. Er konnte ohne Schwierigkeiten nach oben in diese Schlafkammer gehen und sich so lange dort verstecken, bis er sich plötzlich Mrs. Borden gegenübersah.

Was soll er machen? Er ist da, um einen Mord zu begehen; aber nicht auf sie hat er es abgesehen, sondern auf Mr. Borden, und deshalb muß er sie niederschlagen.

Und nachdem er das getan hatte und Mr. Borden zurückkehrte, machte er sich bereit und kam nach unten, sobald sich eine Gelegenheit bot. Bridget war draußen, Lizzie war draußen, also konnte er seine Sache rasch und ungestört verrichten und dann, wenn Sie wollen, zu derselben Tür wieder hinausgehen, zu der er hereingekommen war.

Wir sagen, niemand hat ihn weggehen sehen, ebenso wie zuvor niemand Mr. Borden weggehen sah.

Irgend jemand war draußen. Dr. Handy hat Ihnen einen Mann beschrieben, den er unmittelbar vor dem Mord auf dem Gehsteig gesehen hat. Und Mrs. Manley und Mrs. Hart kamen zehn Minuten vor zehn dort vorbei und sahen draußen einen Mann, der das Haus beobachtete. Diese Tat hat kein einzelner begangen, es muß noch jemand daran beteiligt gewesen sein, und da war ein Mann, der am Torpfosten stand. Sie sehen, die Behauptung, daß allein die Angeklagte die Möglichkeit zu der Tat gehabt habe, ist hinfällig, weil es reichlich Möglichkeiten gab.

Halten Sie sich an die Tatsachen. Wo ist etwas, das Ihnen, lauter vernünftigen Menschen, den eindeutigen Beweis dafür liefert, daß diese Angeklagte schuldig ist? Wäre sie eine Schurkin, eine Verbrecherin, dann hätte sie sich auch so verhalten, wie man es von Schurken und Verbrechern kennt. Da war ihr Onkel, John Morse, der, wie Sie wissen, verdächtigt, verfolgt und verhört wurde, und als man sie fragte, hat sie gesagt: ‹Nein. Er hat es nicht getan.› Dann haben die Leute mit dem Finger auf Bridget Sullivan gezeigt, und Lizzie hat laut und deutlich mit aller Entschiedenheit und ohne zu zögern gesagt:

‹Aber Bridget war es nicht.› Dann kam jemand auf den Portugiesen von der Farm. ‹Nein›, hat Lizzie gesagt, ‹keiner von den Leuten, die für meinen Vater gearbeitet haben, würde ihm das antun. Das traue ich keinem von ihnen zu.›

Gibt es dafür nicht nur eine einzige Erklärung? Sie hat buchstäblich jeden Verdacht gegen andere zerstreut und es in Kauf genommen, daß sie als einzige übrigblieb, auf die jeder schaut. Meine Herren, sehen Sie sich diese Frau an, und Sie werden nicht umhinkönnen, zu urteilen, daß sie nicht geistesgestört ist.

Wenn Sie sie für schuldig befinden, müssen Sie also davon überzeugt sein, daß sie eine Teufelin ist. Sieht sie so aus? Wie sie all diese langen, zehrenden Tage hier gesessen hat, wie sie vor Ihren Augen hier ein und aus gegangen ist, haben Sie da irgend etwas von ihr wahrgenommen, das darauf schließen läßt, daß sie eine Frau ohne menschliche Gefühle, ohne weibliches Gebaren ist?

Sie haben die große Anstrengung auf sich genommen, meinen Ausführungen mit unerhörter Geduld, Überlegung und Sorgfalt zu folgen. Dies ist das letzte Wort, das die Angeklagte an Sie richtet. Nehmen Sie es an. Gehen Sie behutsam mit ihr um, wie Sie es bis jetzt getan haben, und fällen Sie nun Ihr Urteil ‹nicht schuldig›, damit sie heimgehen und wieder Lizzie A. Borden aus Fall River sein kann, dort in jenem blutbesudelten, zugrunde gerichteten Haus, in dem sie so viele Jahre ihres Lebens verbracht hat.»

Erschöpft von seinem vierstündigen Plädoyer, ging Robinson zum Tisch der Angeklagten zurück, nahm neben Lizzie Platz und vergrub das Gesicht in den Händen.

Sie sagte nichts, sie berührte nur leicht seinen Arm.

# 16 Knowlton für den Staat Massachusetts

**Hinteransicht des Hauses Second Street Nummer 92**

**H**osea Morrill Knowlton, 46 Jahre alt, war 13 Jahre jünger als Ex-Gouverneur Robinson. 1847 in Durham, Maine, geboren, hatte er 1867 das Tufts College absolviert, weitere zwei Jahre in Harvard an der Juristischen Fakultät studiert, sein Examen abgelegt und sich als Anwalt niedergelassen.

Mit 29 Jahren war er ins Unterhaus des Parlamentes von Massachusetts gewählt und zwei Jahre später zum Senator befördert worden. Weitere zwei Jahre später wurde er Bezirksstaatsanwalt für den Süden von Massachusetts, und diesen Posten behielt er.

Er war ein «solider Mann», ein Begriff, der in Neuengland als Kompliment verstanden wird. Es hatte sein Studium hervorragend abgeschlossen, war ein erfolgreicher Anwalt und gewissenhafter Parlamentarier und hatte in den Jahren seiner Tätigkeit als Bezirksstaatsanwalt wertvolle Erfahrungen gesammelt und bemerkenswerte Siege errungen.

Diesmal aber hegte er keine Hoffnung, eine Verurteilung zu erreichen. Das Beweismaterial, das die Polizei in Fall River zusammengetragen hatte, war so schwach, daß die Sache von Rechts wegen nie vor eine Anklagejury hätte kommen dürfen. In den Monaten danach hatte die Staatsanwaltschaft versucht, aus dem wenigen, was vorlag, eine Beweisführung zusammenzuzimmern. Doch wenn er sich dieses Gerüst ansah, war Knowlton klar, daß die Anklage im Grunde nach wie vor auf nicht viel mehr basierte als am Anfang, nämlich auf der Behauptung: «Sie *muß* es getan haben.»

Jetzt begann er mit seinem Plädoyer, und genau wie Robinson sprach er zunächst sein Bedauern darüber aus, was sich am 4. August des Vorjahres ereignet hatte. Dann fuhr er fort:

«Die Angeklagte, die hier vor den Schranken des Gerichts steht, ist eine Frau, eine Christin, wie man so sagt. Wir verhandeln über ein Verbrechen, das, wäre es nicht tatsächlich geschehen, wohl einem jeden von uns unvorstellbar wäre, und die wir der Tat beschuldigen, ist eine Frau, eine Frau, die wohl niemand eines solchen Verbrechens für fähig hielte, wären da nicht die Beweise, die Ihnen noch einmal vor Augen zu führen ich die Pflicht, die schmerzliche Pflicht habe.»

Doch kein Mensch, so Knowlton, sei in diesem Leben davor gefeit, Verbrechen zu begehen. Immer wieder würden Witwen und Waisen von honorigen Bankiers betrogen, man habe erlebt, daß Geistliche «in ihrem Innern so schwarz wie die Hölle» seien. Auch das Geschlecht biete dagegen keine Garantie, denn schon viele Frauen und viele junge Menschen in zartem Alter seien zu Mördern geworden. Hier gehe es nun um ein bestimmtes Verbrechen, den Mord an Andrew und Abby Borden, und die Geschworenen seien aufgefordert, sämtliche Seiten dieses Falls mit größter Nüchternheit und heiligstem Ernst abzuwägen.

«Jener alte Mann, jene alte Frau hatten den Mittag ihres Lebens hinter sich. Sie hatten die Last und die Glut des Tages ausgehalten. Sie hatten Wissen und Erfahrung angehäuft, die sie durch die noch verbleibenden Jahre ihres Lebens tragen sollten, und sie hofften,

Hand in Hand ihren Lebensabend glücklich und in Frieden verbringen zu dürfen. Wäre dieses Verbrechen nicht geschehen, könnten sie noch heute leben und die linde Luft dieses Tages atmen.»

Dann nahm er die Polizei von Fall River in Schutz, die im Kreuzfeuer der Kritik von Presse, Öffentlichkeit und Verteidigung stand: «Als dieses Verbrechen entdeckt wurde, mußten diejenigen, die mit der Aufklärung von Verbrechen betraut sind, Schritte unternehmen, mit denen sie meinten, den Verbrecher finden zu können. Sie haben viele Fehler gemacht. Es war ein Verbrechen, wie es dieses Land, ja die Welt noch nicht gesehen hatte. Die Polizei hatte keine einschlägigen Erfahrungen. Was wunder, daß sie Fehler machte? Vieles, was hätte getan werden müssen, blieb ungetan. Was wunder, daß dem so ist? Niemand war zu der Zeit in der Lage, die ganze Tragweite des Geschehens zu erfassen. Aber diese Menschen haben mit aller ihnen von Gott gegebenen Aufrichtigkeit und Wahrheitsliebe all die vielen unterschiedlichen Wege beschritten, die ihnen geeignet schienen, den Verbrecher aufzuspüren.

Ich habe so manchen aufrechten Mann sagen hören, Indizien könne er keinen Glauben schenken. Aber, meine Herren, das Verbrechen, über das wir hier zu befinden haben, ist das Verbrechen eines Mörders. Es ist das Werk eines Menschen, der seine niederträchtigen Taten begeht, wenn niemand ihn sehen oder hören kann. Wenn jemand sieht oder hört, wie ein Verbrechen geschieht, dann ist die Aussage desjenigen, der es gesehen oder gehört hat, die Aussage eines Augen- oder Ohrenzeugen, also ein direkter Beweis. Alles andere sind Indizien. Haben Sie jemals gehört, daß ein Mörder bei seiner Tat einen Zeugen hatte, der die Tat gesehen oder gehört hat? Mord ist das Werk der Heimlichkeit und der Heimtücke, und dabei gibt es nicht nur keine Zeugen, sondern der Täter versucht obendrein, seine Spuren zu verwischen.»

Das war eine gute, juristisch einwandfreie und plausible Definition des Begriffs Indizien, doch Knowlton mußte mit seiner Argumentation gegen ein Vorurteil ankämpfen, mit dem sich die Ankläger herumzuschlagen haben, seit es Gerichte gibt, nämlich damit, daß die Geschworenen sich scheuen, jemanden schuldig zu sprechen, wenn direkte Beweise fehlen. Jetzt trat er entschlossen die Flucht nach vorn an: «Andrew J. Borden hat wahrscheinlich nicht mehr gehört, wie es vom Rathausturm elf Uhr schlug. Und alles, was wir über den Fall wissen, muß uns zwangsläufig zu der Überzeugung gelangen lassen, daß, während Andrew Borden sich an seinem angestammten Platz in Mr. Abraham Harts Bank aufhielt, sein treues Weib, das er daheim zurückgelassen hatte, tot in jener Kammer des Hauses hingestreckt lag, in der er sie verlassen hatte. Um halb zehn traf sie in jenem Raum ihren Mörder, der ihrem unschuldigen alten Leben ein Ende setzte.

Meine Herren, das ist ein enorm wichtiger Fakt. Das ist in diesem Fall ein *beherrschender* Fakt, weil der Mörder dieses Mannes auch der Mörder von Mrs. Borden war. Sein Groll gegen *Mrs. Borden* war es, der den Mörder geleitet hat. Da lag sie, blutend, tot, hingestreckt von Mörderhand. Und auf dem weiten Erdenrund gab es nicht einen, der ein Motiv für solch eine Tat haben konnte.

Es heißt ja, jeder habe eine Leiche im Keller, aber wenn die Bordens eine Leiche im Keller hatten, dann eine besonders sorgsam versteckte. Die Familie Borden verstand reinen Mund zu halten. Sie gingen nicht hausieren mit ihren Schwierigkeiten. Und die Magd in der Küche – und gerade darauf stützt sich ja die Verteidigung in ihren Ausführungen so schwer – wäre die letzte gewesen, der sie etwas davon verraten hätten – und doch hatten sie eine Leiche im Keller.

Wozu erzählt man Ihnen, in dieser Familie hätten Frieden und Eintracht geherrscht? Daß Lizzie Borden Mr. Fleet im selben Moment, als die arme Frau, die das Mädchen aufgezogen hat, nur zehn Schritte weiter tot am Boden lag, korrigierte, das ist kein bloßer Zufall. Das kam bei ihr aus tiefster Seele.

Dieses Mädchen hatte ihr alles zu verdanken. Mrs. Borden war die einzige Mutter, die sie je gekannt hat, und sie schenkte diesem Mädchen Mutterliebe, sie schenkte ihr ihre Liebe, als sie ein Kind war, auch wenn dieses Kind nicht ihr leibliches Kind war, auch wenn sie es nicht unter Schmerzen geboren hatte, denn es war die Tochter ihres Gatten.

Und dann gab es einen Streit. Ein Mann, der mehr als eine Viertelmillion Dollar sein eigen nennt, will seiner Gattin, seiner treuen

Gattin, die ihm nur um Unterhalt und Kleidung 30 Jahre lang gedient hat, die für ihn gearbeitet, ihm den Haushalt besorgt und seine Kinder aufgezogen hat, ihr will er den Anteil an einem Häuschen kaufen und schenken, in dem ihre Schwester wohnt.

Wie niederträchtig, daran Anstoß zu nehmen.

Lizzie Borden behielt ihre Meinung für sich. Bridget wußte nichts von alledem. Sie war in der Küche. Diese Frau hat ihre Gefühle niemals offen zur Schau getragen, bis auf einmal, als jemand sie dazu bringen wollte, von ihrer Mutter als ‹Mutter› zu sprechen, da brach ihr Zorn sich Bahn.

Ich habe gehört, was Miss Emma am Freitag ausgesagt hat, und ich konnte die Loyalität und die Treue dieser unglückseligen jungen Frau gegenüber ihrer noch unglückseligeren Schwester nur bewundern. Ich brachte es nicht übers Herz, sie lange zu befragen. Sie war in der mißlichsten Lage, in der eine unschuldige Frau nur sein kann: Ihre nächste Verwandte, ihre einzige Schwester ist im Elend, und sie muß ihr zu Hilfe eilen. Sie unternimmt den schwachen Versuch, uns davon zu überzeugen, es sei in ihrer Familie friedlich zugegangen, aber wir wissen leider, daß dem nicht so war.

Lizzie hat das Wort Mutter abgelehnt. Sie hat diese Frau gehaßt. Ihr Haß hat sich immer mehr gesteigert, und wir wissen nicht, wir können nur raten, wie lange diese Eiterbeule schwärte, wie sehr das Blut in dieser Familie vergiftet war.

Ich möchte noch einmal zurückkommen auf die arme Frau, die, wie beschrieben, im Zimmer hingestreckt lag. Gab es auf dieser Welt einen Menschen, der einen Nutzen davon hatte, sie umzubringen? Nein. Aber es gab eine Frau auf dieser Welt, die glaubte, daß die Tote zwischen ihr und ihrem Vater stand.

Betrachten wir noch einmal die Wunden der Toten. In diesen Hieben war nichts als Haß und das Verlangen zu töten. Einige trafen sie seitlich, sie waren schlecht gezielt – einige trafen das Genick, sie waren schlecht ausgerichtet – einige prasselten auf die Schädeldecke hernieder und drangen nicht ein – einige trafen die weicheren Stellen des Schädels und drangen ein. Ein großer starker Mann hätte einen einzigen Schlag mit diesem Beil getan und der Frau damit den Garaus gemacht. Die Hand, die diese Waffe führte, war keine männlich starke Hand. Es war die Hand eines Menschen, der stark war nur im Haß und in dem Verlangen zu töten.»

Diese Argumentation war zwar überaus leidenschaftlich, aus forensischer Sicht allerings eher schwach. Aber sie war der von Robinson durchaus gewachsen. Müßte ein Schiedsrichter den Disput ganz emotionslos beurteilen, es fiele ihm gewiß außerordentlich schwer, zu entscheiden, welcher der beiden Anwälte sich zu größeren rhetorischen Höhen aufschwang. Vergleicht man die zwei Schlußplädoyers, die beide etwa vier Stunden dauerten, kommt man zu dem Schluß, daß das Ganze allenfalls ein totes Rennen war, vielleicht mit einem winzigen Vorsprung für den Ankläger Knowlton.

Robinson hatte den Geschworenen vage ausgemalt, wie ein Unbekannter ins Haus gelangen, die Verbrechen begehen und sich dann durch die Seitentür hätte hinausstehlen können. Er hatte sich dabei nicht allzu lange aufgehalten, weil es, wie er gesagt hatte, weder seine noch die Aufgabe der Jury war, das Rätsel zu lösen. Wenn Knowlton jedoch einen Schuldspruch erreichen wollte, mußte er die Theorie von dem Unbekannten restlos entkräften, und er ging unverzüglich ans Werk:

«Ganz abgesehen davon, kann man sich unmöglich einen Menschen vorstellen, der sich mit den Gewohnheiten der Familie so gut auskannte, dem das Innere des Hauses so vertraut war, der Dinge vorhersehen konnte, die die Familie selbst nicht wußte, der so bar aller menschlichen Vernunft war, der so über alle Maßen verderbt war, daß er an jenem Vormittag ohne jedes wie auch immer geartete Motiv zu diesem Haus gegangen, an Bridget und Lizzie vorbei dort eingedrungen, der alten Frau die Treppe hinauf gefolgt sein und sie erschlagen haben sollte, um dann mit der Waffe in der Hand abzuwarten, bis wieder Menschen im Haus wären, damit er sein Werk vollenden könnte. Das ist so unmöglich, daß ich mich darüber mit Ihnen im Moment gar nicht weiter unterhalten möchte.

Der Leichnam sagt etwas anderes. Auch das ist freilich nur ein Indiz, aber es ist eines jener Indizien, die man in keinem Kreuzverhör bestreiten, die man nicht lächerlich machen, die man dem Gericht nicht ausreden kann. Die arme Frau hat gestanden, als sie niedergeschlagen wurde, und sie fiel mit aller Wucht ihrer zwei Zentner, stürzte bäuchlings zu Boden. Diesen Aufprall muß man einfach im ganzen Haus gehört haben.

Ein Mord kann noch so listig geplant sein, es gibt immer einen Punkt, an dem die Geschicklichkeit und die Schläue den Mörder im Stich lassen. So erging es auch ihr. Und der Punkt, an dem das passierte, war ein entscheidender Punkt, ein Punkt, für den mein hochverehrter Herr Kollege versucht hat, Ihnen eine Erklärung zu geben, was ihm, wenn ich das sagen darf, vollkommen mißlang. Sie war allein im Haus, allein mit der Ermordeten, die unmöglich gestürzt sein kann, ohne daß die Angeklagte es bemerkte. Der Mörder kann nicht ins Haus gekommen sein, ohne daß die Angeklagte es bemerkte. Sie war nicht zu sehen, und Mrs. Borden war nicht zu sehen. Und nach einiger Zeit kam ein strenger und gerechter Mann ins Haus, ein Mann, der um die ganze Verbitterung wußte, die zwischen den beiden Frauen geherrscht hatte. Er kam und setzte sich, und sie ging zu ihm und sagte: ‹Mrs. Borden hat einen Brief bekommen und ist ausgegangen.›

Es war kein Brief gekommen, denn es hatte niemand einen geschrieben; niemand war krank. Mrs. Borden hatte keinen Brief erhalten.

Als Lizzie Borden ihrem Vater diese Lüge auftischte, ahnte sie natürlich nicht, daß dies ein verhängnisvoller Fehler war, dessen sie durch mannigfache Beweise zu überführen ist. Man hat Anzeigen aufgegeben, um den Schreiber eines Briefes zu finden, der nie geschrieben wurde und nie angekommen ist. Ah, aber mein hochverehrter Herr Kollege gefällt sich in der Behauptung, dieser Brief sei Teil des Mordplans gewesen. Wie das? Man schreibt einen Brief, um eine Frau aus dem Hause zu locken, und dann geht man hin und ermordet diese Frau? Wozu um alles in der Welt hätte jemand Mrs. Borden weglocken sollen, wo doch immer noch Lizzie und Bridget im Haus waren? O nein, das ist allzu verdreht und zu absurd.

Wollte Gott, daß dieser Mord nicht geschehen wäre, aber er ist geschehen, jemand hat ihn begangen. Wenn ich mir klarmache, daß sie nicht von einer starken Männerhand getötet wurde, sondern von den schwachen, kraftlosen Schlägen einer Frau, wenn ich mir klarmache, daß diese Schläge eher haßerfüllt als kraftvoll waren, wenn ich bedenke, daß sie genau zum Zeitpunkt des Mordes ganz allein im Haus war, eingeschlossen in jenem Haus, in dem jedes Geräusch vom einen bis zum anderen Ende hallte, mit dem einzigen Menschen auf Gottes weiter Erde, dem sie sich nicht in Freundschaft verbunden fühlte, dem einzigen Menschen auf dieser Erde, den zu beseitigen ihr Nutzen bringen konnte, und wenn ich dann feststelle, und das habe ich festgestellt, und das werden auch Sie feststellen müssen, wenn Sie der Stimme Ihres Gewissens folgen, wenn ich dann also feststelle, daß die Geschichte mit diesem Brief, der angeblich kam, genauso falsch ist wie das ganze Verbrechen, dann bin nicht ich, Herr Obmann, sind nicht *Sie* dafür verantwortlich, wenn Sie daraus bestimmte Schlußfolgerungen ziehen.

Mag sein, daß dies in dem Fall jener Punkt ist, der es uns erspart, anzunehmen, daß Lizzie Borden den Vorsatz hatte, ihren Vater zu töten. Ich hoffe, sie hatte diesen Vorsatz nicht. Aber als Lizzie Andrew Borden, die Tochter von Andrew Jackson Borden, jene Treppe hinunterkam, war sie eine Mörderin. Als sie die Treppe hinunterkam, hatte sie die Nemesis vor Augen.

Es war keine Frage, er hätte gewußt, weshalb seine Frau tot am Boden lag. Er hätte gewußt, wer sie haßte. Er hätte gewußt, wem ihre Anwesenheit unter seinem Dach unerträglich war. Er hätte um den Streit gewußt, der einen solchen Grad des Wahnsinns erreicht hatte, daß er in den Tod mündete, und sie konnte es nicht wagen, ihn am Leben zu lassen, auch wenn er ihr Vater war, mit dem sie durch alle Bande der Zuneigung verbunden war.»

Das war der Höhepunkt von Knowltons langer Ansprache an die Geschworenen, die hier nur in der Zusammenfassung wiedergegeben ist. Alles, was er bis zu diesem Moment gesagt hatte, war darauf gerichtet gewesen, die Jury um jeden Preis von Lizzies Schuld zu überzeugen. Seine Behauptungen waren größtenteils zwar in sich durchaus schlüssig, aber keineswegs durch handfeste Beweise gestützt.

Er versuchte Lizzies Alibi, ihre Aussage, daß sie sich, als Andrew ermordet wurde, oben in der Scheune aufgehalten hatte, zu entkräften, aber er hatte wenig dagegen vorzubringen. Zu schwer hing Medleys «Hirngespinst» im Raum. Nachdem sich herausgestellt hatte, daß vor Medley andere auf dem Speicher gewesen waren, wußte jeder, daß die Geschichte dieses Zeugen eine blanke Lüge und mithin unhaltbar war. So mußte sich Knowlton im Hinblick auf Lizzies Alibi mit einem äußerst schwachen Dementi begnügen: «Ich behaupte, diese Geschichte ist einfach absurd. Ich behaupte, diese Geschichte liegt außerhalb all dessen, was nach menschlichem Ermessen möglich ist.»

Noch schwächer war seine Argumentation, als es darum ging, daß weder an ihrem Körper noch an ihrer Kleidung Blut gewesen war: «Wie konnte sie nun aber, wenn sie es war, die diese Taten begangen hat, vermeiden, daß ihr Kleid mit Blut bespritzt wurde? Was die erste Tat angeht, so kann man sich die Mühe, auf diese Frage zu antworten, beinahe sparen. Sie war ja ganz allein im Haus, und das Feuer flackerte im Herd, und sie hatte nicht wenig Weiberlist, und so kann niemand behaupten, daß sie nicht, was das erste Verbrechen angeht, reichlich Gelegenheit und reichlich Mittel gehabt hätte, und niemand kann mir einen Grund nennen, weshalb sie nicht alle Spuren jenes Verbrechens vollkommen und erfolgreich ausgelöscht haben sollte.»

Damit hatte der Staatsanwalt eine neue Theorie in die Welt gesetzt, nämlich, daß Lizzie das Kleid, den Unterrock, die Schuhe und Strümpfe, die sie angehabt hatte, entweder im Küchenherd verbrannt oder irgendwo im Haus versteckt hatte. Wenn sie indes ein voluminöses Kleid und einen weiten Unterrock, wie sie damals in Mode waren, wirklich verbrannt hätte, dann wäre Bridget das gewiß nicht verborgen geblieben, und außerdem hätten sich in diesem Falle erhebliche Ascherückstände im Herd befunden haben müssen. Davon hatte die Polizei jedoch nichts bemerkt, als sie die Asche aus dem Herd nahm und siebte.

Und die Behauptung, es wäre trotz *dreier* intensiver Hausdurchsuchungen möglich gewesen, zwei blutbefleckte Kleidungsstücke im Haus zu verstecken, erklärt sich im Grunde nur aus schierer Verzweiflung seitens der Anklage. «Was aber den zweiten Mord angeht», räumte Knowlton ein, «das ist schon eine schwierigere Frage. Ich kann sie nicht beantworten. Und Sie können sie auch nicht beantworten. Sie sind schließlich weder Mörder noch Frauen. Sie haben weder die Arglist des Mörders noch die Schläue und die Geschicklichkeit, die dieses Geschlecht besitzt.»

Wie man sieht, ist der Sexismus keine Erfindung des 20. Jahrhunderts. Man bediente sich seiner auch schon um 1890. Gleichwohl, es ist natürlich ein Schmarren, blanker Unsinn, es ist schlichtweg Humbug zu erklären, Frauen wären im Gegensatz zu Männern in der Lage, mit Hilfe von Weiberlist, Schläue und Geschicklichkeit bündelweise blutbespritzte Kleidungsstücke verschwinden zu lassen.

Das Kleid, das Lizzie am Morgen des Mordtages getragen hatte, war von Knowlton während des ganzen Prozesses immer wieder als Seidenkleid bezeichnet worden, und in seinem Plädoyer ging er noch einmal besonders ausführlich auf diese Unterstellung ein: «Dieses Kleid wurde Ihnen als Seidenkleid geschildert – ein Kleid aus Seide, das ist nicht billig. Keine gescheite Frau zieht so ein Kleid zum Plätten an. Natürlich nicht. Das ist ein Nachmittagskleid. Tragen Ihre Frauen etwa Seide, wenn sie in die Küche gehen und ihre häuslichen Pflichten erledigen, tagsüber, vor dem Mittagessen?»

Das Kleid war nicht aus Seide; es war aus Baumwolle. Der Stoff, der damals um 20 Cent die Elle kostete, war ein Mischgewebe aus 90 Prozent Baumwolle und zehn Prozent Seide, man nannte ihn Popeline oder auch «bengalische Seide», wie man Glasperlen «falsche Perlen» nennt. Das ist ein simpler Verkaufstrick: Ein bescheidenes Produkt wird durch einen klangvollen Namen aufgewertet.

Mit einem ähnlichen Trick täuschte Knowlton jetzt die Jury, übrigens, ohne dazu zu sagen, daß Lizzie erklärt hatte, sie habe sich an jenem Morgen zum Ausgehen angekleidet, habe Einkäufe machen wollen.

«Was ist zur Verteidigung der Angeklagten zu sagen, Herr Obmann?» schloß Knowlton. «Was ist die Antwort auf diese stattliche Reihe unwiderlegbarer Tatsachen? Es gibt keine, es gibt keine. Ich halte inne und denke nach und sage noch einmal: Es gibt keine.

Das einzige, was mein hochverehrter Kollege mit all seiner Beredsamkeit, mit der ich freilich nicht hoffen darf, auch nur annähernd mithalten zu können, zuwege gebracht hat, war ein ‹Nicht bewiesen›.

Sind Sie hinreichend überzeugt, daß sie es getan hat? Ich habe versucht – und wer wüßte besser um die Unzulänglichkeiten dieses Versuchs als ich selber –, mich der traurigen Pflicht zu entledigen, die mir auferlegt ist. Ich unterbreite Ihnen diese Tatsachen in dem Vertrauen, daß Sie Männer sind, die sich durch Mut und Liebe zur Wahrheit auszeichnen.

Erheben Sie sich von Ihren Plätzen, meine Herren, erheben Sie sich, und walten Sie Ihres Amtes. Handeln Sie so, wie Sie handeln würden, wenn Sie am Jüngsten Tag vor dem großen Thron stünden. Was wird Ihr Lohn sein? Das unausprechlich wohltuende Bewußtsein, gewissenhaft Ihre Pflicht getan zu haben.»

Es ging auf Mittag zu, als Knowlton sich wieder setzte und Richter Dewey die Pause verkündete, die bis Viertel vor zwei dauern sollte. Danach wollte er sich an die Geschworenen wenden. Die Qual näherte sich ihrem Ende.

## 17 Richter Dewey für das Gericht

Getreu der Verfassung von Massachusetts hatten am 12. Tag des Prozesses gegen Lizzie Borden drei Richter des übergeordneten Gerichtshofes – der Vorsitzende und seine beiden Beisitzer – am Richtertisch Platz genommen. Es war Oberrichter Albert Mason, der an jenem Dienstag, dem 20. Juni 1893, die Nachmittagssitzung eröffnete, indem er die Anwesenden zur Ordnung rief.

«Lizzie Andrew Borden», sagte er, «obgleich Sie durch Ihre Verteidigung ausführlich angehört worden sind, haben Sie das Recht, selbst das Wort zu ergreifen und sich persönlich an die Geschworenen zu wenden und ihnen zu sagen, was immer Sie sagen möchten. Jetzt haben Sie dazu Gelegenheit.»

Während des langen Schlußplädoyers von Knowlton hatte Lizzie angestrengt zugehört und jede seiner Bewegungen mit den Augen verfolgt. Freilich hatten Robinson, Jennings und Reverend Buck ihr Mut zugesprochen und ihr versichert, daß die Jury sie nicht schuldig befinden werde. Trotzdem, als sie all die Bezichtigungen und Anschuldigungen über sich ergehen lassen mußte, die Knowlton gegen sie vorbrachte, sah sie alles andere als gelassen und zuversichtlich aus. Sie rührte das Sträußchen, das vor ihr auf dem Tisch lag, nicht an. Der Fächer, den sie jeden Tag bei sich gehabt, den sie zigmal auf- und wieder zugeklappt, hingelegt und wieder zur Hand genommen hatte, lag daneben.

Sie erhob sich ohne Hilfe, schien aber einen Augenblick lang kaum fähig, ein Wort über die Lippen zu bringen. Dann jedoch sagte sie gefaßt: «Ich bin unschuldig. Ich überlasse es meinen Anwälten, für mich zu sprechen.»

Der beisitzende Richter Justin Dewey III., geboren in Alford, Massachusetts, war ein hagerer Mann von 57 Jahren. Er war Absolvent des Williams College und 26 Jahre als Anwalt tätig gewesen, bevor Gouverneur Robinson ihn zum Richter berufen hatte. Lizzies Gegner

**Sarah Morse Borden mit Tochter Emma Lenora**

wetterten nach dem Prozeß, seine Ansprache an die Geschworenen sei ein zweites Plädoyer für die Verteidigung gewesen. Doch das war eine durch nichts gerechtfertigte Kritik. Die von Anklage und Verteidigung präsentierten *Fakten* stellte Dewey nämlich mit keinem Wort in Frage; er hielt die Geschworenen lediglich dazu an, bei der Interpretation dieser Fakten größte Besonnenheit walten zu lassen, und das bewegte sich durchaus im Rahmen dessen, was ein Richter als Berater einer aus juristischen Laien bestehenden Jury zu leisten hat. Das hob er auch in seinen einleitenden Bemerkungen hervor.

«Herr Obmann, meine Herren Geschworenen, Sie haben die Beweisaufnahme dieses Falls aufmerksam verfolgt und die Ausführungen der Verteidigung und des Bezirksstaatsanwaltes zur Kenntnis genommen. Mir bleibt nur mehr, Ihnen namens des Gerichts und im Rahmen des vom Gesetz vorgeschriebenen richterlichen Handlungsspielraums die Hilfestellung zu geben, die Sie benötigen, um Ihre Pflicht angemessen erfüllen zu können. Und damit kein falscher Eindruck entsteht, darf ich Sie eingangs darauf aufmerksam machen, daß das Gesetz dieses Staates es dem Gericht verbietet, sich den Geschworenen gegenüber zu den Fakten selbst zu äußern, *es darf lediglich die Zeugenaussagen und den Gesetzestext konstatieren*.

Wenn ich den Anwalt der Regierung recht verstanden habe, räumt er ein, daß die Angeklagte grundsätzlich einen guten Charakter hat, daß sie nicht bloß schlecht und triebhaft ist und daß niemand etwas anderes über sie sagen kann, als daß ihr Verhalten stets gut war und sie sich in der Kirche sowie in karitativen Einrichtungen aktiv für wohltätige Zwecke eingesetzt hat.

Wenn Sie als besonnene Männer über diesen Fall urteilen, haben Sie das Recht, ihren Charakter so, wie er Ihnen dargestellt worden ist oder erscheint, in Betracht zu ziehen. In manchen Fällen mag man das nicht so wichtig finden. In anderen können dadurch selbst angesichts starker gegen den Angeklagten sprechender Indizien begründete Zweifel an dessen Schuld entstehen.»

Kurz gesagt, Lizzies sittliche Vergangenheit durfte in Betracht gezogen werden, ob dies allerdings Einfluß auf das Urteil hatte oder nicht, war Sache des einzelnen Geschworenen.

Beim Prozeß hatte die Näherin Hannah Gifford ausgesagt, als sie sich einmal zum Nähen im Hause der Bordens aufgehalten habe und die Rede auf Abby gekommen sei, habe Lizzie zu ihr gesagt: «Nennen Sie sie nicht meine Mutter: Sie ist meine Stiefmutter, und sie ist eine gemeine, hassenswerte Alte.» Richter Dewey versuchte den Wert dieser Äußerung in einen Kontext einzubetten.

«Wenn ich den Staatsanwalt recht verstanden habe, so behauptet er, die Angeklagte habe einen starken Groll gegen ihre Stiefmutter gehegt, einen Groll, der schon an Haß gegrenzt oder die Grenze zum Haß bereits überschritten habe. Und diese Behauptung stützt sich im wesentlichen auf die Aussage von Mrs. Gifford bezüglich einer Unterhaltung mit der Anklagten im Frühjahr 1892.

Wenn Sie weise über einen Fall urteilen wollen, müssen Sie all seine Bestandteile in ihrem natürlichen und angemessenen Verhältnis betrachten und dürfen keiner Zeugenaussage mehr Gewicht beimessen, als ihr vernünftigerweise zukommt, und Sie dürfen sich in einer schwierigen Lage nicht damit helfen, irgendeinen Teil der Zeugenaussagen in seiner Bedeutung entweder überzubewerten und hervorzuheben oder unterzubewerten und abzuschwächen. Also nehmen Sie die Aussage von Mrs. Gifford so, wie sie sie gemacht hat, und wägen sie ab, ob die Bedeutung, die ihr unterlegt wird, tatsächlich angemessen ist oder nicht.

Sie möchten sich natürlich eine wahrheitsgemäße Vorstellung davon machen können, wie die Angeklagte – nicht vor Jahren, sondern später, in der Zeit kurz vor dem Mord – zu ihrer Stiefmutter gestanden hat. Damit Sie sich aber solch eine wahrheitsgemäße Vorstellung machen können, dürfen Sie Mrs. Giffords Aussage nicht losgelöst von allen anderen betrachten, sondern müssen auch die Aussagen über das Familienleben in Betracht ziehen, ob man, wie, glaube ich, Mrs. Raymond gesagt hat, gemeinsam nähte, gemeinsam in die Kirche ging, dort nebeneinandersaß und auch gemeinsam wieder zurückkam – mit einem Wort, die Grundstimmung in dieser Familie. Denken Sie dabei vor allem an das, was Bridget Sullivan und Emma, die Schwester der Angeklagten, zu diesem Thema gesagt haben. Wägen Sie alle Aussagen zu diesem Punkt gründlich gegeneinander ab, und urteilen Sie dann, ob klar erwiesen ist oder nicht, daß die Haltung der Angeklagten ihrer Stiefmutter gegenüber grundsätzlich derart war, daß es gerechtfertigt ist, wenn Sie aufgrund dessen hinsichtlich der Unschuld der Beklagten Schlußfolgerungen ziehen, die für diese von Nachteil sind.»

Das war einer der Punkte, über die sich Lizzies Feinde am meisten erbosten. «Unnötig!» riefen sie. «Unzulässig!» Dabei bewegte sich diese Mahnung eindeutig im Rahmen der Richtlinien, die Dewey zu Anfang genannt hatte. Liest man sie unvoreingenommen, so merkt man, daß sie im Gegenteil völlig unparteiisch war. Sie besagt lediglich: ‹Behalten Sie Mrs. Giffords Angaben im Blick. Gewähren Sie ihnen die gebührende Beachtung, aber lassen Sie sich nicht durch diese eine Aussage gegen die Angeklagte einnehmen. Denken Sie auch an die Aussagen von Bridget und Emma, die beide über den höflichen und gesitteten Umgang zwischen Tochter und Stiefmutter berichtet haben.›

«Bedenken Sie auch, meine Herren, daß die Staatsanwaltschaft Ihnen diesen Fall auf der Grundlage von Indizien vorlegt. Das ist eine legale und nicht unübliche Methode, einen Kriminalfall zu beweisen, und es ist absolut zulässig, daß die Geschworenen eine Person allein aufgrund von Indizien des Mordes für schuldig befinden.

Wenn indes die Staatsanwaltschaft nicht in der Lage ist, einen Fakt zu beweisen, der für den Schuldspruch *von entscheidender Bedeutung* ist und ohne den ein solcher Schuldspruch nicht erreicht werden kann, so hat dies schwere Folgen für die Anklage.

Jeder wird zugeben, daß es zum Beispiel ein *wesentlicher* Fakt ist, ob bewiesen werden kann, daß sich die Angeklagte, als ihr Vater getötet wurde, im Haus aufhielt. Was beispielsweise jenes Beil ohne Stiel und seinen Bezug zu dem Mord angeht, so mag es eine *wichtige* Bedeutung für den Fall haben, ob das Verbrechen mit gerade diesem Beil verübt wurde oder nicht, doch kann man nicht sagen, daß es die gleiche *entscheidende* und wesentliche Bedeutung für den Fall hat wie die Frage der Anwesenheit der Angeklagten im Haus. Der Staatsanwalt behauptet nicht, daß der Mord nicht auch mit einem anderen Instrument begangen worden sein könnte.

Wenn ich den Staatsanwalt recht verstanden habe, geht er ganz wesentlich davon aus, daß der angebliche Fakt, die Angeklagte habe bezüglich einer Mitteilung oder eines Briefes, den ihre Stiefmutter an dem betreffenden Vormittag bekommen haben soll, eine falsche Aussage gemacht, in einem entscheidenden Bezug zu dem Fall stehe. Aus welchen Gründen behauptet der Staatsanwalt nun aber, daß diese Behauptung falsch sei?

Erstens, weil der Schreiber nicht festgestellt werden konnte. Zweitens, weil der Überbringer nicht festgestellt werden konnte. Drittens, weil kein Brief gefunden wurde.

Welches Motiv hatte die Angeklagte, eine solche Geschichte zu erfinden? Welches Motiv? Hätte es nicht in jedem Falle genügt und wäre es nicht natürlicher gewesen, wenn sie gesagt hätte, ihre Stiefmutter sei ausgegangen, um etwas zu besorgen oder einen Besuch zu machen? Welches Motiv hatte sie, das Risiko einzugehen, etwas von dem separaten und für sich stehenden Fakt des Erhalts eines Briefes oder einer Mitteilung zu erwähnen, mit dem sie später konfrontiert werden konnte und den zu erklären ihr im nachhinein schwerfallen mußte, wenn sie wußte, daß die Sache nicht der Wahrheit entsprach?

Aber wie wir hören, wurde kein Brief gefunden.

Kann es nicht Teil des Plans oder des Vorhabens einer bestimmten Person gewesen sein, Mrs. Borden vermittels eines solchen Schriftstücks oder Papiers aus dem Haus zu locken? Und wenn diese Person nachher ins Haus gekommen und mit ihr zusammengetroffen wäre und sie getötet hätte, wäre es nicht möglich, daß die Person den Brief oder die Mitteilung bei ihr gefunden hätte? Müßte die Person dann nicht ein verständliches und natürliches Interesse gehabt haben, das Schriftstück, das sie möglicherweise mit der Tat in Verbindung bringen konnte, zu entfernen? Wenn Sie diese Überlegungen gründlich nach allen Seiten abwägen und die Sache gerecht beurteilen, wenn sie nicht vorab annehmen, daß die Angeklagte schuldig ist, können Sie als vernünftige Männer dann anhand der vorgelegten Beweise bar jeden Zweifels davon überzeugt sein, daß die Aussagen der Angeklagten bezüglich jenes Briefes zwangsläufig falsch sein müssen?»

Auch die Frage, ob es einen Brief gegeben hat oder nicht und, wenn ja, was damit passiert ist, wird hier sorgfältig und ausgewogen erörtert. Es genügte nicht, daß die Anklage einfach behauptete, es habe keinen solchen Brief gegeben; Lizzie habe gelogen. Sie mußte diese

Behauptung entweder beweisen, was sie nicht getan hatte, oder sie kam nicht umhin, die Möglichkeit offenzulassen, daß es einen Brief gegeben hatte, aber niemand wußte, was damit passiert war. Das entsprach natürlich haargenau der Sachlage.

«Die Staatsanwaltschaft hat sich darüber geäußert, daß die Angeklagte die Aussage verweigert habe. Dazu muß ich Ihnen etwas sagen. In der Verfassung unseres Staates, in den Grundrechten, steht, daß niemand zu Aussagen gezwungen werden kann, die ihn selbst belasten könnten.

Der Oberste Gerichtshof erklärt zu dem verfassungsmäßigen und gesetzlichen Recht und Schutz eines Angeklagten wörtlich: ‹Verweigert er die Aussage, so dürfen daraus keine für ihn nachteiligen Schlüsse gezogen werden.› Deshalb sage ich Ihnen ausdrücklich, und ich meine das genau so, wie ich es sage, jedes Argument, jede Schlußfolgerung, jede Behauptung, jede Überlegung zum Nachteil der Angeklagten, die Sie etwa aufgrund ihrer Aussageverweigerung im Kopf haben, sind nach dem Gesetz unerlaubt. Die Angeklagte braucht auch keine Erklärung darüber abzugeben, weshalb sie die Aussage verweigert. Müßte sie sich dazu erklären, könnte ihre Erklärung für unzureichend erachtet werden. In diesem Falle ginge sie des Schutzes durch das Gesetz verlustig.

Wenn Sie bar jedes vernünftigen Zweifels von der Schuld der Angeklagten überzeugt sind, haben Sie einfach nur die Pflicht, diese Überzeugung in ihrem Spruch zum Ausdruck zu bringen. Haben die Beweise Sie indes nicht zu einer solchen Überzeugung gelangen lassen, obschon sie den Verdacht der Schuld geweckt haben oder sogar die starke Wahrscheinlichkeit der Schuld vermuten lassen, muß Ihr Spruch einfach nur ‹nicht schuldig› lauten.

Meine Herren, ich weiß nicht, wie Sie den Fall sehen, aber es ist von größter Bedeutung, daß Sie eine Entscheidung fällen. Wenn er überhaupt entschieden werden kann, so muß er durch eine Jury entschieden werden.

Das Gesetz verlangt, daß die Jury ihr Urteil einstimmig fällt, und Sie haben die Pflicht, nach bestem Wissen und Gewissen zu einem einmütigen Urteil zu kommen.

Und jetzt, meine Herren, lege ich den Fall in Ihre Hände, jene Tragödie, die dieser Verhandlung ein so weitverbreitetes Interesse verlieh und die so stark die Aufmerksamkeit und die Gefühle der Öffentlichkeit erregt hat. Die Presse, die ohne jede Mäßigung alle möglichen Gerüchte und Berichte verbreitet hat, hat nicht wenig zur allgemeinen Aufregung beigetragen. Passen Sie deshalb gut auf, daß Sie sich in keiner Weise durch die Lektüre von Presseberichten zu der Frage, die Sie jetzt zu entscheiden haben, beeinflussen lassen.

Und wenn Sie Ihre Entschlüsse ohne Dünkel, unvoreingenommen und nach reiflicher Überlegung fassen und nur nach der Wahrheit suchen, dann wird es Ihnen gelingen, diesen Fall von der Ebene der Leidenschaft, der Vorurteile und der Gemütsbewegung auf die saubere Ebene der Vernunft und des Rechts zu erheben.»

Die Geschworenen verließen den Gerichtssaal mit ernsten, würdevollen Gesichtern, aus denen beim besten Willen nicht zu erraten war, welche Gedanken sie in ihrem Innern bewegten. Fest steht, daß der Prozeß für sie alle eine unvergeßliche Erfahrung war. Jeder einzelne von ihnen war von nun an für alle Zeit bekannt als «einer der Geschworenen im Prozeß gegen Lizzie Borden», und als sie starben, hieß es in ihren Nachrufen, dieser Prozeß sei das wichtigste Ereignis ihres Lebens gewesen.

Jetzt war es 15 Uhr 30, alle waren erschöpft, und man darf wohl vermuten, daß die Schankstuben und Cafés in der Nähe des Gerichtsgebäudes einen ziemlichen Besucheransturm erlebten, nachdem sich die Jury zur Beratung in das enge Geschworenenzimmer zurückgezogen hatte.

Genau eine Stunde später teilte sie den Richtern mit, daß sie einen Spruch gefällt hatte. Tatsächlich brauchten die Geschworenen ganze zehn Minuten, um zu einem Urteil zu kommen, hatten aber mit Rücksicht auf die Anklage fünfzig Minuten gewartet, ehe sie das Gericht davon in Kenntnis setzten.

Die Nachricht verbreitete sich wie ein Lauffeuer in den Korridoren. Im Nu war der Verhandlungssaal bis auf den letzten Platz besetzt, und da es den überforderten Gerichtsdienern nicht gelang, die Menge zurückzuhalten, hatten sich auch die Gänge in kürzester Zeit mit Schaulustigen gefüllt. Die drei Richter drängten sich hinter Sheriff Wright zum Richtertisch durch.

Der Gerichtssekretär rief die Geschworenen namentlich auf, und jeder bekundete seine Anwesenheit.

«Lizzie Andrew Borden, erheben Sie sich von Ihrem Platz.»

Lizzie stand mit ungewisser Miene auf und wandte sich der Jury zu.

«Meine Herren Geschworenen», fragte der Gerichtssekretär, «haben Sie einen Spruch gefällt?»

«Das haben wir», sagte der Obmann.

«Dann übergeben Sie die Unterlagen bitte wieder an das Gericht. Lizzie Borden, heben Sie die rechte Hand. Herr Obmann, sehen Sie die Angeklagte an. Angeklagte, sehen Sie den Obmann an. Herr Obmann, wie lautete Ihr Spruch?»

«Nicht schuldig!»

Der Saal brach in Jubel aus, der, wie zu lesen ist, so laut war, daß man ihn eine halbe Meile weit hören konnte. Lizzies Schultern sackten herunter, sie sank weinend auf ihren Stuhl, sie schluchzte, daß ihr ganzer Körper bebte. In den Gerichtsprotokollen steht, daß der Beifall sogleich zum Schweigen gebracht worden sei, doch die Zeitungen berichten, er habe minutenlang angehalten, und Sheriff Wright habe nichts getan, um ihn zu unterbinden. Auch ihm, heißt es, hätten Tränen in den Augen gestanden. Ob es Tränen der Freude oder der Enttäuschung waren, wird nicht gesagt. Lassen wir noch einmal den Kolumnisten Joe Howard zu Wort kommen:

> Jennings, überwältigt, wie man selten einen Mann gesehen hat, zitterte wie Espenlaub und rief aus: «Oh, Gott sei Dank!» und drängte sich vor zur Anklagebank. Lizzie streckte ihm die Hand entgegen; er ergriff sie und drückte sie, bis sie ganz rot war. Robinson bückte sich unter der Schranke hindurch und schob den nunmehr überflüssig gewordenen Hilfssheriff beiseite, der die Angeklagte bewacht hatte. Er beugte sich hinunter und legte sein Gesicht an ihrs, und sein rechter Arm umfaßte ihre Taille und zog sie hoch.
>
> All ihre alten Freunde scharten sich um sie. Mr. Holmes war der erste, der ihr die Hand drückte, und dann kam Reverend Buck, der weinte. Sie reichte ihrem Anwalt Melvin Adams eine Hand, und er ergriff ihre beiden Hände. Auch Emma war unterdessen von einer Menge umringt und von Lizzie abgeschnitten.

> Die Geschworenen defilierten im Gänsemarsch vorbei, um der Frau, für die sie so viel getan hatten, die Hand zu schütteln, und sie schenkte jedem von ihnen ein warmes Lächeln und Worte des Dankes.

Reverend Jubb, Rechtsanwalt Robinson und Jennings nahmen Lizzie in ihre Mitte, geleiteten sie auf den Korridor und halfen ihr, in den Richterzimmern Zuflucht zu finden. Eine volle Stunde sollte vergehen, bis Lizzie sich einigermaßen gefaßt hatte und als freier Mensch das Gericht verließ. Die wartende Menge brach in Jubelrufe aus, klatschte Beifall, sang Lieder zu ihrer Begrüßung, und ein langer Zug von Wagen gab ihrer Kutsche das Geleit zum Bahnhof, wo sie den Zug bestieg, der sie zurückbringen sollte nach Fall River.

## 18 Vergeßt die alten Freunde nicht

**Maplecroft**

Der *Boston Herald* kommentierte am Tag nach dem Prozeß prägnant das Ereignis, das alle Zeitungen beschäftigte:

> Der Spruch der Jury im Fall Lizzie Borden ist nur eine Bestätigung der Ansichten derer, die die Zeugen der Anklage gehört und erlebt haben, welche Wirkung ein gestrenges Kreuzverhör auf diese Zeugen hatte. Die Staatsanwälte mußten einen nach menschlichem Ermessen über jeden Zweifel erhabenen Schuldbeweis erbringen, und das ist ihnen nicht gelungen. Der Spruch ist gefällt, und die Angeklagte ist ein für allemal frei und braucht nicht zu befürchten, daß sie noch einmal vor Gericht gestellt wird. Die Tragödie bleibt so rätsel-

> haft wie ehedem. Nichts ist bewiesen worden als die Tatsache, daß bei dem Prozeß keine Beweise vorgelegt werden konnten, die Lizzie Bordens Verurteilung als Täterin gerechtfertigt hätten.

Die *New York Times* schloß sich dieser Meinung an, war in ihrer Kritik an den Hintergründen allerdings erheblich schärfer:

> Alle rechtgesinnten Männer und Frauen, die den Fall verfolgt haben, werden mit einer gewissen Erleichterung zur Kenntnis nehmen, daß die Geschworenen in New Bedford Miss Lizzie Borden nicht nur von dem abscheulichen Verbrechen, dessen sie angeklagt war, freigesprochen haben, sondern ihren Spruch auch mit einer Promptheit fällten, die durchaus bedeutsam ist.
>
> Durch diese Promptheit kommt die Freisprechung jener überaus unglücklichen, grausam verfolgten Frau in Wahrheit einer Verurteilung der Polizeigewaltigen von Fall River sowie der Justizbeamten gleich, die für die Anklageerhebung und die Durchführung des Prozesses verantwortlich sind.
>
> Hier wurde nicht nur die Unschuld der Angeklagten erklärt, hier wurde zudem erklärt, daß es nie einen ernstzunehmenden Grund gegeben hat, sie für schuldig zu halten.
>
> Sie ist dem furchtbaren Schicksal, das ihr drohte, entronnen, doch die lange Haft, die sie erlitten hat, die unerträglichen Belastungen und Ängste, die ihr auferlegt wurden, die skandalöse Verletzung ihrer Gefühle als Frau und Tochter sind unmittelbar der Polizei und den Justizbehörden zur Last zu legen. Daß sie dies alles erdulden mußte, ist eine Schande für Massachusetts, die durch das gute Gespür der Jury, die sie freisprach, nur zum Teil wettgemacht worden ist.
>
> Es überrascht uns nicht, daß die Polizei von Fall River ihren Verdacht auf Miss Borden konzentriert hat. Die Stadt ist nicht gerade groß. Die dortige Polizei zeichnet sich, wie in solchen Städten üblich, durch Unbeholfenheit, Borniertheit und Konfusion aus. Nichts ist gnadenloser als die Eitelkeit dummer, ungebildeter Männer, die ein Verbrechen aufzuklären haben und dabei vor einem Rätsel stehen, das sie nicht lösen können und für dessen Lösung sie sich zu-

ständig fühlen. Die Polizei von Fall River brauchte ein Opfer, um sich vor der Verachtung zu retten, die sie, das ahnte sie, auf sich zog, wenn der Mörder der Bordens nicht gefunden wurde. Die Tochter kam dafür am ehesten in Betracht und konnte sich am wenigsten wehren. So stürzte man sich auf sie.

Ganz anders aber ist es um die Verantwortlichkeit der Justizbeamten bestellt. Das sind Leute, die die Gesetze kennen, die es gewohnt sind, Beweismaterial zu analysieren und abzuwägen. Sie wissen, was nötig ist, damit die Justiz jemanden des Mordes überführen kann.

Man kann schwerlich glauben, daß sie nicht ganz genau gewußt haben, daß sie weder einen solchen Beweis noch etwas Entsprechendes in der Hand hatten. Es sieht in der Tat so aus, als ob sie mit leeren Händen in den Prozeß hineingegangen sind und erst während der Verhandlung den ungeschickten Versuch unternommen haben, Beweise zu konstruieren.

Wir können uns des Gefühls nicht erwehren, daß das Verhalten der Justiz in dieser Angelegenheit einfach skandalös war, daß sie einer unschuldigen Frau barbarisches Unrecht zugefügt und die Gesellschaft im ganzen schwer beleidigt hat. Und wir finden es sehr bedauerlich, daß das Opfer weder eine rechtliche Möglichkeit hat, gegen sie vorzugehen, noch über irgendwelche Mittel verfügt, um sie zur Rechenschaft zu ziehen. Ihr Freispruch sühnt das Unrecht, das sie erdulden mußte, nur zum Teil.

Es war natürlich eine Sensation, und zwar ganz unabhängig davon, wer der Täter war, daß in einer kleinen Stadt in einer belebten Straße am hellichten Tage zwei allseits bekannte alte Leute in ihrem eigenen Haus auf so rätselhafte Weise ermordet worden waren. Daß die Polizei sich bei ihren Ermittlungen auf die Tochter konzentrierte und später gegen diese Anklage erhob, gab dem Ganzen freilich noch zusätzlich Würze.

Durch die unverantwortliche Berichterstattung der Lokalzeitung *Globe* wurde die Hysterie weiter angeheizt. Und was die Polizei von Fall River angeht, so war diese zwar ganz sicher weder in der Ermittlungsarbeit noch in gerichtsmedizinischen Fragen sonderlich bewandert, aber sie bestand auch nicht, wie die *New York Times* ihr vorgeworfen hatte, aus einem Haufen bornierter, konfuser Schwachköpfe. Es fehlte ihr gewiß nicht an Einsatzbereitschaft, wohl aber an einer ordentlichen Führung.

Nominell bekleidete Marshal Hilliard das Amt des Polizeichefs, die alltägliche Ermittlungsarbeit aber leitete sein Stellvertreter Fleet, der sehr energisch und entschlußfreudig, aber mindestens ebenso unbesonnen und hitzköpfig war. Die Polizei hatte sich von der Presse und den Bürgern verwirren lassen und hatte den Kopf verloren. Wenn sie sich nicht ihr Ansehen in der Öffentlichkeit verscherzen wollte, war sie gezwungen, irgend jemanden zu verhaften.

Von dem Augenblick an, als Lizzie dem stellvertretenden Polizeichef den ihm gebührenden Respekt schuldig geblieben war und ihn angefahren hatte, Abby sei nicht ihre Mutter, war Fleet von ihrer Schuld überzeugt. Von diesem Zeitpunkt an waren die Bemühungen der Polizei nur noch darauf gerichtet, Lizzie des Doppelmords zu überführen.

Vielleicht kann man dieses Vorgehen der Polizei für die erste Zeit nicht einmal verurteilen, spiegelt es doch haargenau die damalige Stimmung wider. Doch als sich herausstellte, daß handfeste Beweise zur Erhärtung dieser Annahme nicht erbracht werden konnten, schieden sich die Geister, denn nun gab es drei Möglichkeiten: Erstens konnte man Lizzie anklagen und sie mit den vorhandenen, wenn auch mangelhaften Indizienbeweisen vor Gericht stellen; zweitens konnte man die Ermittlungen auf andere Verdächtige ausweiten, und drittens konnte man Festnahme und Anklageerhebung so lange hinausschieben, bis man schlüssiges Beweismaterial zusammengetragen hätte. Die Polizei, von der Presse zum Gespött gemacht und von der Öffentlichkeit unter Druck gesetzt, wählte den falschen Weg. Den geplagten Ordnungshütern kann man es noch verzeihen, daß sie diesem Druck nachgegeben haben, nicht aber dem Bezirksstaatsanwalt und den Justizbeamten.

Staatsanwalt Knowlton war nicht von Lizzies Schuld überzeugt und hätte deshalb die Akte, als sie auf seinen Tisch kam, mit dem Stempel *Nolle Prosequi* versehen und schließen müssen. Noch besser wäre gewesen, er hätte Fleet und Hilliard eindeutig gesagt, daß das, was sie in der Hand hatten, nichts war, und sie nicht eher wiederkommen sollten, als bis sie ihm Beweise liefern konnten.

Bereits vor der Festnahme und der bewußten «Untersuchung» lagen die Laborberichte aus Harvard vor, aus denen ersichtlich war, daß weder an dem Beil ohne Stiel noch an Lizzies Kleidung, Schuhen und Strümpfen Blut nachgewiesen werden konnte. Daß man ohne solchen Nachweis ein Verfahren eingeleitet hat, war, vorsichtig ausgedrückt, töricht und, weniger vorsichtig ausgedrückt, unverantwortlich.

Fleet gelang es auch nicht, Lizzies Alibi zu entkräften, wonach sie sich zu der Zeit, als Andrew ermordet wurde, in der Scheune aufgehalten hatte.

Ohne ein plausibles Motiv (beziehungsweise mit einem eindeutig schwachen und überdies nicht einmal bewiesenen), ohne eine Waffe und natürlich ohne blutbefleckte Kleider sowie ohne die Grundbedingung zu erfüllen, daß nur sie allein die Möglichkeit zu der Tat hatte, entbehrten die Anschuldigungen gegen Lizzie jeglicher Substanz. Man hatte zwar erreicht, daß Anklage gegen sie erhoben wurde, aber nur, indem man sozusagen eine Handvoll Luschen als Grand mit vieren verkauft hatte. Beweisen konnte man nichts.

Wir heute sind in ungefähr der gleichen Lage wie Knowlton und Hilliard, als sie sich genötigt sahen, vor Gericht zu gehen. Nur, daß uns nicht die Presse und die Wähler im Nacken sitzen. Wir können uns in aller Ruhe die mageren Ermittlungsresultate anschauen und dann sagen: ‹Bringt uns weitere Beweise. Wenn ihr kein blutbeflecktes Kleid finden könnt, dann *beweist* uns, daß Lizzie es verbrannt oder auf sonst eine Art beiseite geschafft hat. Ihr habt weder das eine noch das andere getan. Wenn ihr uns das Werkzeug, mit dem Abby und Andrew getötet wurden, nicht zeigen könnt, dann nennt uns einen stichhaltigen Grund, weshalb ihr das nicht könnt, oder sagt uns, wo es geblieben ist. Aber laßt uns in Ruhe mit euren Taschenspielertricks. Bringt dieses Beil irgendwie mit der Angeklagten in Verbindung. Sagt uns, ob es einen Stiel hatte oder nicht. Überzeugt uns davon, daß der Haß im Haus der Bordens wirklich so uferlos war und solche Ausmaße angenommen hatte, daß es zu diesem unmenschlichen Blutbad kommen konnte. Lizzie sagt, sie war zur Tatzeit oben in der Scheune, und sie hat dafür sogar einen Zeugen. Ihr widerlegt das mit einer offensichtlich meineidigen Zeugenaussage eines eurer Polizisten. Nein! Das reicht nicht aus, um diese Frau an den Galgen zu bringen.›

Warum haben die meisten Leute in Fall River damals und noch etliche Generationen später so bereitwillig geglaubt, daß eine Frau wie Lizzie, die eine christliche Erziehung genossen hatte und deren Leumund bis dahin untadelig war, imstande gewesen sein könnte, einen Doppelmord von so unverhohlener Brutalität zu begehen? Sicherlich weil diejenigen, die von vornherein an ihre Schuld geglaubt hatten, sich bestätigt fühlten durch Marshal Hilliards prompte Mitteilung, daß mit ihrer Festnahme alle weiteren Ermittlungen eingestellt würden und der Fall abgeschlossen sei. Daraus mußte sich zwangsläufig die Schlußfolgerung ergeben, die Polizei habe ihre Pflicht getan und die Mörderin gefangen, die Geschworenen aber hätten sie auf freien Fuß gesetzt.

Aus heutiger Sicht fällt es schwer, sich vorzustellen, wie Lizzie beilschwingend über Abbys am Boden liegendem Körper gekauert und immer wieder auf den Kopf der alten Frau eingeschlagen hat, um das Ganze dann unten im Parterre noch einmal zu wiederholen, diesmal an ihrem herzensguten Vater, der zwar ein Geizhals war, für den sie aber trotzdem unbestreitbar eine große Zuneigung empfand und den sie liebte. Aber wir schreiben nicht das Jahr 1893, und wir sind nicht die Einwohner von Fall River. Die Szene hat etwas von den Mythen der Alten. Wir fühlen uns daran erinnert, wie Medea ihre Kinder abschlachtete, wie Ödipus seinen Vater am Scheideweg erschlug, und es hat den Anschein, als ob Fall River – und vielleicht ganz Amerika – damals einen solchen Mythos brauchte, genau wie die alten Griechen ihre Mythen nötig hatten. Doch diese Frage möchte ich weitergeben an die Historiker, Psychologen und Anthropologen und womöglich auch an die Philosophen und Theologen, denn die können sie viel besser beantworten als ich.

Der Doppelmord war die Tat eines losgelassenen Wahnsinnigen, und weder diese Beschreibung noch die bei dem Prozeß vorgelegten Fakten passen zu der stillen, frommen jungen Frau auf der Anklagebank.

Schon wenige Minuten, nachdem die Entscheidung bekanntgegeben war, liefen die Telegrafendrähte heiß, und die Nachricht von Lizzies Freispruch verbreitete sich mit der gleichen Geschwindigkeit in Fall River wie zehn Monate vorher die Kunde von dem Doppelmord. Die meisten Leute hatten geglaubt, die Jury werde sich nicht einigen können. Die Mehrheit werde sie für schuldig halten, aber man werde nicht zu einem einstimmigen Spruch gelangen. Dieser Ansicht waren auch Knowlton und Pillsbury, und beide wünschten sich sehnlichst, daß es so käme. Wenn die Geschworenen nicht in der Lage waren, einen Spruch zu fällen, konnten sie die Anklage ungestraft fallenlassen und so tun, als ob nichts gewesen wäre.

Noch einmal war Lizzie Stadtgespräch. Wetten wurden abgeschlossen, und viel Geld wechselte den Besitzer. Genau wie damals, vor zehn Monaten, versammelte sich die Menge vor dem Haus in der Second Street. Es hieß, Lizzie komme mit einer Kutsche aus New Bedford, die berühmteste Einwohnerin von Fall River kehre im Triumphzug heim!

Ein Trupp von zwölf Polizisten wurde losgeschickt, um die Straßen freizuhalten und den Mob zu bändigen. In der Küche sah man Licht brennen. Bridget sei wieder auf ihrem alten Posten, erzählten sich die Leute, und bereitete zur Heimkehr ihrer Herrin einen Imbiß vor. Aber auch diesmal irrten sich die Klatschbasen: Bridget betrat das Haus in der Second Street Nummer 92 nie wieder.

Unterdessen war es 20 Uhr geworden, und wie schon so oft, begann die mehr als zweitausendköpfige Menge unruhig zu werden. Enttäuschung machte sich breit. Ein Bote kam angelaufen und berichtete, Lizzie sei mit dem Zug angekommen und befinde sich auf dem Wege in die Pine Street zum Haus von Charles Holmes. Die Menge war verärgert, aber mindestens die Hälfte war fest entschlossen, diesmal die lokale Berühmtheit wenigstens für einen Augenblick zu Gesicht zu bekommen, und rannte in die Pine Street.

Sie kamen zu spät. Der Wagen war schneller. Lizzie war als erste ausgestiegen und im Nu im Haus der Familie Holmes verschwunden, hastig gefolgt von Mr. Holmes, Emma und Miss Annie Holmes. Mehrere Reporter warteten am Bahnhof und hefteten sich dann an Holmes' Kutsche, doch nur ein Journalist wurde ins Haus gebeten, wo Dr. Bowen und Reverend Jubb die Ankömmlinge begrüßten.

Sie sei «die glücklichste Frau der Welt», sagte Lizzie, wollte sich aber nicht über den Prozeß äußern und natürlich erst recht nicht über den Doppelmord. Was diese beiden Dinge anging, so hatte sie ein Schweigegelübde abgelegt, an das sie sich für den Rest ihres Lebens hielt.

Inzwischen war die Menge in der Second Street weiter angewachsen, denn man nahm an, daß Lizzie früher oder später nach Hause käme, um dort zu übernachten. Gegen 23 Uhr tauchte plötzlich aus dem Nichts eine Kapelle auf und krönte das Volksfest mit Musik. Sie spielte «Auld Lang Syne», Robert Burns' berühmtes Lied von der guten alten Zeit und den alten Freunden, die man nie vergessen soll.

# 19 Epilog

**Das Haus in der Second Street Nummer 92 heute**

Jetzt, da der Prozeß vorbei war, konnte Lizzie sich entscheiden, ob sie in ihrer Geburtsstadt bleiben oder anderswo ein neues Leben anfangen wollte. Einem Reporter gegenüber äußerte sie: «Eine ganze Menge Leute haben mir gesagt, sie hätten geglaubt, ich würde nach meinem Prozeß fortgehen und mir anderswo ein Zuhause suchen. Ich weiß nicht, was denen einfällt. Ich werde heimgehen und dort bleiben. Etwas anderes ist mir nie in den Sinn gekommen.»

Lizzie kehrte zurück in jenes «blutbesudelte, zugrunde gerichtete Haus», wie Robinson es in seinem Schlußplädoyer genannt hatte, aber nur für kurze Zeit. Sie und Emma waren die Erbinnen des Geldes und der Immobilien, die Andrew und Abby hinterlassen hatten. Der Gesamtwert dieser Erbschaft belief sich auf 400000 Dollar, und das war 1893 ein geradezu fürstliches Vermögen.

Sobald die Erbschaftsangelegenheiten geregelt waren, kauften sie sich oben auf dem Hügel, wo die bessere Gesellschaft von Fall River wohnte, ein Haus in der French Street Nummer 7. Auf die oberste Stufe der steinernen Vortreppe ließ Lizzie in Beton den Namen «Maplecroft» setzen. Es war ein elegantes zweistöckiges Gutshaus im Queen-Anne-Stil, das noch heute steht, inzwischen allerdings recht schäbig aussieht. Der Putz fällt von den Mauern, und an der Tür hängt ein Schild: *R. Dube – Notar, Staatlich geprüfter Sachverständiger für Feuerschäden.* Aus einem Verandafenster schaut ängstlich eine griechische Büste, als würde sie befürchten, daß die Menge sich heute, hundert Jahre später, noch einmal hier versammeln könnte.

Aber das Haus, in das die Schwestern damals einzogen, war großzügig und freundlich, ganz das Gegenteil des kalten, engen Eisenbahnhauses in der Second Street. Lizzie hatte es gefunden und nach ihrem Geschmack eingerichtet. In einigen der 14 Zimmer sieht man noch heute die Tapeten, die sie damals ausgesucht hat. Sie sind durchweg mit den idyllisch-naiven Mustern der viktorianischen Zeit bedruckt – Streublümchen, zarte, verzweigte Ranken und hier und da flatternde Schmetterlinge.

Die Eingangshalle war reich mit Mahagoni getäfelt, und rechts führte eine ausladende Treppe mit einem geschwungenen Geländer aus Rosenholz hinauf in die erste Etage. In einer Nische stand auf einem hübschen runden Tisch eine lebensgroße Büste in griechischer Manier, vielleicht dieselbe, die heute in der verglasten Veranda Ausschau hält. Rechter Hand befand sich ein geräumiges Wohn- und Empfangszimmer mit sechs Fenstern, dessen hintere Wand ein breiter Marmorkamin beherrschte. Der Teppich war in sanftem Zartlila gehalten – vermutlich Lizzies Lieblingsfarbe. Das Eßzimmer war eher unpersönlich eingerichtet: Tapeten mit Blumenmustern und schwere Vorhänge aus rosa Seide.

Die mit allen damals gerade in Mode gekommenen Gerätschaften und Vorrichtungen ausgestattete Küche und das helle, luftige Frühstückszimmer hatten nichts gemein mit den beiden Kabuffs, in denen Bridget seinerzeit kochen und auftragen mußte.

Lizzie verfügte im ersten Stock über zwei durch eine Tür miteinander verbundene Schlafzimmer. Das eine, das sich über die ganze Breite der Vorderfront erstreckte, benutzte sie im Winter, das andere, das nach hinten lag und dieselbe Größe hatte, im Sommer. Über dem Kamin war ein Gedicht in die holzgetäfelte Giebelwand geschnitzt:

> Und Freunde treu und Dämmerschatten alt,
> Sonnige Tage, Sternennächte kalt,
> Auf dunstgen Wegen kommen sie alsbald,
> Wenn leis mein Feuer brennt.

Dieses Gedicht ist ganz Lizzie, jene Lizzie, die romantische Verse und Musik liebte, deren Bibliothek beide Schlafzimmer und die angrenzenden Räume füllte, die sich mit geradezu legendärer Zärtlichkeit um die Eichhörnchen und Vögel auf der weiten Rasenfläche von Maplecroft kümmerte. Und jene Lizzie brachte all die Leute zur Raserei, die *wußten*, die nicht den mindesten Zweifel daran hatten, daß sie in Wahrheit eine seelenlose, teuflische Mörderin war. Sie wollte sich einfach nicht dementsprechend benehmen.

Im obersten Stockwerk war das Gesinde untergebracht, ein Dienstmädchen und eine Haushälterin, die, wenn man den Gerüchten Glauben schenken darf, mit zehn Dollar pro Woche die bestbezahlten Dienstboten in ganz Fall River waren. Später wurde noch ein Chauffeur für den schönen schwarzen Packard, ein wahres Ungetüm von Auto, eingestellt. Lizzie sparte auch in den Zimmern der Bediensteten nicht an der Einrichtung. Diese Räume waren ebenso großzügig getäfelt und möbliert wie der Rest des Hauses.

Zum erstenmal gab es in einem Haus der Bordens auch ein Telefon (Nummer 378), eingetragen auf Lizbeth A. Borden, wie sie sich für den Rest ihres Lebens nannte.

Bevor sie den schicken Packard anschaffte und einen Chauffeur einstellte, war Lizzie mit dem Ponywagen ausgefahren, wenn sie Einkäufe erledigen oder ihren gesellschaftlichen Verpflichtungen nachkommen wollte. Sobald die Leute auf der Straße das Gefährt erblickten oder sie in ein Warenhaus gehen oder wieder herauskommen sahen, bildeten sich Grüppchen, es wurde geflüstert und mit den Fingern auf sie gezeigt, damit auch ja jeder, der neu in der Stadt war, erfuhr, wer sie war. Sie tat, als ob sie diese Publizität nicht bemerkte, und ihre klaren, eisblauen Augen schauten bei allem, was sie tat, stets unbeirrt geradeaus. Doch bald kam sie nur noch selten in die Stadt. Lebensmittel und was für den Haushalt benötigt wurde, ließ sie von den Bediensteten heranschaffen, ihre anderen Einkäufe aber erledigte sie in Boston, Washington oder New York.

Natürlich war es dumm von ihr gewesen anzunehmen, daß sie, nur weil eine Jury bloß zehn Minuten benötigte, um ihr ihre Unschuld zu bescheinigen, rehabilitiert wäre, daß sie wirklich ein freier Mensch wäre. Für viele im viktorianischen Fall River war sie allein schon dadurch gezeichnet, daß man gegen sie Anklage erhoben hatte. Das allein genügte diesen Leuten, um sie zu verurteilen, und gerade um solch eine Stigmatisierung zu verhindern, hatten Reverend Jubb und Rechtsanwalt Jennings so eindringlich davor gewarnt, sie unter Anklage zu stellen. Wer angeklagt wurde und vor Gericht kam, der war für die breite Masse schuldig. Was interessierte es die Leute, daß in der Verfassung stand, im Zweifelsfalle müsse von der Unschuld des Angeklagten ausgegangen werden?

Die Lokalzeitung *Globe* nahm ihre Verteufelungskampagne wieder auf. Sie ließ keinen Zweifel daran, daß sie der Meinung war, die Justiz habe einen schweren Fehler gemacht. Lizzie hatte geglaubt, es sei das klügste, alle Zeitungsinterviews zu verweigern und sich nicht über das, was die Presse über sie verbreitete, zu äußern. Sie hatte geglaubt (oder gehofft?), wenn sie nicht dazu beitrüge, die ganze Geschichte weiter am Kochen zu halten, könnte allmählich Gras darüber wachsen.

Doch begierig stürzten sich die Reporter auf jedes Lizzie betreffende Gerücht – und es tauchten wöchentlich neue auf –, um es als gesicherte Tatsache auszugeben. Und wenn wirklich gerade einmal keins in Umlauf war, dann setzte der *Globe* eben selber eins in die Welt. Zum Beispiel wurde behauptet, als Lizzie nach Maplecroft gezogen sei, habe sie ihren Nachbarn gebeten, den Zaun zwischen seinem und ihrem Anwesen zu entfernen. Der empörte, übrigens namentlich nicht genannte Mann habe darauf geantwortet: «Wenn Sie hier nebenan einziehen, werde ich ihn sogar noch höher machen lassen!» In Wahrheit gab es natürlich weder den Zaun noch diesen Nachbarn, aber das scherte den *Globe* herzlich wenig.

Kurz nach ihrer Rückkehr nach Fall River unternahm Lizzie einen Ausflug nach Taunton, um Sheriff Wright und seiner Frau für die Freundlichkeit zu danken, die sie ihr während der zehnmonatigen Haftzeit bewiesen hatten. Als der *Globe* von dem Besuch erfuhr, machte er mit einem ganz besonders gepfefferten Knüller auf:

> **Im Gefängnis!**
> **Lizzie Borden hat sich freiwillig gestellt und sich in die Hände von Sheriff Wright begeben – Größte Sensation in diesem sensationellen Fall**

Der *Globe* verhökerte die Story an Associated Press, und die drahtete sie umgehend an sämtliche Zeitungen, die bei ihr Kunden waren. Am nächsten Tag kam von der Agentur das Dementi, aber nicht im *Globe*, und natürlich – das verstand sich bei Edwin H. Porter von selbst – verzichtete das Blatt auch auf eine eigene Richtigstellung.

Für die bessere Gesellschaft von Fall River war Lizzie eine Aussätzige. Sie wurde behandelt, als wäre sie die Tochter von Abraham und Hagar, die Schwester des verstoßenen Ismael. Kam man gar nicht umhin, ihren Namen auszusprechen, so tat man es zumindest mit Verachtung. Viele ihrer Freunde, selbst diejenigen, die während der Haft und bei dem Prozeß noch zu ihr gehalten hatten, wandten sich nach und nach von ihr ab. Nicht wenige hielt der Druck der Nachbarschaft davon ab, die Bekanntschaft mit ihr fortzusetzen, und wenn sie ihr auf der Straße begegneten, gingen sie grußlos vorüber und taten, als würden sie sie nicht sehen.

Sie kam wieder in die Kongregationskirche, in deren Chor sie gesungen hatte, wo sie Vorsitzende des Vereins für christliche Bestrebungen gewesen war und wo sie in einer Sonntagsschulklasse unterrichtet hatte, aber leider hatte sich auch ihre Gemeinde von ihr abgewandt. Sie ließ sich dort nie wieder blicken. Ihre Grabrede hielt der Pfarrer der Episkopalkirche.

Sie lebte von der Welt abgeschnitten, beinahe wie hinter Gefängnisgittern, zur Einsamkeit verdammt durch Barrieren, die stärker sind als eiserne Gitterstäbe – durch die schweigende, unerbittliche Ablehnung, auf die sie allenthalben stieß.

Es gab keinen höhnischen Zeigefinger, keine offene Kriegserklärung – nur diese hartnäckige, wahnsinnig machende, allgemeine Unnahbarkeit.

Über alles, was sie tat, wurde geredet, über jede noch so unwichtige Kleinigkeit, die ihre Lebensweise und ihr Handeln betraf, wurden die abenteuerlichsten Spekulationen angestellt. Manche behaupteten, sie kutschiere mit ihren Ponywagen zu rücksichtslos durch die Straßen, andere wärmten die alte Geschichte von der Beerdigung wieder auf, bei der sie angeblich keine Gefühle gezeigt habe. Wieder andere sagten, seit sie auf den Hügel gezogen sei, trage sie ihren neuen Reichtum allzu demonstrativ zur Schau. Wenn sie ernst und bedrückt wirkte, dann konnte das natürlich nur bedeuten, daß die Last ihrer Schuld sie niederdrückte. Wenn sie einmal lächelte, hieß es gleich, das beweise nur, daß sie kein Herz habe. Was sie auch tat, es war falsch.

Aber verschlossen, wie sie war – übrigens hat sich nie jemand die Mühe gemacht, den Ursachen ihrer Verschlossenheit auf den Grund zu gehen –, bat sie niemals um Mitleid, warb nie um Verständnis und gab mit keinem Wort und keiner Geste zu erkennen, daß sie empört war über die Art und Weise, wie man sie behandelte.

Ihre engste Freundin war Helen Leighton, die Gründerin des Tierschutzbunds von Fall River. Sie erzählte nach Lizzies Tod, die Tochter Andrew Bordens sei schrecklich unglücklich gewesen und habe ihr Leben als von Tragik und Leid überschattet empfunden.

«Später», so Helen Leighton, «hat sie sich oft gefragt, ob es klug war, in Fall River zu bleiben. Sie hatte das auf Anraten von Freunden getan, die sagten, wenn sie aus der Stadt wegginge, könnte man dies so auffassen, als ob sie fortliefe. Am Anfang fand sie das einleuchtend, aber später dachte sie nicht selten darüber nach, ob es nicht doch besser gewesen wäre, wenn sie sich anderswo niedergelassen hätte.

Sie war übrigens nicht ganz so einsam, wie es immer dargestellt wird. Sie hatte mindestens ein Dutzend ergebener Freunde, die alles in ihren Kräften Stehende taten, um sie zu trösten und ihr Leben etwas heller zu machen. Miss Borden war sehr dankbar für die Sorge, die man ihr bewies, und hat ihre Freunde förmlich mit Aufmerksamkeiten überhäuft. Sie nahm nicht gern Geschenke an, aber sie selber konnte nie genug für ihre Freunde tun.

Miss Borden hat vielen, vielen Menschen geholfen. Es machte ihr Freude, anderen zu helfen, und sie gab überaus großzügig von dem, was sie besaß. Sie half etlichen jungen Menschen das College zu finanzieren. Selbst eine begeisterte Leserin, sorgte sie dafür, daß vielen Menschen, die gern gute Bücher lasen, aber nicht das Geld hatten, sich welche zu kaufen, nie der Lesestoff ausging. Nur sehr wenige wußten um das Ausmaß ihrer Wohltätigkeit.»

Sosehr sie von vielen Erwachsenen gemieden wurde, sowenig schienen sich die Kinder an das Tabu zu halten. Sicher, die Kinder waren es, die beim Seilspringen immer wieder den Vers von den 40 Hieben plapperten, und trotzdem wird erzählt, Lizzie habe allen Kindern, die sich in ihre Nähe wagten, zugelächelt oder ihnen freundlich über den Kopf gestrichen. Beinahe jeden Tag sah man sie in Begleitung ihrer Lieblingskatzen und -hunde die Futterplätze für die Eichhörnchen und Vögel auffüllen, die scharenweise den großen Garten seitlich vom Haus bevölkerten. Nicht selten verteilte sie bei solchen Gelegenheiten Plätzchen an die Nachbarskinder und erlaubte ihnen, das heruntergefallene Obst aufzusammeln.

Doch die Mordgeschichte lebte in den Köpfen der Leute weiter. Vor allem, weil zum einen niemals Ermittlungen in irgendeine andere Richtung angestellt wurden. Und hinzu kam, daß der *Globe* alle Jahre wieder am 4. August auf der Titelseite eine Story zum Jahrestag des Doppelmordes brachte. Noch bis ins 20. Jahrhundert erschienen diese «Leitartikel», die das ihre dazu beitrugen, die Leute, die nach wie vor glaubten, in Lizzies Fall sei Justitia in der Tat blind gewesen, in ihrem Argwohn, ihrem Groll und ihrer Feindseligkeit zu bestärken. Unverhohlen wurde in diesen Machwerken behauptet, Lizzie sei eine Mörderin.

Im folgenden einige Passagen aus dem Jubiläumsartikel aus Anlaß des 12. Jahrestages. Wenn es ein leuchtenderes Beispiel für hochtrabende Presseprosa geben sollte, so ist es dem Verfasser nicht bekannt.

**12 Jahre sind vergangen, seit die Bordens brutal abgeschlachtet wurden, und noch immer ist die furchtbare Tat ungesühnt. Mag sein, der Mörder ist hier in unserer Stadt – oder vielleicht die Mörderin – wer weiß?**

Heute vormittag vor 12 Jahren, als Gottes strahlende Sonne ihre Augustwärme ausbreitete und diese ganze friedliche Gemeinde, die Gerechten und die Ungerechten, die Armen und die Reichen, die Bescheidenen und die Mißgünstigen, die Pharisäer und die Zöllner in ihren leuchtenden Glanz tauchte, kam aus dem hochsommerlichen Frieden ein auf Frevel sinnender Dämon in Menschengestalt hervorgestürzt, dessen rasch vollbrachte Höllentat Fall River ins Rampenlicht der Öffentlichkeit zerren sollte, wo seither das ganze Land auf uns blickt – ein Geschick, so mißlich, wie es vor uns wohl nur wenigen gesitteten Städten beschieden war.

An jenem schicksalhaften 4. August 1892 ereignete sich ein blutiges Schauspiel, ein kaltblütiges Gemetzel, so grausam, so verrucht und so voller widernatürlicher oder entarteter Gier nach Blut und Geld, daß es in all den Jahren, die seit dieser Schlachtorgie vergangen sind, nie wieder von einem Geschöpf – ob Mann oder ein Weib, das sich mit Mordgedanken trug, auch nur annähernd erreicht worden ist... Ein alter Mann, der sich raschen Schrittes dem Rande jenes Abgrunds näherte, der das Jetzt vom Jenseits scheidet, wurde brutal und niederträchtig zu seinem Ende gedrängt, von dem ihn, wenn die Dinge ihren natürlichen Erdenlauf hätten nehmen dürfen, vielleicht noch manch ein Tag getrennt hätte. Und warum? War es, weil er die Herrschaft und das Besitzrecht über die irdischen Güter, die ihm so wertvoll waren, nicht bald genug aus seiner zitternden Hand geben wollte...? Wer weiß?

Vielleicht, daß jener fleischgewordene Teufel in Menschengestalt, (der) grausam und voll Rachsucht einen blutigen Schlag nach dem anderen auf Andrew J. Bordens ehrwürdiges Haupt niederprasseln ließ, die Antwort kennt.

Im oberen Stockwerk, wo... die nächste Unglückselige des blutigen Zerstörers harrte, gab es noch mehr zu tun für jenen willigen, schurkischen Arm...

Zwar durchtrennte ein Schlag alle Bande, die die arme, wehrlose Abby Borden ans Leben knüpften, doch dieser eine Schlag war nicht genug, um den Haß, die böse Wut und die Rachgier jenes Mörders zu stillen, der sie am hellichten Tage überfiel, denn er – oder sie – ließ weiter Hieb auf Hieb... auf den bebenden, bewußtlosen Körper des Opfers niederprasseln und lieferte damit den besten Beweis dafür, ... daß sich in den gemeinen, schmutzigen und eigensüchtigen Gedanken des Schlächters lange aufgestauter Haß, Bosheit und Mordlust verbanden zu dem Motiv..., das ihn zu der Tat anregte...

Aber, so mag man sich fragen, warum sollen wir uns denn nach all den vielen Jahren noch einmal an das ganze unglückselige Geschehen erinnern und darüber sprechen?

Einfach, um wieder und wieder festzuhalten und zu bestätigen und zu betonen, daß... heute vor zwölf Jahren eines der schockierendsten, widernatürlichsten, gemeinsten und geldgierigsten Verbrechen geschah, die je die Annalen der Geschichte unserer Zivilisation besudelt haben, und daß der Dämon, der die Axt schwang, die damals zwei Seelen in die Ewigkeit beförderte, bis heute nicht für sein – oder ihr – niederträchtiges Verbrechen bestraft worden ist.

Vielleicht begegnen die braven Leute von Fall River ihm – oder ihr – tagein, tagaus im Gemeindesaal, im Warenhaus oder im Eisenbahnzug... Vielleicht wird, noch ehe ein weiteres Jahr vergangen ist, das schuldbewußte Gewissen die Aufgabe übernommen haben, die die Strafgerichte des Staates und der Menschheit von sich wiesen, und der Mann – oder die Frau –, der Mensch, der die Völker zweier Kontinente vor zwölf Jahren mit einem der abscheulichsten, grausamsten, selbstsüchtigsten und brutalsten Doppelmorde schokkierte, wird sich von selber als entlaufener Sträfling in die Hand des rächenden Gesetzes geben. Wer weiß?

Wenn die Geschichte nicht einen solchen unerwarteten und unwahrscheinlichen Ausgang nimmt, wird die Abschlachtung der Bordens – im juristischen Sinne – vermutlich auch weiterhin so rätselhaft bleiben, wie sie es vor zwölf Jahren war..., obwohl der «juristische Sinn» der einzige ist, in dem der Mörder – oder die Mörderin – denen, deren Gedächtnis weiter als ein Dutzend Jahre zurückreicht, ein «Rätsel» aufgegeben hat.

Dieses alljährliche «Erinnern» an das Borden-Drama hatte natürlich nichts gemein mit der tatsächlichen Würdigung von Jahrestagen, die heute bei der Presse so beliebt ist. Vielmehr nutzte der *Globe* den Anlaß lediglich als Vorwand, um seiner bitteren Enttäuschung darüber Luft zu machen, daß man Lizzie freigesprochen hatte. Diese Artikel waren nahe daran, den Tatbestand der Verleumdung zu erfüllen, doch genau wie bei der Trickey-Affäre des *Boston Globe* enthielt sich Lizzie jedes Kommentars und verzichtete darauf, Anzeige zu erstatten. Unbestreitbar haben diese Schmähschriften die Ablehnung, die ihr entgegengebracht wurde, wachgehalten und verstärkt, und es ist gut möglich, daß sich, wenn sie dagegen vorgegangen wäre, ihre Hoffnung erfüllt hätte und die Erinnerung an die Tragödie allmählich verblaßt wäre.

Die Bekanntgabe von Lizzies Freispruch machte vor allem dem *Globe* und seinem Kriminalreporter Edwin H. Porter einen Strich durch die Rechnung. Schließlich hatten sie ihren Abonnenten bereits am Tag nach dem Doppelmord die Täterin geliefert. In unzähligen Stories und Leitartikeln hatten sie verlangt, Lizzie unter Anklage zu stellen, ihr den Prozeß zu machen und sie zu verurteilen. Wie also hatten diese Wirrköpfe von der Jury und dieser «frömmlerische alte Jurist», wie sie Richter Dewey nannten, anderer Meinung sein können als sie selber?

Nach beinahe 20 Jahren, als der Ton dieser «Leitartikel» zunehmend boshafter wurde, forderte eine Gruppe von Geistlichen und Kaufleuten die Redaktion im Namen der Menschlichkeit auf, ihre alljährlich wiederkehrende Anti-Lizzie-Kampagne einzustellen. Kurz darauf wurde der durch den Verlust von Anzeigenkunden und Abonnenten arg gebeutelte *Globe* von einem Konkurrenzunternehmen aufgekauft, änderte seinen Namen und ging schließlich ein.

John Vinnicum Morse, die *graue Eminenz* der Affäre Borden, ließ sich nach dem Prozeß nie mehr in Fall River blicken. Er starb am 1. März 1912 in Hastings, Iowa. Kurz vor seinem Tod erzählte er in einem Interview, er habe seinerzeit, ehe er nach Fall River gefahren sei, einen Tag vor dem Doppelmord, eine Wahrsagerin aufgesucht. Die Zigeunerin habe nur einen Blick auf seine Hand geworfen und dann erklärt, sie werde sich nicht um alles Geld der Welt dazu verlokken lassen, ihm sein Schicksal vorherzusagen. «Sie wollen ja gar nicht, daß ich es Ihnen sage», sei alles gewesen, was er von ihr gehört habe.

Andrews rachsüchtiger Schwager Hiram Harrington wurde nie in das Haus in der French Street eingeladen, denn Lizzie war fest davon überzeugt, daß er in Wahrheit der Mörder sei.

George Dexter Robinson schickte Lizzie seine Rechnung über 25000 Dollar. Er starb 1893. Richter Blodgett, der den Prozeß als Beisitzer mitgeleitet hatte, ging 1900 in Ruhestand und starb im darauffolgenden Jahr. Richter Dewey, der andere Beisitzer, starb 1900, ohne daß Lizzies Feinde ihm sein, wie sie es nannten, «zweites Plädoyer für die Verteidigung» verziehen hatten. Richter Mason, der Vorsitzende, starb 1905.

Hosea Knowlton wurde Amtsnachfolger des Generalstaatsanwalts Pillsbury, der ein Jahr nach dem Prozeß in den Ruhestand gegangen war. Er versah diesen Posten bis 1901 und starb im Jahr darauf. Rechtsanwalt Jennings übernahm von Knowlton das Amt des Bezirksstaatsanwalts und hatte es bis zu seiner Pensionierung im Jahre 1898 inne. Er starb 1923.

Staatsanwalt Moody ging nach dem Prozeß nach Washington, wurde Regierungsbeamter und bekleidete nacheinander verschiedene Positionen in der Exekutive, der Legislative sowie im Rechtswesen. Er wurde ins Repräsentantenhaus gewählt und später zunächst zum Marineminister, dann zum Generalstaatsanwalt und schließlich 1906 zum Beisitzenden Richter am Obersten Gerichtshof berufen.

Bridget verließ Fall River, wann genau, ist nicht bekannt, und ging wahrscheinlich zurück nach Irland. Natürlich wurde bald herumerzählt, Lizzie habe ihr «ein Vermögen» geschenkt und sie fortgeschickt. Dieses Gerücht ist durch nichts belegt, und es ist um so zweifelhafter, als sie schließlich nicht als Zeugin der Verteidigung, sondern als Belastungszeugin aufgetreten war und während des Prozesses haargenau das wiederholt hatte, was sie der Polizei bereits unmittelbar nach dem Doppelmord gesagt hatte.

Irgendwann, auch diesmal ist der genaue Zeitpunkt unbekannt, kehrte Bridget in die Vereinigten Staaten zurück, wo sie angeblich einen Mann, der wie sie Sullivan hieß, geheiratet und sich in Butte, Montana, niedergelassen hat. Sie starb dort in einem Krankenhaus am 26. März 1948 im Alter von 82 Jahren.

Weder Lizzie noch Emma haben je geheiratet, doch scheint Lizzie ein paar Jahre nach dem Prozeß eine Romanze gehabt zu haben. Die *News*, eine in Fall River erscheinende Zeitung, die peinlich auf korrekte Berichterstattung achtete, meldete, Lizzie werde demnächst ihre Verlobung mit einem Lehrer aus Swansea, wo sich die Bordenschen Farmen befanden, bekanntgeben.

Noch einmal strömten die Journalisten nach Fall River, um Lizzie zu interviewen (was sie ablehnte) und mit dem jungen Mann zu sprechen, der daraufhin prompt untertauchte. Lizzie schrieb ihm:

> Mein lieber Freund:
>
> Es tut mir unsagbar leid, daß Sie wegen dieser falschen und albernen Geschichte, die in den letzten Tagen im Umlauf war, Unannehmlichkeiten hatten. Wie oder wann das anfing, kann ich beim besten Willen nicht sagen. Aber ich habe keinen Augenblick gedacht, daß Sie oder Ihre Mädchen den Anstoß dazu gegeben haben könnten. Natürlich macht mir das alles sehr zu schaffen, aber ich muß es eben ertragen, wie ich es in der Vergangenheit ertragen habe. Ich hoffe sehr, daß man Sie nicht noch einmal belästigen wird. Geben Sie acht auf sich, damit es Ihnen gutgeht.

Es wurde weder eine Verlobung bekanntgegeben, noch fand eine Hochzeit statt.

Im Februar 1897 stand Lizzies Name abermals in allen Zeitungen. Das *Providence Journal* machte mit der Schlagzeile auf:

> **Wieder Lizzie Borden – Hiesiges Gericht erläßt Haftbefehl – Zwei Gemälde bei Tilden-Thurber & Co. entwendet**

Es ging darum, daß aus einem Juwelierladen in Providence zwei kleine Emailbilder verschwunden waren. Eine Kundin hatte kurze Zeit später eine der beiden Arbeiten zur Reparatur in den Laden gebracht und behauptet, sie habe das Stück von Lizzie bekommen. Es wurde ein

Haftbefehl gegen Lizzie ausgestellt, der aber unvollstreckt blieb (man denke an ihre erste Verhaftung!). Lizzie eilte daraufhin nach Providence und verwahrte sich gegen den Vorwurf, eine gemeine kleine Diebin zu sein. Die Angelegenheit wurde offenbar zur Zufriedenheit des Geschäftsinhabers geregelt, denn dieser nahm die Anzeige zurück, und der Haftbefehl wurde nie vollstreckt.

Was blieb, war eine neue Legende um Lizzie Borden.

Es wurden anonyme Quellen zitiert, die in allen Einzelheiten über das Gespräch berichteten, das angeblich im Laden von Tilden-Thurber stattgefunden hat. Lizzie sei zornrot angelaufen und habe mit schriller Stimme gesprochen, hieß es, sie sei im Sturmschritt auf und ab gegangen und habe die Leute, die sie beschuldigten, wütend angefunkelt. Man habe ihr gesagt, sie solle ein Geständnis unterschreiben, daß sie die Bordens ermordet habe, dann wolle man die Anzeige wegen des Ladendiebstahls fallenlassen. Die Fama behauptet, es habe eben Mitternacht geschlagen, als sie ihren Namenszug unter ein 19 Wörter umfassendes «Geständnis» gesetzt habe:

> *Mit unfairen Mitteln dazu gezwungen, bekenne ich mit meiner Unterschrift, die Tat vom 4. August 1892 begangen zu haben.*
>
> *Lizbeth A. Borden*

Offenbar kam denen, die bereitwillig alles glaubten, was man von Lizzie behauptete, vorausgesetzt, es war etwas Schlechtes, überhaupt nicht in den Sinn, wie absurd die Vorstellung war, daß jemand einen Doppelmord zugab, um nicht wegen eines Ladendiebstahls verhaftet zu werden.

Erst 1960, 63 Jahre später, hatte der Präsident der amerikanischen Gesellschaft zur Prüfung zweifelhafter Dokumente, der zugleich Vorsitzender der amerikanischen Akademie für forensische Wissenschaften war, Gelegenheit, das Schriftstück zu untersuchen und es als miserable Fälschung zu entlarven. Die Unterschrift war mehr schlecht als recht von der auf ihrem 29 Jahre später veröffentlichten Testament abgepaust worden und konnte beim besten Willen nicht für echt angesehen werden.

Die Zeit verging in dem Haus in der French Street Nummer 7 (heute Nummer 306), wo die Schwestern wohnten. Weil Lizzie die Aufregung leid war, die jeder ihrer Besuche in der Stadt hervorrief, aber auch, weil die kleinen Geschäfte in Fall River der Mode stets ein wenig hinterherhinkten, fuhr sie häufig nach Boston, Providence, Washington, D. C., und New York. Hartnäckig hielt sich das Gerücht, sie würde dort in den teuersten Restaurants dinieren, Suiten in Luxushotels mieten und viel Geld für Theaterkarten ausgeben.

Was die Theaterkarten angeht, so mag die Fama in diesem Punkt wohl recht gehabt haben, denn Lizzie war eine Theaterenthusiastin. Zweifellos fühlte sie sich angezogen von all dem Glanz und der Buntheit, die sie im wahren Leben vermißte. Ganz besonders schwärmte sie für Nance O'Neill, die Heroine einer Schauspieltruppe aus Providence. Jedesmal, wenn in Fall River eine Theatervorstellung stattfand, versagte sie es sich zwar, selber hinzugehen, kaufte aber stapelweise Eintrittskarten und verteilte sie an ihre Freunde, und nicht selten gab sie nach der Aufführung in ihrem Haus ein Fest für die Schauspieler.

Emma konnte sich für Festbeleuchtung und Musik wenig begeistern und schon gar nicht für das Theatervolk, das bis tief in die Nacht lachte und das ganze Haus auf den Kopf stellte. Sie fand, nach der Tragödie, die ihrer beider Leben überschattete, hätten sie und Lizzie die Pflicht, ihre Tage genau wie Königin Viktoria in Düsternis und Schwermut zu verbringen, stets in Schwarz zu gehen und sich in der Öffentlichkeit niemals bei einem Lächeln ertappen zu lassen.

Die beiden Frauen waren so verschieden, wie Schwestern nur sein können. Lizzie, nicht Emma, hatte früher das alte Klavier traktiert, das Andrew in der Second Street im Salon hatte aufstellen lassen. Auch in der Kirche war Lizzie die Aktive gewesen, während Emma nur immer still auf ihrem Kirchenstuhl mit der Nummer 21 gesessen hatte. Lizzie war reiselustig, Emma hingegen hat Neuengland zeit ihres Lebens nicht verlassen. Soweit bekannt ist, hat Emma nie einen Galan oder Freier gehabt. Lizzie jedoch war scharfsinnig und redegewandt und besaß eine Ausstrahlung, die Männer und Frauen gleichermaßen bezaubern konnte.

Lizzies Wesen ist unzählige Male geschildert worden, von Emma aber wissen wir so gut wie nichts. Und das wenige, was über sie bekannt oder in Erinnerung ist, läßt vermuten, daß sie keinerlei hervorstechende Charakterzüge hatte, daß sie ein stilles, sittsames Geschöpf war, dessen sehnlichster Wunsch darin bestand, anonym zu sein.

Und so zog Emma 1905 aus dem Haus in der French Street aus und wohnte zunächst eine Zeitlang bei Reverend Buck und seiner Familie. Später verließ sie Fall River und ging zuerst nach Fairhaven, dann nach Providence und schließlich nach New Market, New Hampshire, wo sie endlich die Anonymität fand, nach der sie sich so sehr gesehnt hatte. Es heißt, die Schwestern hätten sich entzweit und jegliche Verbindung miteinander abgebrochen. 20 Jahre nach dem Doppelmord brach Emma ihr Schweigen und gab das einzige Mal in ihrem Leben ein Interview:

> Es kommt mir vor, als wäre die Tragödie erst gestern geschehen, und nicht selten ertappe ich mich dabei, daß ich mich frage, ob das alles nicht doch nur ein schrecklicher Alptraum ist. Ich habe oft darüber nachgedacht, wieso eigentlich nie jemand außer Lizzie für den Mord an unserem Vater und unserer Stiefmutter vor Gericht gestellt worden ist.
>
> Manche Leute sagen, sie finden, Lizzie habe sich ausgesprochen sonderbar verhalten. Und wenn sie sich sonderbar verhalten hat, was heißt das schon? Tun wir nicht alle hin und wieder seltsame Dinge? Aber wenn es darum geht, ob sie schuldig ist, so sage ich «nein», ganz entschieden «nein».
>
> Als man anfing, sie hinter vorgehaltener Hand zu beschuldigen, kam sie zu mir und sagte: «Emma, es ist furchtbar, daß sie sagen, ich hätte den armen Vater und unsere Stiefmutter getötet. Du weißt, daß mir so etwas Schreckliches nicht einmal im Traum eingefallen wäre.»
>
> Später, nach ihrer Verhaftung und während des Prozesses, hat Lizzie mir gegenüber viele Male wiederholt, daß sie unschuldig ist. Und nach ihrem Freispruch hat sie mir in Gesprächen, die wir in unserem Haus in der French Street hatten, ihre Unschuld beteuert.
>
> Am stärksten hat mich die Tatsache von Lizzies Unschuld über-

zeugt, daß die Behörden nie die Axt, oder was es sonst für ein Werkzeug war, gefunden haben, die bei dem Mord eine Rolle gespielt hat. Wenn Lizzie die Tat begangen hätte, hätte sie das Mordinstrument niemals so verstecken können, daß die Polizei es nicht finden konnte. Es gab kein Versteck in dem alten Haus, das wirklich sicher war. Außerdem hätte sie gar nicht die Zeit gehabt.

Und dann darf man auch nicht vergessen, wie zärtlich Lizzie die stummen Tiere liebt. Sie liebt die Hunde, Katzen und Eichhörnchen in der French Street wirklich abgöttisch. Sie war schon immer närrisch nach Tieren. Ein Mensch, der solch ein Herz hat, könnte doch niemals diese schreckliche Tat begehen, wegen der Lizzie vor Gericht gestanden hat und von der sie freigesprochen worden ist.

Von einer Geschworenenjury wurde Lizzie für unschuldig erklärt, aber von einer ihr unfreundlich gesonnenen Welt wird sie gnadenlos verfolgt. Ich bin noch immer die kleine Mutter, und auch, wenn wir uns voneinander entfernt haben, werde ich Lizzie, mein «Baby», weiter gegen all das mitleidlose Gerede in Schutz nehmen.

1926 mußte sich Lizzie, damals 66jährig, wegen einer Gallenblasenerkrankung in einem Krankenhaus in Providence in stationäre Behandlung begeben. Sie meldete sich dort unter dem Namen Mary Smith Borden an – ein letzter Versuch, sich selbst und andere vor den unvermeidlichen Attacken der Reporter zu schützen.

Am 1. Juni 1927 starb sie in ihrem Haus.

Zum ersten und einzigen Mal schrieb der *Globe* in Fall River ohne Häme über Lizzie. Es bedurfte dazu erst ihres Todes.

**Lisbeth Borden nach kurzer Krankheit im Alter von 68 (sie war 67) Jahren gestorben**

Miss Lisbeth A. Borden verstarb heute morgen (sie war am Vortag verstorben) in ihrem Haus in der French Street Nummer 306, in dem sie fast 30 Jahre lang gewohnt hat. Sie starb an einer Lungenentzündung, an der sie seit etwa einer Woche gelitten hatte; allerdings ließ ihre Gesundheit in letzter Zeit mehr und mehr zu wünschen übrig.

Als Tochter von Andrew J. und Sarah Anthony (Sarahs Mädchenname war Morse) Borden entstammte sie einer der alteingesessenen Familien von Fall River und hat ihr Leben lang in unserer Stadt gewohnt. Mit ihren beiden Dienstmädchen führte sie ein recht zurückgezogenes Leben, fuhr gelegentlich nach außerhalb, um Freunde zu besuchen, und empfing hin und wieder eine kleine Anzahl von Gästen, deren unerschütterliche Freundschaft sie durchaus zu schätzen wußte.

Erfüllt von Stolz auf die Umgebung, in der sie lebte, tat sie viel zur Verschönerung ihrer Wohngegend und kaufte angrenzende Anwesen, um dort für eine ebenso kultivierte Atmosphäre zu sorgen. Überaus naturverbunden, sah man sie tagtäglich die vielen Hunderte von Vögeln füttern, die die Bäume in ihrem Garten bewohnten. Sie achtete darauf, daß der flache Kasten, den sie ihnen als Futterplatz aufgestellt hatte, stets mit Krumen, Samen und anderen Leckerbissen gefüllt war. In den Bäumen hatte sie kleine Häuschen anbringen lassen, in denen die munteren Eichhörnchen ein Heim fanden. Jeder in der Gegend kannte sie, wie sie inmitten ihrer wilden Gäste umherging, die nicht selten so zutraulich waren, daß sie sich gar nicht an ihrem Kommen zu stören schienen.

Ein anderer Zeitvertreib, dem sie sich mit großem Vergnügen widmete, bestand darin, weite Ausflüge über Land zu unternehmen. Oft ließ sie sich mit ihrem Automobil in die Stadt chauffieren, am liebsten aber mochte sie es, über die gewundenen, schattigen Feldwege zu fahren.

Miss Bordens Tod ruft bei vielen die Erinnerung an den berühmtesten Mordfall in der Geschichte dieses Staates wach. Am 4. August 1892 wurden Andrew J. Borden und seine Ehefrau Abby D. Borden in ihrem Haus in der Second Street ermordet aufgefunden. Nach den polizeilichen Ermittlungen wurde Lisbeth Borden verhaftet und offiziell des Mordes an ihrem Vater beschuldigt. Nach einer Anhörung in Fall River wurde sie im November 1892 (Juni 1893) in New Bedford vor Gericht gestellt und freigesprochen.

Der Prozeß erregte in ganz Massachusetts Aufsehen. Es wurden nie andere Personen festgenommen, und das Rätsel dieses Doppelmords ist noch immer ungelöst. Nach ihrem Freispruch lebte Miss Borden sehr zurückgezogen und widmete den größten Teil ihrer Zeit der privaten Wohltätigkeit, was der Öffentlichkeit weitgehend unbekannt war.

In ihrem ein Jahr vor ihrem Tod verfaßten Testament erinnerte sich Lizzie all derer, die ihr die Freundschaft bewahrt und treu zu ihr gehalten hatten. Den Bediensteten vermachte sie Beträge zwischen 1000 und 5000 Dollar. Die Stadt Fall River bekam 500 Dollar, deren Zinsen für die Pflege des Bordenschen Familiengrabs auf dem Oak-Grove-Friedhof verwendet werden sollten.

Das weitaus größte Legat, nämlich 30000 Dollar in bar sowie ihre sämtlichen Aktienanteile an der Stevens Manufacturing Company, erhielt der Tierschutzbund von Fall River, und noch einmal 2000 Dollar gingen an den Tierschutzbund von Washington, D. C. «Ich habe die Tiere geliebt», heißt es in ihrem Testament, «und ihre Not ist groß, und es gibt so wenige, die sich um sie kümmern.»

Lizzies Feinde reagierten auf dieses Testament natürlich mit Hohn. Für diejenigen aber, die ihre Freunde geblieben waren, stellte es nur einen weiteren Beweis für ihren wahren Charakter dar. Und die neutralen Beobachter konnten sich bloß darüber wundern, wie hoffnungslos anachronistisch Lizzie gewesen war.

In ihren letzten Lebensjahren verband Lizzie eine besonders enge Freundschaft mit ihrer Cousine Mrs. Grace Howe. Sie war die Ehefrau von Louis Howe, der später die rechte Hand von Franklin D. Roosevelt * wurde, während sie selber in den Jahren um 1940 in Fall River als Postmeisterin tätig war. Ihr und Mrs. Helen Leighton, der Präsidentin des Tierschutzbundes, vermachte Lizzie ihren Schmuck, ihre Bücher, das Porzellan sowie ihren Anteil am A. J. Borden Building. Darüber hinaus waren 29 weitere Personen berücksichtigt, zum Teil handelte es sich dabei um alte Freunde, zum Teil um Kinder, deren Ausbildung Lizzie mitfinanzierte.

* Franklin D. Roosevelt (1882–1945), 32. Präsident der Vereinigten Staaten, im Amt von 1933–1945 (A. d. Ü.).

Emma hinterließ sie nichts, erklärte das aber in ihrem Testament damit, daß ihre Schwester selbst eine Hälfte des väterlichen Vermögens geerbt hatte und deshalb genug besaß, um behaglich davon zu leben.

Ihre treuen Freunde versammelten sich in der French Street zu einer privaten Trauerfeier. Man sprach ein kurzes Gebet, der Sarg wurde eingesegnet, und ein Mitglied des Kirchenchors sang «My Ain Countree».

Emma nahm nicht an Lizzies Beerdigung teil. An dem Tag, als Lizzie starb, war sie in ihrem neuen Haus in New Hampshire gestürzt und hatte sich einen Hüftbruch zugezogen. Sie überlebte ihre Schwester nur um zehn Tage. Entsprechend ihrem letzten Wunsch, wurde auch sie ohne alle Zeremonien in dem Familiengrab in Oak Grove beigesetzt.

Selbst noch um Lizzies Beerdigung rankte sich eine Legende. Viktoria Lincolns Bericht von dem Ereignis ist ein sprechendes Beispiel dafür, wie erfinderisch die Leute waren, die über Lizzie geschrieben haben: «Nach kurzer, einsamer Andacht beim Leichenbestatter wurde ihr schwarzdrapierter Sarg bei Nacht von schwarzgekleideten Männern ins Grab gesenkt; für diese Aufgabe hatte man Neger ausgewählt, so daß nicht einmal der bleiche Glanz eines Gesichts oder einer Hand von dem Geheimnis künden konnte.»

In Wahrheit hatte es keine Andacht beim Leichenbestatter gegeben, und ihr undrapierter Sarg war von den vier weißen Trägern Fred Coggeshall, Ernest Perry, Norman Hall und Edson Robinson am Samstag nachmittag um halb drei, also am hellichten Tage, der Erde übergeben worden.

Lizzie Borden hat das öde alte Fall River berühmt oder auch berüchtigt gemacht, und das wird es auch in hundert Jahren noch sein. Von denen, die sie kannten, lebt keiner mehr. Die Nachgeborenen kennen nur die Legenden.

Daß Lizzie von dem Vorwurf, ihrer «Mutter» 40 und ihrem Vater 41 Hiebe verpaßt zu haben, *freigesprochen* wurde, ist vergessen. Fragt man den jungen Burschen an der Tankstelle danach, wird er sagen: «Ach so, die Alte, die ihre Eltern umgebracht hat? Da weiß ich nix von. Is lange her.»

Am liebsten wäre es den Leuten in Fall River wohl, wenn der Geist Lizzie Bordens endlich verschwände. Sie haben es satt, nach ihr gefragt zu werden. Sie haben Angst davor, wenn sich der Doppelmord 1992 zum einhundertsten Male jährt und ihre Stadt dadurch von neuem in die Schlagzeilen gerät.

«Ach, wenn sie doch nie gelebt hätte», hört man von den Alten, die ihr Leben lang Fragen nach Lizzie beantworten mußten. Aber sie wissen selbstverständlich, daß Fall River trotz seiner ehrenwerten Geschichte und seiner heutigen Reize seine Bekanntheit auch künftig in erster Linie der Tatsache zu verdanken haben wird, daß die Stadt der Geburtsort jener Frau und der Schauplatz der Borden-Morde war.

Das Familiengrab der Bordens auf dem Oak-Grove-Friedhof erkennt man an einem verwitterten Denkmal aus hellem Sandstein, das die Namen derer nennt, die hier liegen. Lizzies zweiter Name ist dort fälschlicherweise mit «Andrews» angegeben.

Von der Familie blieb niemand übrig, der den Fehler hätte korrigieren können.

Andrew liegt zwischen seinen beiden Ehefrauen Sarah und Abby. Neben Sarah ist die Tochter Alice Esther beerdigt, die im Kindesalter starb. Zu Andrews Füßen haben seine beiden Töchter Lizzie und Emma ihre letzte Ruhe gefunden, und an seinem kleinen Finger trägt er einen goldenen Ring.

Was sich wirklich in der Second Street Nummer 92 zugetragen hat, das wird ewig ein Rätsel bleiben. Eine Geschichte, die kein Ende hat. Vielleicht war Lizzie die einzige, die die Wahrheit wußte.

Vielleicht auch nicht.

## Die handelnden Personen

| | |
|---|---|
| Adams, Melvin O. | Rechtsanwalt, Verteidiger bei Lizzies Prozeß |
| Adams, Thomas, Dr. | Erster Pfarrer der Kongregationskirche, hielt die Andacht bei der Beerdigung von Andrew und Abby |
| Allen, Georg A. | Erster Polizist am Tatort |
| Almy, Frank | Früherer Geschäftspartner von Andrew |
| Almy, Mrs. William | Äußerte sich zu dem Verdacht, Lizzie sei unzurechnungsfähig |
| Auriel, Antonio | Portugiese, wurde festgenommen und wieder freigelassen |
| Barlow, Thomas C. | Junge, der mit «Brownie» in der Scheune spielte |
| Batchelder, Mouldon | Lieferte das Gutachten über Lizzies Zurechnungsfähigkeit |
| Bence, Eli | Apotheker, behauptete, Lizzie habe bei ihm Blausäure kaufen wollen |
| Blaisdell, Josiah C. | Richter für den zweiten Bezirk von Bristol County, leitete «Untersuchung und Vorverhandlung» |
| Blodgett, Caleb | Richter, Beisitzer bei Lizzies Prozeß |
| Borden, Abby Durfee Gray | Opfer, Frau von Andrew Jackson Borden |

| | |
|---|---|
| Borden, Abraham B. | Vater von Andrew |
| Borden, Alice Esther | Mittlere Tochter von Andrew, starb im Alter von zwei Jahren |
| Borden, Andrew Jackson | Opfer, Ehemann von Abby und Vater von Lizzie und Emma |
| Borden, Emma Leonora | Schwester von Lizzie |
| Borden, Sarah Morse | Erste Frau von Andrew, Mutter von Lizzie und Emma |
| Borden, Simeon | Gerichtssekretär, nicht verwandt mit den Bordens |
| Bowen, Phoebe | Frau von Dr. Seabury Bowen, Zeugin |
| Bowen, Seabury W., Dr. | Hausarzt der Familie Borden, war an der Autopsie beteiligt |
| Brayton, John S. | Äußerte sich zu dem Verdacht, Lizzie sei unzurechnungsfähig |
| Brigham, David Sewall | Äußerte sich zu dem Verdacht, Lizzie sei unzurechnungsfähig |
| Brigham, Mary E. | Freundin von Lizzie, Zeugin |
| Brown, Everett | «Brownie», spielte in der Scheune |
| Brownell, Jennie | Freundin, bei der Emma in Fairhaven zu Besuch war |
| Buck, Edwin A., Revrd. | Stadtmissionar und Freund von Lizzie |
| Burrill, John P. | Kassierer bei der National Union Bank, Zeuge |
| Caldwell, John R. | Zeitungsreporter |

| | |
|---|---|
| Case, Rescom | Äußerte sich zu dem Verdacht, Lizzie sei unzurechnungsfähig |
| Chace, Mark | Zeuge |
| Chagnon, J. B., Dr. | Nachbar der Bordens, sein Grundstück grenzte hinten an deren Haus |
| Chagnon, Marienne | Ehefrau von Dr. J. B. Chagnon, Zeugin |
| Chaves, Joseph | Lieferte Alibi für Antonio Auriel |
| Cheever, David W., Dr. | Medizinischer Sachverständiger aus Harvard, Zeuge |
| Churchill, Adelaide B. | Nachbarin, wurde von Lizzie gerufen, Zeugin |
| Clarkson, Alfred | War vor Officer Medley oben in der Scheune |
| Clegg, Jonathan | Zeuge |
| Cole, Frank G. | Geschworener |
| Connors, Patrick | Polizist aus Fall River |
| Crock, Everett M. | Kassierer bei der First National Bank, Zeuge |
| Coughlin, John W., Dr. | Bürgermeister von Fall River |
| Cowles, Edward, Dr. | Äußerte sich zu dem Verdacht, Lizzie sei unzurechnungsfähig |
| Cunningham, A. John | Zeigte den Doppelmord bei der Polizei an |
| Dean, William F. | Geschworener |
| Dedrick, Albert C., Dr. | War an der Autopsie beteiligt, Zeuge |

| | |
|---|---|
| Desmond, Dennis | Polizist aus Fall River |
| Devine, John | Polizist aus Fall River |
| Dewey, Justin, Richter | Beisitzer bei Lizzies Prozeß |
| Doherty, Patrick | Polizist aus Fall River |
| Dolan, William, Dr. | Amtsarzt von Fall River, Zeuge |
| Donelly, John | Polizist aus Fall River |
| Draper, Frank W., Dr. | Professor an der Medizinischen Fakultät der Harvard-Universität, Zeuge |
| Dutra, Emmanuel C., Dr. | War an der Autopsie beteiligt |
| Dyson, James | Polizist aus Fall River |
| Eddy, William | Verwalter von Andrews Farm in Swansea |
| Edson, Francis L. | Polizist aus Fall River |
| Emery, Mrs. Daniel | Nichte von John Morse, wurde von ihm besucht |
| Ferguson, George | Polizist aus Fall River |
| Finn, John C. | Geschworener |
| Fleet, John | Stellvertretender Polizeichef von Fall River, leitete die Ermittlungen |
| Gifford, Charles H. | Verwalter von einer von Andrews Farmen in Swansea |
| Gifford, Charles N. | Zeuge |
| Gifford, Hannah H. | Schneiderin von Lizzie, Zeugin |
| Gray, Oliver | Vater von Abby |

| | |
|---|---|
| Griffiths, Edward L. | Sah am Mordmorgen einen merkwürdigen Mann |
| Griffiths, Robert P. | Bruder von Edward, sah ebenfalls einen merkwürdigen Mann |
| Gunnings, Thomas, Dr. | War an der Autopsie beteiligt |
| Hammond, J. W. | Richter am übergeordneten Gericht |
| Handy, Benjamin, Dr. | Zeuge |
| Hanscom, O. M. | Detektiv des Bostoner Büros der Pinkerton-Detektei, wurde von Lizzie engagiert |
| Harrington, Hiram C. | Schwager von Andrew |
| Harrington, Philip | Polizist aus Fall River |
| Hart, Abraham G. | Chef der Finanzabteilung der Union Savings Bank |
| Hart, Sarah | Zeugin |
| Hathaway, Nathaniel | Chemiker |
| Hickey, Thomas F. | Reporter des *Boston Globe*, Zeuge |
| Hilliard, Rufus B. | Polizeichef von Fall River |
| Hodges, Louis B. | Geschworener |
| Holmes, Charles J. | Zeuge |
| Holmes, Marianna | Bekannte von Lizzie und Emma |
| Howard, Joe | Kolumnist |
| Howe, Grace H. | Cousine von Lizzie, im Testament bedacht |
| Hyde, Joseph | Polizist aus Fall River |

| | |
|---|---|
| Jelly, George F. | Psychiater aus Boston, den Pillsbury konsultierte |
| Jennings, Andrew J. | Anwalt der Familie Borden, Verteidiger beim Prozeß |
| Johnson, Alfred | Verwalter von Andrews Farm im oberen Teil von Swansea |
| Jubb, William Walker, Revrd. | Pastor der Zentralen Kongregationskirche |
| Kieran, Thomas | Bauingenieur, Zeuge |
| Knowlton, Hosea Morrill | Bezirksstaatsanwalt für den Südbezirk von Massachusetts |
| Lawton, Charles H. | Apotheker |
| Leary, John H., Dr. | War an der Autopsie beteiligt |
| Leduc, Peter | Andrews Friseur |
| Leighton, Helen | Präsidentin des Tierschutzbundes |
| Leonard, Augustus B. | Sekretär des zweiten Bezirksgerichts |
| Lubinsky, Hyman | Eisverkäufer, Zeuge |
| McCarthy, John | Polizist aus Fall River |
| McHenry, Edwin D. | Urheber der Falschmeldung im *Boston Globe* |
| Maher, John D. | Betrunkener, wurde verdächtigt |
| Mahoney, Samuel F. | Polizist aus Fall River |
| Manley, Delia S. | Zeugin |
| Mason, Albert | Vorsitzender Richter bei Lizzies Prozeß |

| | |
|---|---|
| Mather, James | Zeuge |
| Mayall, Joseph | Polizist aus Fall River |
| Medley, William O. | Polizist aus Fall River |
| Millar, Southard H. | Freund von Andrew |
| Minnehan, John | Polizist aus Fall River |
| Moody, William H. | Bezirksstaatsanwalt für den Westbezirk von Massachusetts |
| Morse, John Vinnicum | Schwager von Andrew |
| Mullaly, Michael | Polizist aus Fall River |
| O'Neal, Nance | Schauspielerin, Freundin von Lizzie |
| Peckham, Anson C. | War an der Autopsie beteiligt |
| Pillsbury, Albert E. | Generalstaatsanwalt von Massachusetts |
| Porter, Edwin H. | Autor von *The Fall River Tragedy*, Reporter des *Globe* in Fall River |
| Potter, George | Geschworener |
| Raymond, Mary A. | Lizzies Schneiderin |
| Reagan, Michael | Polizist aus Fall River |
| Reagan, Hannah | Aufseherin auf der Polizeistation von Fall River |
| Richards, Charles I. | Obmann der Jury bei Lizzies Prozeß |
| Robinson, George Dexter | Chefverteidiger bei Lizzies Prozeß |
| Russell, Alice M. | Bekannte von Lizzie und Emma, Zeugin |

| | |
|---|---|
| Sawyer, Charles S. | Bewachte am Tatort den Seiteneingang |
| Seaver, George F. | Abgesandter der Staatspolizei von Massachusetts |
| Shortsleeves, Joseph | Zeuge |
| Smith, Alfred A. | Spinner mit falschem Geständnis |
| Smith, D. R. | Apothekenbesitzer |
| Stafford, James C., Captain | Äußerte sich zu dem Verdacht, Lizzie sei unzurechnungsfähig |
| Stevens, Walter P. | Reporter der *News* in Fall River, Zeuge |
| Sullivan, Bridget | Dienstmädchen bei den Bordens, Zeugin |
| Swift, Augustus | Geschworener |
| Tilson, Henry H. | Pelzhändler |
| Tourtellot, J. Q. A., Dr. | War an der Autopsie beteiligt |
| Trickey, Henry G. | War in die Falschmeldung des *Boston Globe* verwickelt |
| Walsh, James A. | Amtlicher Fotograf |
| Westcott, William | Geschworener |
| White, Annie M. | Gerichtsstenografin |
| Whitehead, George | Ehemann von Sarah Whitehead |
| Whitehead, Sarah | Halbschwester von Abby |
| Wilbar, Frederick C. | Geschworener |
| Wilber, Lemuel K. | Geschworener |

| | |
|---|---|
| Wilbur, John | Geschworener |
| Wilson, Charles H. | Polizist aus Fall River |
| Winward, James E. | Bestattungsunternehmer in Fall River |
| Wixon, Frank | Hilfssheriff |
| Wood, Edward S., Dr. | Chemiker aus Harvard, Zeuge |
| Wordell, Allen H. | Geschworener |
| Wright, Andrew | Sheriff von Bristol County, bei Lizzies Prozeß Gerichtsdiener |
| Wright, Mrs. Andrew | Aufseherin im Gefängnis von Bristol County |

## Nachbemerkung von Robert A. Flynn

In den zwei Jahren unserer Bekanntschaft sind David Kent und ich enge Freunde geworden.

Es fing damit an, daß Anita, meine Frau, in meiner Abwesenheit einen Anruf von «einem faszinierenden Mann aus Louisiana» bekam, der alles kaufen wollte, was wir in unserer Buchhandlung über den Fall Lizzie Borden hatten. Er erzählte Anita, er sei ein «Borden-Narr» und gerade dabei, eine Monographie und ein Theaterstück zum Thema zu schreiben. Wir schickten ihm die Bücher, die er bestellt hatte, und danach bat mich David in einem Brief, ihm mitzuteilen, was ich von seinen früheren Arbeiten hielte. Wir begannen eine Korrespondenz – und das war der Anfang einer immer enger werdenden Freundschaft.

Ich erfuhr, daß David ein Schriftsteller und Geschäftsmann aus Virginia war, den es nach Shreveport, Louisiana, verschlagen hatte. Von Lizzie Borden hatte er zum erstenmal während des Zweiten Weltkriegs gehört, als er in Camp Edwards auf Cape Cod, unweit von Fall River, Massachusetts, stationiert war. Auch ihn faszinierte die Geschichte, die schon so viele Leute in ihren Bann gezogen hatte, und mit der Zeit wurde seine Neugier immer größer. Er brachte es auf eine stattliche Reihe von Tapferkeitsmedaillen (zweimal das Purple Heart*, zweimal den Bronzenen und einmal den Silbernen Stern) und schlug dann eine berufliche Laufbahn ein, bei der er Schreiben, Werbung, Politik, Rundfunk und Showbusiness, also all seine Interessen, miteinander verbinden konnte. Doch er war fest entschlossen, die berühmt-berüchtigte Tragödie von Fall River, die ihn schon als jungen Mann fasziniert hatte, eines Tages in allen Einzelheiten zu erforschen und, wenn möglich, der Wahrheit auf die Spur zu kommen.

Was uns beide zusammenführte, war natürlich unser gemeinsames Interesse an jenem höchst mysteriösen Fall Lizzie Borden. Als wir anfingen, tiefer in die Angelegenheit einzutauchen, schwoll unser Briefwechsel gewaltig an, und wir führten zahlreiche Telefongespräche. David besuchte mich häufiger in Portland, Maine, und wir fuhren mehrfach gemeinsam nach Fall River, New Bedford und Boston, um zu recherchieren.

* Amerikanisches Verwundetenabzeichen (A. d. Ü.).

Bei unserem ersten Aufenthalt in Fall River machte David die Bekanntschaft Neilson Caplans, des früheren Präsidenten der Fall River Historical Society, der zugleich ein leidenschaftlicher Borden-Forscher war. Neilson verschaffte uns Zugang zu dem gesamten Borden-Material, insbesondere zu den neuerworbenen Knowlton-Hilliard-Akten sowie zu noch unveröffentlichten Fotografien, die in dem vorliegenden Band abgedruckt sind.

Obwohl seine Gesundheit mehr und mehr zu wünschen übrigließ, hoffte David, sein Buch noch rechtzeitig zum Lizzie-Borden-Symposium des Bristol Community College in Fall River anläßlich des einhundertsten Jahrestages des Doppelmords herausbringen zu können. Er freute sich auch auf die gleichfalls zu diesem Anlaß geplante Premiere seines Stücks am Little Theatre von Fall River. Doch der Tod war schneller. Anfang Januar 1992 verstarb David Kent, leider viel zu früh, im Alter von 68 Jahren.

«Er war ein Mensch von großer Intensität und ungeheurem Sinn für Humor und hatte ein beneidenswertes Gedächtnis», sagte einer seiner langjährigen Freunde in Shreveport. «Wenn ihn eine Sache interessierte, vertiefte er sich in sie und drang unmittelbar bis zum Kern vor.»

Ja, so kannte auch ich diesen Menschen. In der allzu kurzen Zeit unserer Zusammenarbeit schaffte er es irgendwie, all die Mythen, die sich um den Fall Lizzie Borden rankten, die Verzerrungen, versteckten Andeutungen, tendenziösen Darstellungen und Vorurteile zu sichten und zu verarbeiten. Und am Ende seiner gründlichen Studien hatte er, wie ich glaube, im wesentlichen die geschichtliche Wahrheit gefunden.

«Ich habe mich bemüht, der einzige Autor zu sein, der einfach nur die faszinierenden Fakten darlegt und es dem Leser überläßt, daraus seine eigenen Schlußfolgerungen zu ziehen», schrieb David.

Ein wahrlich edles Anliegen – und daß er ihm gerecht geworden ist, zeigt das vorliegende Buch. Das endgültige Urteil aber hat, wie David es versprach, der Leser zu fällen.

Robert A. Flynn
Portland, Maine, Juni 1992

# Bibliographie

## Bücher über den Fall

Brown, Arnold R., *Lizzie Borden: The Legend, The Truth, The Final Chapter*, Nashville 1991

de Mille, Agnes, *Lizzie Borden: A Dance of Death*, Boston 1968

Dougal, Lily, *The Summit House Mystery*, London 1905 (Erster Roman über den rätselhaften Doppelmord an dem Ehepaar Borden.)

Engstrom, Elizabeth, *Lizzie Borden*, New York 1991

Flynn, Robert A., *The Borden Murders. An Annotated Bibliography*, Portland 1992

Hunter, Evan, *Lizzie*, New York 1984

Lincoln, Victoria, *A Private Disgrace: Lizzie Borden by Daylight*, New York 1967

Lunday, Todd, *The Mystery Unveiled: The Truth About the Borden Tragedy*, Providence 1893

– Faksimile-Ausgabe, Portland 1990

Marshall, John David, *Lizzie Borden and the Library Connection*, Tallahassee 1990

Pearson, Edmund, *The Trial of Lizzie Borden*, New York 1937

Phillips, Arthur S., *The Borden Murder Mystery: In Defence of Lizzie Borden*, Portland 1986. (Erste historisch präzise Darlegung des Falls in Buchform, veröffentlicht in Phillips' dreibändiger *History of Fall River*.)

– *Phillips' History of Fall River*, 3 Bde., einzeln erschienen, Fall River 1944 und 1946

Porter, Edwin H., *The Fall River Tragedy: A History of the Borden Murders*, Fall River 1893

– Faksimile-Ausgabe, Portland 1985. (Limitierte Auflage von 1000 Exemplaren, mit einem Vorwort von Robert A. Flynn.)

Radin, Edward D., *Lizzie Borden. The Untold Story*, New York 1961

Spiering, Frank, *Lizzie*, New York 1984

Sullivan, Robert, *Goodbye Lizzie Borden*, Brattleboro 1974

Williams, Joyce G.; J. Eric Smithburn und M. Jeanne Peterson, *Lizzie Borden: A Casebook of Family and Crime in the 1890's*, Bloomington 1980

**Erzählungen**


Adams, Barbara Johnston, «The Fall River Murders», in: *Crime Mysteries*, New York 1988

Ayotte, John U., «The Unfathomable Borden Riddle», in: *Yankee Magazine*, Dublin 1966

Brophy, John, «Heat Wave at Fall River», in: *The Meaning of Murder*, New York 1967

Carter, Angela, «The Fall River Axe Murders», in: *Saints and Strangers*, New York 1986

Davis, Charles G. (Richter), «Conduct of the Law in the Borden Case», in: *The Dayly Advertiser*, Boston 1894. (47 Seiten, zusammengestellt aus fünf Briefen an den Herausgeber.)

Early, Eleanor, «Did Lizzie Do It?», in: *A New England Sampler*, Boston 1940

Freeman, Mary E. Wilkins, «The Long Arm», in: *American Detective Stories*, ausgewählt von Carolyn Wells, New York 1927. (Basiert auf den Borden-Morden. Erstabdruck in: *The Pocket Magazine*, New York 1895.)

Gustafson, Anita, «*Guilty or Innocent: Could A Woman Do That?*», New York 1985

Gibson, Walter B., «The Last of the Borden Case», in: *The Fine Art of Murder*, New York 1965

Gross, Gerald, «The Pearson-Radin Controversy Over the Guilt of Lizzie Borden», in: *Masterpieces of Murder*, Boston 1963

Henson, Robert, «Lizzie Borden», in: *PM Quarterly Review of Literature*, Bd. XVIII 3–4, 1973, S. 314–344

Jacob, Kathryn A., «*She Could't Have Done it, Even if She Did: Why Lizzie Went Free*», New York, American Heritage Publications, Co., Bd. 29, Nr. 2, 1978

Jones, Anne, «*Women Who Kill*», New York 1980

Jones, Elwyn, «*On Trial; Seven Intriguing Cases*», London 1978

Kunstler, William Moses, «*First Degree*», New York 1980

Lester, Henry, «Lizzie Borden», in: *Unsolved Murders and Mysteries*, Secaucus, o. J.

Logan, Guy B. H., «*Verdict and Sentence*», London 1935

Lustgarten, Edgar, «*Verdict in Dispute*», New York 1950

– «*The Murder and the Trial*», New York 1958

– «*The Lizzie Borden Axe Murder Case*», in: *Great Courtroom Battles*, Chicago 1973

Manning, Liza und Alfonso Abergaria Jr., «People and Culture of Southeastern Massachusetts», in: *Lizzie Hot, Lizzie Cold, Lizzie Warmed Over. A Panel Discussion of the Lizzie Borden Case*, New Bedford 1982

– «People and Culture of Southeastern Massachusetts», in: *The Price of Maplecroft: Memoirs of Lizzie Borden*, New Bedford 1982, Bd. II, S. 81–96
Patrick, Q., «The Case for Lizzie», in: *Pocket Book of True Crime Stories*, New York 1943
Pearson, Edmund L., «The Borden Case», in: *Studies in Murder*, New York 1924
– «The Bordens: A Postscript», in: *Murder at Smutty Nose: And Other Murders*, New York, London 1927
– «Five Murders», in: *Crime Club*, New York 1928
– «Legends of Lizzie», in: *More Studies in Murder*, New York 1936
Powers, Richard, «The Death of a Massachusetts Trojan», Washington D. C., *The Chief of Police*, Bd. IV, Nr. 4, Juli–August 1989, S. 34–45
Rubenstein, Richard E., «Great Courtroom Battles», Chicago 1953
Search, Pamela, «Women», in: *Great True Crime Stories*, London 1957
Snow, Edward Rowe, «The Lizzie Borden Murder Case», in: *Piracy, Mutiny and Murder*, New York 1959
– «Lizzie Borden», in: *Boston Bay Mysteries and Other Tales*, New York 1977
Solomon, Louis, *«The Ma and Pa Murders and Other Perfect Crimes»*, New York 1976
Sutherland, Sidney, «The Mystery of the Puritan Girl», in: *Ten Real Murder Mysteries – Never Solved!*, New York, London 1929
Usher, Frank Hugh, *«World Famous Acquittals»*, Autor: Charles Franklin (Pseudonym), Feltham 1970
– *«The World's Worst Murderers; Exciting and Authentic Accounts of the Great Classics of Murder»*, Autor: Charles Franklin (Pseudonym), Feltham 1970
Watters, Barbara, «Was Lizzie Borden Guilty», in: *The Astrologer Looks at Murder*, Washington, D. C. 1969

**Stücke**

Bast, William, *The Legend of Lizzie Borden*, Fernsehproduktion, Hollywood 1974
Colton, John und Carlton Miles, *Nine Pine Street*, New York 1934
De La Torre, Lillian, *Goodbye Miss Lizzie Borden*, Boston 1940
Henderson, Donald, *The Trial of Lizzie Borden*, Hörspiel, London 1946
Kelly, Tim, *Lizzie Borden of Fall River*, Denver 1976
Kent, David, *Slaughter on Second Street*, Shreveport 1991
Lawrence Reginald, *The Legend of Lizzie*, Chicago 1959

Norfolk, William, *The Lights Are Warm and Coloured*, London o. J.
Pollock, Sharon, *Blood Relations*, Toronto 1959
Reach, James, *Murder Takes the Stage*, New York 1957

**Oper**

Beeson, Jack, *Lizzie Borden*. A Family Portrait in Three Acts. Musik: Jack Beeson, Libretto: Kenward Elmslie, Szenarium: Richard Plant, New York 1966, 1967

**Ballett**

de Mille, Agnes, *Fall River Legend – A Ballet*, Musik: Morton Gould, Uraufgeführt im Metropolitan Opera House, New York am 22. April 1948

**Protokolle**

Burt, Philip H., Borden, *Lizzie A. – Trial of*. Offizielles Prozeßprotokoll beim Obersten Gerichtshof von Massachusetts, 2 Bde., 1893

**Artikel und Essays**

Aymar, Brandt, und Edward Sagarin, *A Pictorial History of the World's Great Trials*, New York 1967, S. 172–191
Barzun, Jacques, und W. H. Taylor, *A Catalogue of Crime*, New York 1989
Beeson, Jack, «The Autobiography of Lizzie Borden», in: *Opera Quarterly*, Bd. 4, 1, Frühjahr 1986
Berger, Meyer, «The Lizzie Borden Case», in: *New York Times Sunday Magazine*, 9. August 1942, S. 26f.
Bierstadt, Edward Hale, *What Do You Know About Crime?*, New York 1935, Fragen und Antworten zu berühmten Kriminalfällen. Mit Illustrationen.
Boss, Judith A., *Fall River, A Pictorial History*, Norfolk 1985, Illustrationen S. 102ff.
BPC Publishing, Ltd., «Crimes and Punishment», in: *The Symphonette Press*, Bd. 7, 1974, S. 116–126
Bristow, Prof. A. T., *«Medico-Legal Inspections and Post-Mortem Examinations»*, hg. von Allen McLand Hamilton, E. B. Rreat 1894. Über die Fehler der Ärzte im Fall Borden.

Cohen, Daniel, *The Encyclopedia of Unsolved Crimes*, New York 1988, S. 135–141

Frank Leslie's Weekly, *The Borden Case*. Ganzseitige Illustration S. 417, 29. Juni 1893

Franklin, Charles, *World Famous Acquittals*, Feltham 1970, S. 255–267

House, Brandt, und Antony Butcher, *Crimes That Shocked America*, New York 1961. Enthält den Beitrag von Edmund Pearson, *The Borden Case*, S. 39–105

Jones, Richard Glyn, *Unsolved! Classic True Murder Cases*, New York 1987. Enthält den Beitrag von Edmund Pearson, *The Borden Case*, S. 185–270, mit einem Nachwort von R. Jones, S. 271

Jordan, Elizabeth, *Three Rousing Cheers*, New York 1938, S. 116–123

Lyons, Louis M., *Newspaper Story – One Hundred Years of the Boston Globe*, Cambridge, Mass., 1971, S. 86–96

Martinez, Lionel, *Great Unsolved Mysteries of North America*, New Jersey 1988, S. 83–88

Nash, Robert Jay, *Almanac of World Crime*, New York 1981, S. 118, 122, 185, 191–194

Pearson, Edmund L., *Investigation of the Devil*, New York 1930, S. XI–XIII, 156f., 329ff.

Pic Magazine, *The Pic Album on Notorious American Murders*, New York, Nr. XXV, 13. Dezember 1938. Enthält vier Seiten Illustrationen.

Review of Reviews, *Vindication of Lizzie Borden*, New York, Bd. VIII, 8. August 1893, S. 138

Roughead, William, *The Murderer's Companion*, New York 1941

Sandoe, James, *Murder: Plain and Fanciful*, New York 1948

Silvia, Philip T., Jr., *Victorian Vistas: Fall River 1886–1900*, Fall River 1988, S. 333ff.

Tanikawa, S. M., M. Wada und K. Hirano, *Mother Goose Rhymes* – Vol. 2, Tokio 1981 (In japanischer Übersetzung, ordnet den Vers von den 40 Hieben irrtümlich den Kinderreimen über Mutter Gans zu.)

Treasure Press, *Infamous Murders*, London 1975, 134–142

Welshler, Shoshana, «The Lizzie Borden Case – 1892», Garden City, N. Y.: Doubleday, 1975. In: *The Poeple's Almanac* von David Wallechinsky und Irving Wallace, 1975

Wigmore, John, *The Boston Case*, 27 American Law Review, 1893

Winn, Dilys, *Murder, Ink: The Mystery Reader's Companion*, New York 1977, S. 205f., 457, 476

Wilson, Colin, und Pat Pitman, *A Casebok of Murder*, New York 1969, S. 90, 189–194

Woolcott, Alexander, «The Theory of Lizzie Borden», in: *Vanity Fair*,

29. September 1927, Reprint in: *Vanity Fair Selections From America's Most Memorable Magazine,* hg. von Cleveland Amory und Frederick Bradlee, New York 1960

**Pressedokumentationen**

Emery, William M. Gebundener Band mit zahlreichen Zeitungsausschnitten, gesammelt aus den verschiedensten Zeitungen von dem Zeitgenossen Emery während der Berichterstattung für das *Journal* in New Bedford. Die Sammlung befindet sich im Besitz Robert A. Flynns in Portland.

Harvard University, *Case and Trial of Lizzie A. Borden,* Bibliothek der Juristischen Fakultät, gebunden, Zeitungsausschnitte aus *Boston Herald* und *Boston Record.*

**Miszellen**

Gould, Morton, *Fall River Legend,* Orchestersuite aus dem Ballett von de Mille, 1948, auf Schallplatte

James, Edward T., *Notable American Women 1607–1950. A Biographical Dictionary,* Cambridge, Mass., 1971

Keylin, Arleen, und Arto DeMarjan, Jr., *Crime as Reported by The New York Times,* New York 1976

Ross, John, *Trials in Collections: Index to Famous Trials Throughout the World,* Metuchen, N. J., und London 1983

Watkins, John Elfreth, *Famous Mysteries,* Philadelphia 1919

*Quellennachweis der Abbildungen*

S. 8, 268 David Kent
S. 17, 27 unten, S. 179 Robert A. Flynn
Alle übrigen Abbildungen Fall River Historical Society

## Psychologie und Lernen

L. Ashner / M. Meyerson
**Wenn Eltern zu sehr lieben**
(rororo sachbuch 9359)

George R. Bach / Laura Torbet
**Ich liebe mich - ich hasse mich**
*Fairness und Offenheit im Umgang mit sich selbst*
(rororo sachbuch 7891)

Nathaniel Branden
**Liebe für ein ganzes Leben**
*Psychologie der Zärtlichkeit*
(rororo sachbuch 7867)

Frederic F. Flach
**Depression als Lebenschance**
*Seelische Krisen und wie man sie nutzt*
(rororo sachbuch 7168)

Hans–Ludwig Freese (Hg.)
**Gedankenreisen** *Philosophische Texte für Jugendliche und Neugierige*
(rororo sachbuch 8754)

Thomas A. Harris
**Ich bin o.k. - Du bist o.k.**
*Wie wir uns selbst besser verstehen und unsere Einstellung zu anderen verändern können - Eine Einführung in die Transaktionsanalyse*
(rororo sachbuch 6916)

Raymond Hull
**Alles ist erreichbar** *Erfolg kann man lernen*
(rororo sachbuch 6806)

Gerhard Krause
**Positives Denken - der Weg zum Erfolg** *13 Bausteine für ein erfülltes Leben*
(rororo sachbuch 7952)

Abraham H. Maslow
**Motivation und Persönlichkeit**
(rororo sachbuch 7395)

*rororo sachbuch*

Erhard Meueler
**Wie aus Schwäche Stärke wird**
*Vom Umgang mit Lebenskrisen*
(rororo sachbuch 8540)

John Selby
**Einander finden** *Übungen zur Psychologie der Begegnung in Freundschaft, Beruf und Liebe*
(rororo sachbuch 7991)

Martin Siems
**Dein Körper weiß die Antwort**
*Focusing als Methode der Selbsterfahrung - Eine praktische Anleitung*
(rororo sachbuch 7968)

Frauke Teegen / Anke Grundmann / Angelika Röhrs
**Sich ändern lernen** *Anleitungen zur Selbsterfahrung und Verhaltensmodifikation*
(rororo sachbuch 6931)

Weitere Bücher und Taschenbücher zum Thema finden Sie in der *Rowohlt Revue*. Jedes Vierteljahr neu. Kostenlos in Ihrer Buchhandlung.

3505/2

## Psychologie und Lernen

Harold H. Bloomfield
**Das Achilles-Syndrom** *Wie man Schwächen in Stärken umwandelt*
(rororo sachbuch 8091)

Nathaniel Branden
**Ich liebe mich auch** *Selbstvertrauen lernen*
(rororo sachbuch 8486)

David Cooper
**Der Tod der Familie** *Ein Plädoyer für eine radikale Veränderung*
(rororo sachbuch 8560)

Wayne W. Dyer
**Der wunde Punkt** *Die Kunst, nicht unglücklich zu sein. Zwölf Schritte zur Überwindung seelischer Problemzonen*
(rororo sachbuch 7384)

Luise Eichenbaum / Susie Orbach
**Was wollen die Frauen?** *Ein psychotherapeutischer Führer durch das Labyrinth von Wünschen, Ängsten und Sehnsüchten in Liebesdingen*
(rororo sachbuch 7967)

Erich Fromm
**Anatomie der menschlichen Destruktivität**
(rororo sachbuch 7052)
**Märchen Mythen, Träume** *Eine Einführung in das Verständnis einer vergessenen Sprache*
(rororo sachbuch 7448)

Klaus D. Heil
**Programmierte Einführung in die Psychologie** *Ein Lernprogramm*
(rororo sachbuch 6930)

## rororo sachbuch

Muriel James / Dorothy Jongeward
**Spontan leben** *Übungen zur Selbstverwirklichung*
(rororo sachbuch 8301)

Hans-Peter Nolting
**Lernfall Aggression** *Wie sie entsteht - Wie sie zu vermindern ist. Ein Überblick mit Praxisschwerpunbkt Alltag und Erziehung*
(rororo sachbuch 8352)

Friedemann Schulz von Thun
**Miteinander reden 1** *Störungen und Klärungen. Allgemeine Psychologie der Kommunikation*
(rororo sachbuch 7489)
**Miteinander reden 2** *Stile, Werte und Persönlichkeitsentwicklung. Differentielle Psychologie der Kommunikation*
(rororo sachbuch 8496)

Dieter E. Zimmer
**Tiefenschwindel** *Die endlose und die Beendbare Psychoanalyse*
(rororo sachbuch 8775)

Tilman Spengler

**Tilman Spengler**, geboren 1947, promovierter Sinologe und Historiker, arbeitete sechs Jahre lang als wissenschaftlicher Mitarbeiter von Carl Friedrich von Weizsäcker am Max-Planck-Institut in Starnberg. Danach Forschungsaufenthalte in Beijing / China. Seit 1980 gibt er zusammen mit K. M. Michel die Zeitschrift «Kursbuch» heraus.

**Lenins Hirn**
*Roman*
320 Seiten. Gebunden
Tilmann Spengler hat das bislang unbekannte Lebensschicksal eines der bedeutendsten Neurologen unseres Jahrhunderts in einem Roman verdichtet. In höchst ironischer Verknüpfung realer Ereignisse - es gab den Mann, und er hat Lenins Hirn seziert - mit den fiktiven Elementen des großen Gesellschaftsromans führt der Autor die vergeblichen Fortschrittshoffnungen der Medizin vor.
Gleichwohl hat Tilman Spengler den Verlockungen satirischer Wissenschaftskritik nicht nachgegeben. Seine Helden entfalten vielmehr ihr gänzlich fiktives, ganz unwissenschaftliches Eigenleben. So gelingt es schließlich, all die erstaunlichen Protagonisten europäischer Geistes-, Medizin- und Politikgeschichte auf 320 Buchseiten miteinander bekannt zu machen, von den kleinen Romanzen und großen Zerwürfnissen der Romanhelden einmal ganz abgesehen.

Zwischen Realität und Dichtung oszillierend wie Julian

rororo sachbuch

Barnes' «Flauberts Papagei», in die verzauberte Welt der Neurologie verweisend wie Oliver Sacks' Studien, behauptet Tilman Spenglers virtuoser und höchst unterhaltsamer Roman seinen eigenen Platz in der neuen deutschen Literatur.
*Michael Naumann*

**Geistermauern**
*Chinesische Piktogramme*
(rororo sachbuch 8860)
Der spannende Bericht von Tilman Spengler, der als Tourist, als Wissenschaftler und als Journalist in den vergangenen Jahren viele Monate in China verbracht hat.

*science*

Die Reihe rororo «science» bietet Lesern, die sich für Naturwissenschaft und Technologien interessieren, aktuelle und verläßliche Informationen. Die Autoren sind Wissenschaftler und Wissenschaftsjournalisten, die ohne Formelhuberei und Fachkauderwelsch, dafür mit Sachverstand, Witz und farbiger Sprache über verschiedene Bereiche der Forschung und deren Auswirkungen auf unser Leben berichten.

James Trefil
**Fünf Gründe, warum es die Welt nicht geben kann** *Die Astrophysik der Dunklen Materie*
(rororo science 9313 )

Alexander R. Lurija
**Das Gehirn in Aktion**
*Einführung in die Neuropsychologie*
(rororo science 9322)
**Der Mann, dessen Welt in Scherben ging** *Zwei neurologische Geschichten*
(rororo science 9380)

Gero von Randow
**Das Ziegenproblem** *Denken in Wahrscheinlichkeiten*
(rororo science 9337)

Dietrich Dörner
**Die Logik des Mißlingens** *Strategisches Denken in komplexen Situationen*
(rororo science 9314)

Sebastian Vogel
**Lexikon Gentechnik**
(rororo science 9192)

Jean-Didier Vincent
**Biologie des Begehrens** *Wie Gefühle entstehen*
(rororo science 9383)

David M. Raup
**Der Untergang der Dinosaurier**
*Der Schwarze Stern "Nemesis" und die Auslöschung der Arten*
(rororo science 9385)

Armin Hermann
**Die Jahrhundertwissenschaft**
*Werner Heisenberg und die Geschichte der Atomphysik*
(rororo science 9318)

Stephen W. Hawking
**Eine kurze Geschichte der Zeit**
*Die Suche nach der Urkraft des Universums*
(rororo science 8850)

Eckhard Grimmel
**Kreisläufe und Kreislaufstörungen der Erde**
(rororo science 9381)

James D. Watson
**Die Doppel-Helix** *Ein persönlicher Bericht über die Entdeckung der DNS-Struktur*
(rororo science 9570)

Hans Lauwerier
**Unendlichkeit** *Denken im Grenzenlosen*
(rororo science 9384)

*rororo sachbuch*

3414/4